KB092739

금리 상승기에도
부를
키우는

주식 투자 제1원칙

"당신이 자고 있을 때에도
돈을 버는 방법을 찾지 못하면,
죽을 때까지 일만 하게 된다."

- 워런 버핏*Warren Buffett*

금리 상승기에도 부를 키우는 주식 투자 제1원칙

김태훈 지음

나비의 활주로

추천사

이 책은 초보 주린이에게 어떻게 투자를 해야만 돈을 벌 수 있는지 알려 주지 않습니다. 오히려 리스크 매니지먼트를 어떻게 하는지에 대한 이정표를 제시해주고 있습니다. 진정 정답을 가르쳐주는 것이 아닌, 정답을 찾아가는 방법을 제시해주는 투자 지침서가 될 것입니다.

- **신민선** 스타트업 쿡플레이 대표이사

투자의 세계는 만경창파(萬頃蒼波)에 일엽편주(一葉片舟)의 느낌으로 항해를 이어가는, 고독하고 지리한 여정인 듯하다. 이 책은 필자의 다년간의 자본시장 경험을 바탕으로 외로운 항해자들에게 한 줄기 빛을 제공하는 등대 역할을 할 수 있을 것이다.

- **박동주** HB인베스트먼트 상무

"강세장은 근심의 벽을 타고 오른다."는 증시 격언이 있습니다. 시장이 망가졌다고 실망하며 하나둘씩 떠날 때 어디서 희망을 찾을지 모를 때 비로소 반전이 시작된다는 뜻이지요. 기본기가 탄탄하고 현명한 투자자는 남들이 가지 않는 뒤안길에서 꽃밭을 발견하는 눈을 갖고 있습니다. 탄탄한 기본기는 좋은 책으로 공부하면서 닦아갈 수 있습니다.
김태훈 작가는 증권사 IB부터 상장기업 IR 담당, 투자자문 등 주식시장의 다양한 분야에서 산전수전을 겪으며 나이테를 쌓아왔습니다. 그의 지식과 경험이 함축된 이 책을 자양분으로 기본기를 갈고닦아 보시길 추천합니다.

- **문형민** ㈜뷰어스 편집국장

오랜 경험과 지식을 바탕으로 주식시장에 대해 탁월하게 풀어 쓴 책으로 주식시장 참여자에게 일독을 권한다. 소위 주식투자 전문가들이 넘쳐나는 세상에서 투자를 권유하고 유혹하는 책은 많지만, 이 책은 실제 주식시장의 속사정이나 이론적 분석을 토대로 투자자에게 특별한 간접 경험을 선물하리라 확신한다.

- **김돌의** 회계법인 리안 대표회계사

실제 경험에서 풍겨 나오는 살아 있는 정보를 담고 있는 책입니다. 단순 무용담이 아닌 투자의 과정에서 실제로 체감할 수 있는 실제 예를 들어 잘 설명해왔습니다. 다년간의 증권사 경험, 비상장 투자 경험 등을 바탕으로 투자자에게 올바른 지침을 안겨 줄 수 있는 책입니다.

- **박성재** 주식회사 우성플라테크 CFO 상무, 전 펀드매니저

저와 증권시장 입문을 같이한 필자는 20년 이상 기업 및 금융기관에서 다양한 실제 투자활동을 해왔으며 투자이론 및 전략에 대해 항상 고민하고 연구하는 모습을 지켜볼 수 있습니다. 필자의 경험과 투자철학이 잘 농축된 본 저서를 숙독하여 잘 활용한다면 투자자분들의 안정적인 수익창출에 크게 기여할 수 있을 것으로 생각합니다.

- **정석문** 부국증권 투자금융본부장

PROLOGUE

2020년 "코로나19 팬데믹Pandemic, 글로벌 대유행"은 전 세계 금융시장을 뒤흔들었고 실물경제마저 멈춰 세우며 지구상의 모든 것에 큰 충격을 주었습니다. 미국을 비롯해 EU와 일본뿐 아니라 우리나라와 중국도 경제를 살리겠다고 대대적인 경기부양책을 내놓았고 상상도 못할 수준의 유동성이 시장에 쏟아져 들어왔습니다. 이번 위기는 단순 금융시장에 국한된 것이 아니라 실물경제에도 큰 충격을 주었다는 점과 선진국과 후진국 모두에게 큰 상처를 주었다는 점에서 이전의 금융위기와는 다른 양상을 나타내고 있습니다. 하지만 시장에 쏟아져 들어온 유동성은 과거와 유사한 패턴으로 자산버블을 만들었고 이에 대비하고 있던 사람들은 다시 한번 인생역전을 꿈꿀 수 있는 기회를 맞이하기도 했습니다.

실제로 2021년 들어서 신규 주식투자자들이 급증하고 코인 시장에 뛰어드는 2030세대가 크게 늘었는데 기존 경제와 기성세대에 대한 실망감과 미래에 대한 불안감으로 자산운용과 투자에 나서게 된 것입니다. 고금리 시대를 살아온 기성세대가 저금리 시대에 적응하지 못하고 부동산 투기에 빠져든 것과 마찬가지로, 2030세대가 적은 자본으로 시도하는 인생역전을 위한 노력이라 할 수 있습니다. 그렇지만 시장은 2020년 3월의 코로나19팬데믹에서 벗어나 2021년 8월 한국은행의 금리인상과 2022년 3월 미국 연방준비제도이사회FRB의 금리인상으로 이전과 다른 시장환경을 맞이하고 있습니다. 2020년 3월의 코로나19팬데믹 이후 대폭락을 보고 시장에 뛰어든 2030세대들이 경험해 보지 못한 금리인상의 시장환경이 펼쳐지고 있습니다. 변화된 시장환경에 맞는 새로운 투자철학과 투자방법이 필요한데 이전 저금리 시대의 투자방법을 그대로 고수하고 있는 투자자들은 결국 변화에 적응하지 못한 공룡과 같이 사라지고 말 것입니다.

여기다 2030세대가 학교와 사회초년생 시절 배운 것은 투자기법이 아니라 성실한 월급쟁이로 살아가는 방법이 전부로 투자자로서의 기본 지식도 갖추지 못한 채 금융시장에 뛰어들었다가 어렵게 모은 쌈짓돈을 날리는 것도 모자라, 무리하게 대출을 해 가며 투자에 나섰다가 신용불량자의 나락으로 떨어지는 것은 어쩌면 당연한 결과인지도 모르겠습니다.

자신이 투자하고 있는 자산이 어떻게 돈을 불려주는지도 모르면서, 마치 동네 편의점에서 담배 한 갑 사듯 증권사를 찾아가 손쉽게 주식계좌를 열고 투자를 하는 모습은 이제 일상적 풍경이 되었습니다. 그렇게 많은 사람들이 주식이나 코인으로 대박을 친 이들을 보고 '나도 할 수 있다!'라며 부푼 가슴을 안고 투자에 뛰어들고 있습니다. 다만 성공을 거둔 이들과 기본적인 공부조차 하지 않고 주식계좌부터 만든 자신을 동일선상에 두기에 문제가 발생합니다.

코인시장은 신기술에 기반을 두고 있으며 아직 가치에 대한 논쟁이 진행 중인 자산이라 논외로 치더라도 주식시장은 오랜 역사가 있는 만큼 투자수익을 내는 방법 또한 많이 알려져 있습니다. 하지만 이론과 현실은 전혀 다른 문제입니다. TV의 각종 경제채널에서 방영되는 차트 분석 방송을 보면 소위 전문가들의 현란한 기술적 평가들이 난무하지만 왜 그런 데이터가 생성되었는지를 설명해 주지 못하고 있습니다. 투자에 있어 주가를 변동시키는 동인動因을 알 수만 있다면 결코 손해 보지 않을 수 있는데 누구도 이를 말해 주지 않고 그저 화려한 차트만 눈앞에 펼쳐 놓고 일기예보 하듯 "과거에 이랬으니 앞으로 이럴 것이다"라는 식의 말만 쏟아내고 있습니다. 진정 투자로 돈을 벌고 싶다면 그런 말에 현혹되지 말고, 어떠한 상황에 놓이더라도 대응할 수 있을 만큼 투자자 스스로 심도 있는 학습을 하고, 실전 경험을 쌓아야 합니다.

지금도 카페와 블로그를 통해 주식투자에 참고할 서적을 추천해 달라는 제안을 많이 받습니다. 하지만 주식 관련 서적들을 살펴보면 대부분이 기술적 분석에 입각한 이론서 수준에 머물고 있어 난감할 때가 많습니다. 진짜 주가를 움직이는 동인에 대해서는 설명해 주지 못하는, 고기를 낚는 법이 아닌 잡힌 물고기가 어망 속에 있다는 걸 보여주는 식이라 실제 투자를 할 때는 도움이 될지 의문이기 때문입니다.

2005년 1월 처음 네이버에 '김태훈의 현명한 주식투자자' 카페를 연 후, 잘못된 투자습관을 바로잡는 법과 합리적인 투자 방법론을 연구한 것들을 정리해 책으로 낸다고 매번 생각만 하고 있다가 이제야 출간하게 되었습니다. 이 책을 통해 수많은 이들이 하루하루 성장해 가는 투자자로 거듭나기를 희망하고, 어망 속에서 빠져나온 물고기 몇 마리를 잡는 것이 아니라 어망을 직접 만들고 그물을 칠 수 있는 투자자가 되기를 바라며, 현재의 반짝 수익에 안주하지 않고 노후까지 대비할 수 있는 현명한 투자자가 되기를 기원합니다.

책이 나올 때까지 주식시장 한복판에서 투자자들과 교감하며 일선에서 함께 활동해온 대신증권 동기들, 인터넷포털에 근무하며 IT기술 기업에 대한 조언을 아끼지 않은 김효승 군과 공기업에 다니며 공공 부문에 대한 조언에 늘 성실히 응해 준 박종욱 군에게 감사를 전하며, 벤처캐피탈 업계에 근무하며 벤처투자에 대한 조언에 친절히 응해준 박동주 상무님께 감사의 맘을 전합니다. 아울러 회계사로 기업회계에 대한 자문에 성실하게 응해 준 김돌의 회계사님께도 이 자리를 빌려 감사의 맘을 전합니다. 언론계에 계시며 기자 때부터 편집국장 때까지 언론계에 대한 조언을 해 주신 문형민 기자님께도 감사의 맘을 전합니다. 아울러 벤처업계에 계시면서 늘 친절한 조언을 아낌없이 해 주신 신민선 사장님과 김태균 사장님, 남태계 사장님께 감사의 맘을 전합니다. 항상 어두운 거리를 밝히는 가로등처럼 길안내를 해 주신 부모님과, 전폭적인 지지를 보내준 동생 태환이에게 감사의 마음을 전합니다. 그리고 원고를 집필하는 동안 옆에서 묵묵히 내조를 해 준 아내 하정민과 아들 준이에게도 고맙다는 말을 전합니다.

서래마을 서재에서 김태훈

CONTENTS

CHAPTER 2

바이오제약주

CHAPTER 3

자동차주

CHAPTER 4

전기전자주

CHAPTER 5

플랫폼 서비스주

CHAPTER 6

조선주와 해운주

CHAPTER 7

M&A 관련주

CHAPTER 8

기업공개(IPO)주

CHAPTER 9

테마주

CHAPTER 10

작전주

CHAPTER 11

시장에서 살아남기

CHAPTER 1

투자방법론

- ☐ 사전 준비
- ☐ 기본적 분석이란?
- ☐ 기술적 분석이란?
- ☐ 장기투자와 단기투자
- ☐ 공모주 투자

BUY

SELL

우리나라는 2021년 8월 중앙은행인 한국은행의 통화정책 변경을 통해 OECD 국가 중 가장 먼저 기준금리 인상에 나섰습니다. 금융통화위원회가 열리는 달이면 투자자들은 금리 인상의 위험 부담을 안고 투자결정을 할 수밖에 없는 상황에 놓이게 됩니다. 여기다 2021년 말 '오미크론'의 등장은 새로운 충격을 시장에 주었지만 이미 코로나19 충격을 경험한 투자자들은 주식시장의 큰 변동성을 새로운 기회로 생각하고 반응하고 있습니다. 이렇듯 시장의 변화에 투자자들 스스로가 학습효과를 가지게 되기 때문에 한번 경험한 위기는 더 이상 위기가 아닐 수 있고 여기에 정부와 기업, 가계가 어떻게 대응하느냐에 따라서 위기의 지속성도 시장의 충격도 다르게 나타나는 것 같습니다.

이런 변화무쌍한 시장에서는 투자자들이 적응력을 키울 수밖에 없는데, 투자의 방법론을 다르게 가져가는 것이 하나의 좋은 대안이 될 수 있습니다. 주식시장에서는 '기본적 분석'과 '기술적 분석' 외에도 투자기간으로 나누는 '장기투자'와 '단기투자' 그리고 '직접투자'와 '간접투자' 등 다양한 방식으로 수익을 얻을 수 있습니다. 이런 방식은 교과서에 나오듯이 확연하게 나눌 수 있는 것이 아니라 단 한 번의 매매에서조차 다양한 모습으로 나타나게 됩니다. 주식시장은 투자자 개인이 생각한 대로 흘러가지 않을뿐더러 살아 있는 생물과 같습니다. 따라서 역동적이고 거대한 흐름을 잘 타는 투자자가 수익을 가져갈 수 있습니다.

오랫동안 주식시장에서 수익을 거두며 살아남은 한 사람으로 깨달은 바는, 마라토너와 같은 맘으로 시장에 뛰어들 때 수익을 볼 확률이 높아진다는 사실입니다. 또한 그 마라톤을 성공적으로 완주할 수 있는 인내심과 자제력도 필요합니다. 그리고 시시각각 변화하는 시장환경에서 살아남기 위해서는 카멜레온과 같은 적응력(환경에 맞춰 색상을 변화시키는 능력)과 순발력(눈앞의 먹이를 엄청난 속도로 낚아채는 능력)도 반드시 명심해야 할 사안입니다.

한때 증권사의 광고 모토였던 "모두가 'Yes'라고 할 때 'No'라고 할 수 있는 투자자"는 일견 신선하고 긍정적인 의미로 다가옵니다. 남들이 이리저리 큰 흐름만 좇다가 손해를 볼 때, 현명하고 강단 있는 투자로 성공을 거두는 소수가 되라는 의미에서 말입니다. 하지만 아이러니하게도 이런 타입의 투자자들은 결국 시장에 순응하지 않았기에 현재는 거의 사라졌다고 해도 과언이 아닙니다. 주식시장에서 소수가 수익을 얻고 다수가 손해를 본다고 생각하지만 시장이 호황일 때 다수가 수익을 얻고 소수가 손해를 보는 경우가 비일비재합니다.

즉 모두가 예스라고 할 때 같이 예스를 외치는 투자자가 함께 수익을 가져가고, 혼자 아니라고 하는 투자자들은 소외되어 패배자가 되고 말 것입니다. 지금 우리나라 최대 금융그룹이 된 미래에셋의 초기 투자 슬로건은 "Back to the Basic"으로 박현주 회장이 직접 만들었다는 말이 있습니다. 당시 미래에셋은 IMF 구제금융 시기에 뮤추얼펀드로 대박을 치고 인터넷증권사를 설립해 제도권 시장에 본격적으로 진출하던 시기였습니다. 박현주 회장은 오만하거나 과욕을 부리지 말고 차근차근 밟아 올라가자는 뜻을 강조한 것으로 보입니다. 기본에 충실했던 투자자가 결국 시장 최대 증권사를 키워냈다는 사실은 시사하는 바가 커 보입니다.

기본적인 투자의 방법론을 설명하고 이것이 실제 시장에서 어떻게 적용되고 있는지를 설명하는 것이 진짜 주식시장에 대해 설명하는 방법이라고 오랫동안 생각해 왔습니다. 이번 기회에 제 경험담과 연구 내용을 압축해 관련 내용을 정리하고 하나씩 풀어 나가겠습니다.

사전 준비

| 매매는 쉬워졌지만, 수익 내기도 쉬워졌을까? |

코로나19 팬데믹이라는 미증유의 사태는 전 세계에 커다란 충격을 주었습니다. 미국과 EU, 일본과 중국 증시 모두 2020년 초반에 폭락세를 경험했고 우리 시장도 마찬가지였습니다. 그 대폭락 이후에 시장에 들어온 투자자들에게는 새로운 기회의 장이 열렸지만 기존 투자자들은 감당하기 힘겨운 손실을 그대로 뒤집어써야만 했습니다. 걱정되는 부분은 폭락 이후 시장에 진입하여 가파른 상승장만을 경험한 2030 세대 초보 투자자들 중 적지 않은 이들이, 주식시장을 언제든 이득을 볼 수 있는 만만한 곳이라고 착각한다는 것입니다.

이제 막 주식시장에 뛰어든 젊은 세대는 주식투자로 한 방에 팔자를 고칠 수 있다고 생각할지 모릅니다. 그런 이들 중 주식투자를 통해 좀 더

풍요로운 미래를 꿈꾸는 투자자라면 명심해야 할 점이 있습니다. 주린이 열풍을 타고 누구나 손쉽게 증권계좌를 만드는 시대가 됐지만, 그만큼 경쟁이 치열하고 아무나 수익을 얻을 수 없다는 사실입니다. 주식투자로 수익을 얻으려거든 우선 가까운 서점에 가서 투자 입문서라도 꼭 한 권 사서 읽어 보기를 권해드립니다. 여러분이 읽고 있는 이 책에, 주식투자의 A부터 Z까지 담은 이유 또한 바로 거기에 있습니다.

남의 돈을 내 통장에 넣는 것만큼 어려운 일이 또 있을까요? 기술의 발달로 주식계좌를 만들자마자 HTS(Home Trading System)와 MTS(Mobile trading System)를 설치하고 바로 주식을 살 수 있을 만큼 매매가 쉬워졌지만, 그 간편함이 오히려 독이 되어 손해만 끼치는 상황이 요즘 초보투자자들이 마주한 주식시장의 현실입니다.

2021년은 2000년대 닷컴버블 시기와 같이 52주 신고가 랠리가 펼쳐졌습니다. 이런 대세 상승장에서는 그 누구나 수익을 얻고 행복한 하루하루를 보냅니다. 하지만 호황장이 언제까지나 계속되지 않습니다. 고점에서 조정장으로 시장 상황이 변할 경우 경험이 부족한 이들은 크게 당황하게 됩니다. 시장 분위기를 모르니 답답하기만 하고, 증권방송이나 인터넷에 여기저기를 찾아봐도 좀처럼 주가 하락의 이유를 모르니 더욱 애가 탑니다. 준비가 부족하니 위기에 약하고, 결국 호황장에서 벌어들인 수익을 고스란히 반납하는 것은 물론 원금손실의 위험에 내몰리는 경우가 다반사입니다. 그렇기 때문에 주식투자에 있어 사전 준비는 무조건적으로 필요합니다.

| 사전 준비 사항 세 가지 |

우선 증권계좌부터 만들어야 합니다. 증권사 지점을 찾아가든 은행을 찾아가든 온라인으로든 증권계좌를 만들어야 합니다. 증권사 지점을 통해 계좌를 만들 경우 자산이 좀 있다면 지점 영업사원을 소개받곤 합니다. 이들은 일명 '주식브로커'들로 주식 위탁매매를 위해 고객에게 정보를 전달하고 매매 유도를 업으로 삼고 있는 사람들입니다.

이들을 펀드매니저라고 부르는 분들도 많은데 브로커리지Brokerage를 하는 증권사 영업사원들은 (통념상 브로커라는 단어의 뉘앙스가 별로 좋지 않지만) 브로커라고 부르는 것이 맞습니다. 브로커들은 현금이 있는 고객에게는 수익이 날 가능성이 있는 종목을 소개하여 매수 주문을 유도하고, 주식을 갖고 있는 투자자에게는 매도를 유도하여 수익을 확정함으로써, 증권사에 위탁매매 수수료 수익이 발생하게 만듭니다. 이들이 바로 우리나라 증권시장을 돌아가게 만드는 핵심 증권맨들입니다. 이미 주식시장에는 엄청난 인센티브와 고액연봉으로 연예인 못지않은 유명세를 떨치는 스타 증권맨들이 존재해 왔습니다.

하지만 그 밝은 면 뒤에는 별다른 이익을 보지 못해 크게 실망하는 고객들 또한 다수 존재합니다. 대세하락장에 접어들면 대세상승장에서의 무리한 매매가 결국 수수료 부담을 키워 깡통계좌를 양산하기 때문입니다. 그러다 보니 영업맨을 거치지 않고 투자자 스스로 매매할 수 있는 HTS와 MTS를 선호하는 경우가 많은데, 소액으로 운영할 때는 괜찮겠지만 투자 규모가 커질 경우에는 그래도 증권사 영업사원의 존재와 조언이 투자수익 창출에 분명 도움이 됩니다.

잘 아는 증권사 직원은 시시각각 변화하는 시장에서 '워치독watchdog'의 역할을 합니다. 일반 투자자들이 모르는 주식시장의 풍문과 정보들을 증권맨들은 다양한 루트를 통해 받아보는데, 증권사 영업직원과 친하면 비교적 쉽게 그런 정보를 얻을 수 있습니다.

물론 조심해야 할 점도 있습니다. 주식투자를 할 때 발생하는 사고의 대부분은 계좌 자체를 증권맨에게 맡기고 알아서 운영해 달라고 할 때 발생합니다. 처음에는 증권맨으로부터 보고가 잘 들어오지만 손해가 나기 시작하면 연락이 뜸해지다가 나중에 아예 오지 않아 뒤늦게 깡통이 된 잔고를 확인하고는 소송으로 이어지는 경우가 비일비재합니다. 그렇기 때문에 주식계좌를 증권사 영업사원에게 맡기는 행위는 그 자체도 불법이지만, 투자자 자신의 재산상 피해일 뿐 아니라 증권맨에게도 손해가 될 확률이 높습니다. 이런 부분은 투자자들이 미리미리 유의해야 할 사항입니다.

이렇게 주식투자 입문서도 한 권 읽고, 증권계좌를 한 개 만들어 HTS와 MTS를 설치하고, 직접 전화를 해 궁금한 것을 물어볼 수 있을 정도의 증권사 영업직원이 한두 명 생겼다면 당신은 본격적으로 시장에 뛰어들 준비가 된 것입니다.

이제 본격적으로 투자의 방법론으로 들어가 보겠습니다. 주식투자는 한 방에 인생역전을 노리는 로또가 아닙니다. 길게 그리고 꾸준히 수익을 차곡차곡 쌓아 나가고, 궁극적으로 노동을 해서 벌어들이는 수익보다 주식투자로 벌어들이는 수익이 많아지게 만드는 것에 그 목적이 있습니다. 그래야 노년에 은퇴를 하고도 돈 걱정 없는 시기를 보낼 수 있기 때문입니다.

기본적 분석이란?

| 주식투자의 목적 |

주식투자 방법론에서 가장 기본은 향후 수익을 낼 수 있을 만큼 '저평가된 유망주'와 '투자하기 가장 유리한 타이밍'을 찾는 것입니다. 우리 증권시장은 코스피 200종목과 코스닥 150종목 등 나름 유망한 종목들을 따로 뽑아 시장참여자들에게 내놓고 있습니다. 이들 종목들은 국내외 기관투자자들이 우선적으로 관심을 두고 매매하는 만큼, 주가 움직임에 있어 안정성을 갖고 있다고 평가됩니다. '그러면 개인투자자들도 그런 종목들만 골라 적절히 투자하면 무조건 수익을 볼 수 있지 않을까?'라고 생각할지 모릅니다. 하지만 이들 종목들도 매일매일 시장의 영향을 받는 것은 물론 개별 종목의 내부 경영 상황에 따라 주가변동성이 커지곤 합니다. 이런 변화에 종목과 시기를 잘못 잡으면 가장 우량하다는 삼성전자를 선택한다 해도 손해를 보기 십상입니다.

주식에 조금이라도 관심이 있다면 육만전자, 십만전자 등의 소리를 들어본 기억이 있을 것입니다. 시장참여자들이 삼성전자를 부르는 소리로 주가가 속해 있는 가격대를 기준으로 달리 부르는 것입니다. 삼성전자가 프리미엄 스마트폰을 만들든, 최첨단 고효율 반도체를 만들든, 초고가 대화면 TV를 만들든 상관없이 주가만으로 기업을 평가하곤 합니다.

삼성전자가 액면분할을 하고 누구나 쉽게 살 수 있는 몇 만 원짜리 주식이 되었기에 다시 10만 원을 넘어 옛날의 몇 백만 원짜리 주식으로 돌아갈 것을 염원하는 애칭이기도 합니다.

이런 삼성전자를 오만 원대에 사신 분들은 구만전자 소릴 들을 때 약 80% 이상 수익이 발생하고 있었겠지만 우리나라 최고 우량주에 투자하며 단기로 먹고 빠지겠다는 식으로 생각하는 투자자들은 아마 그리 많지 않을 겁니다. 그래서 구만전자에 못 팔고 다시 오만전자가 되었을 때 그때 80%라도 팔아 챙기고 떨어졌을 때 다시 살걸 하고 후회하는 투자자들이 많으실 겁니다. 삼성전자 같은 초우량주들도 이렇게 변동성이 크며, 이것이 주식시장의 위험이자 기회이기도 합니다. 앞으로 성장가능성이 높은 종목을 가장 쌀 때 매수해 가장 비쌀 때 팔아 차익을 얻는 것이 주식투자의 목적입니다. 이를 항상 기억해야 합니다.

| 기본적 분석의 중요성 |

기본적 분석은 종목을 선택하는 방법으로 업다운Up-down 방식과 바텀업bottom-up 방식이 있습니다. 업다운 방식은 거시경제의 흐름을 읽고 국가 경제에서 호황인 산업 분야 중에 대표주를 찾아 투자하는 방식을 말하며 반대로 바텀업 방식은 지금 당장 호황인 종목의 미래 성장성을 평가하고 국민경제가 그쪽으로 나아가고 있는지를 평가해 종목을 선택하는 방식입니다.

이렇게 보면 무척이나 어렵게 느껴지는데 우리가 실생활에서 매일매일 경험하고 있는 것들을 보다 세밀하게 살펴보고 주의 깊게 관찰하면 누구나 쉽게 체득할 수 있는 방법입니다. 펀드를 운영하는 펀드매니저들은 실제로 펀드운용 기간이 길기 때문에 기본적 분석에 충실한 종목 찾기를 하는데 이들은 장기성장성이 큰 종목들 중심으로 펀드를 구성하기 때문에 긴 운용 기간에도 차곡차곡 수익을 쌓아갈 수 있는 것입니다.

여기에 비해 개인투자자들은 긴 안목 없이 당장 눈에 보이는 수익을 좇아 단 몇 %의 수익에도 샀다 팔았다를 반복하기 때문에 증권사 수수료 수입만 키워주게 됩니다. 엄밀히 따진다면 개인투자자들은 스스로의 수익을 위해 매매한다기보다는 증권사의 수익을 위해 매매를 한다고 보는 것이 맞아 보입니다. 지금까지 증권사 지점에서 어떤 종목을 사달라고 하는 투자자분들께 왜 그 종목을 선정했는지 물어보면 열이면 열이 누가 좋다고 했다는 '카더라 통신'을 근거로 드는데 나중에 주가가 내려 손실이 발생했을 때 '카더라 통신'의 주인공이 누구인지 물어보면 대부분이 옆집 아저씨나 한 다리 건너 아는 회사 사람이라고 합니다. 경영에 깊이 개입하는 사람이 아닌 이상 회사의 미래에 대해 쉽게 말해 줄 사람은 어디에도 없다는 사실을 알아야 합니다.

우리가 매일 접하는 포털이나 조간신문, TV 뉴스들은 개별 기업 정보

뿐 아니라 거시경제 동향까지 다양한 뉴스들을 쏟아냅니다. 그런 정보들을 토대로 앞으로 유망한 산업을 찾아내고 그중 빠르게 성장하고 있는 종목을 찾아 장기투자 하는 투자자들이 진정 이 시장의 승자가 되는 경우가 많습니다. 지금까지 여러분이 주식투자로 손해를 봐온 것은 이런 기본적 분석을 무시하고 증권방송에서 차트만 놓고 주가 흐름을 설명하는 소위 전문가들의 해설을 마치 주식투자 방법인 양 착각해 왔기 때문입니다.

케이블TV의 경제방송에 출연해 화려한 주가차트를 놓고 어디가 눌림목이고 어디가 저가 매수의 타이밍인지 설명하는 전문가라는 사람들은 유사투자자문업을 업으로 삼고 있는 사람들입니다. 그들은 증권사의 지점 영업을 특화하여 투자자에게 투자정보만을 제공해 매매를 부추기는 방식으로 영업하며 투자결과에 대해서는 책임지지 않는 사람들입니다. 이들이 차트를 놓고 설명하는 것은 기본적 분석이 아닌 기술적 분석으로 단순히 매매 타이밍만 찾아내려는 것으로 주가의 동인에 대해서는 설명해 주지 못하는 한계를 갖고 있습니다.

다시 말해 기본적 분석은 왜 이 종목을 선택해야 하는지 이유를 찾는 것입니다. 미래 성장성은 기업가치가 성장하는 것을 뜻하기에 결국 주가가 오를 수밖에 없는 동인에 대해 설명해 주는 원인을 찾으면 됩니다. 최초 기본적 분석을 통해 찾은 종목의 투자 이유가 훼손되지 않는 한 그 종목은 지속적으로 투자가치가 있는 종목이 되어 장기투자를 할 수 있게 됩니다.

| 정부의 정책 먼저 살펴라 |

기본적 분석의 업다운 방식에서 우선 고려해야 할 것은 정부 정책입니다. 정책수혜주라고 부르는 종목들이 영향을 받는 정부 정책들을 우선적으로 살펴봐야 합니다. 문재인 정부 시절 4차 산업혁명이라는 키워드에 대해 정부 초기에 관심을 많이 갖고 관련 위원회도 만들고 재정투자도 늘리며 중소벤처기업과 스타트업 육성을 일자리 정책의 핵심으로 내세웠습니다. 결국 일자리를 늘려 국민소득을 늘리고 이를 통해 세원을 발굴하겠다는 것으로 현재 윤석열 정부가 내세우는 낙수효과나 엘리트 중심 지원 방식과는 확연한 차이를 나타냈습니다.

여기다 2019년 일본 우익 아베 정부가 반도체 소재에 대한 수출규제를 꺼내 들었을 때 우리 정부와 산업계는 똘똘 뭉쳐 소재 국산화로 대응해 오히려 소재산업의 성장성에 가속도를 붙이며 우리 경제의 아킬레스건을 극복하는 계기로 만들었습니다.

4차 산업혁명과 소재 국산화라는 정부 정책은 "한국판 뉴딜정책"이라는 장기 프로젝트로 발전했습니다. 또한 이에 따라 그린 뉴딜과 디지털 뉴딜 같은 세부 정책목표를 세워 장기적으로 정부 재정을 투입하고 관련 산업을 육성해 미래 일자리를 창출하겠다는 전략을 공개했습니다.

시장참여자들도 여기에 맞춰 4차 산업 분야에 관련된 섹터들을 뒤져 관련주들을 찾아내는 재빠른 모습을 보여줬는데 이런 발 빠른 투자자들을 우리는 스마트머니라 부릅니다. 대표적인 스마트머니는 소위 액티브 펀드라고 부르는 시장 성장성이 큰 분야에 중단기 투자를 하는 펀드들입니다. 일 년 안에 시장에서 유행하고 있는 종목들을 편입하고 편출해 차익을 차곡차곡 쌓아가는 펀드들인데, 시장 변동을 키우는 주범이기도 합니다. 이들도 종목을 선정할 때 기본적 분석을 통해 유망한 종목을 찾게 되는데 가장 먼저 고려하는 것이 정부 정책입니다. 정부정책은 예산으로 뒷받침되고 이를 회계년도 안에 소진해야 합니다. 경기침체 시기 투자의 버팀목이 되어주기 때문에 정부정책 수혜주들에 투자하면 꾸준한 수익을 가져갈 수 있습니다.

| 대기업 분석 시 주목해야 할 점 |

이렇게 정부 정책이 세워지면 대규모 투자를 할 수 있는 대기업들이 움직이게 됩니다. 대표적으로 4차 산업혁명의 핵심 기술인 자율주행과 친환경차 분야에서, 현대기아차그룹이 정의선 회장 시대의 출범과 동시에 완성차 메이커에서 벗어나 모빌리티 회사로 성장하겠다는 미래 비전을 제시했습니다. 이처럼 대기업은 정부와 함께 대규모 투자를 장기적으로 할 수 있어 이 또한 기본적 분석에서 우선적으로 고려해야 할 사안이 되고 있습니다.

현대기아차그룹은 정의선 회장으로 3대째 사업을 이어가고 있는데 이런 경영 방식은 우리나라만의 독특한 재벌경제라는 말을 만들어냈습니다. 한 집안이 경영권을 독점하며 소유와 경영을 함께 가져가는 방식은 서구 자본주의와는 확실히 차이가 나는 우리나라만의 독특한 경영 스타일입니다.

원 톱인 회장의 의지에 따라 투자를 집중적으로 오래 지속할 수 있기 때문에 전사적인 자원의 집중이 가능하도록 리더십이 발휘될 수 있습니다. 집중적인 지원을 받는 부문에서 투자 결과를 내놓는 것은 재벌회장의 경영권 승계 정당성을 확보하는 결과로 활용되기도 합니다. 즉 우리나라는 최고경영자인 회장을 뽑을 때 경영 능력에 대한 검증보다는 혈연에 따른 세습에 초점이 맞춰져 있고, 경영권 세습의 정당성은 회장 자리에 앉은 이후 투자와 경영의 결과로 얻어지게 된다는 점에서 서구 자본주의와 차이를 갖고 있습니다.

기본적 분석에서 우리나라 대기업의 경영권 승계도 중요한 요인으로 대두되는데 우리나라 재벌이라는 대기업들은 회장 일가에 의해 소유와 경영이 함께 이뤄지기 때문에 법인의 이익과 오너 일가의 이익이 충돌할 때 오너 일가의 이익을 이사회가 선택하는 경우가 대부분이고 이런 후진적인 경영 관행으로 여러 사건 사고가 많이 일어나고 있습니다.

대부분 경영권 승계가 이뤄지는 과정에서 재벌 오너 일가의 세금 부담을 줄이기 위해 기업가치를 인위적으로 떨어뜨리는 경영을 한다고 의심할 수밖에 없는 정황들이 나타나는데, 소유와 경영이 오너 일가에 의해 이뤄지다 보니 어쩔 수 없는 현상으로 받아들여지기도 합니다.

이에 따라 소액주주들은 피해를 볼 수밖에 없는데 서구에서는 오너 일가가 이사회를 장악하는 대신 경영은 전문경영인을 통해 운용하는 방식으로 소유와 경영을 분리합니다. 이사회와 전문경영인들이 협력과 견제를 하며 건실하게 회사 운영을 하게 되고 기업가치 상승이라는 일치된 목표를 갖게 됩니다.

우리나라는 여전히 소유와 경영이 한 집안의 전유물이 되어 대기업을 마치 사기업인 양 경영 전횡을 일삼는 경우가 많습니다. 주식회사의 주인은 주주라는 교과서적인 말은 그저 교과서에 머물 뿐 현실에서는 황제 경영이라는 회장 일가의 독단적인 경영에 회사가 망가지는 경우도 다반사로 존재합니다.

대표적으로 금호아시아나그룹은 3대째 내려오는 호남재벌이었지만 4대 박삼구 회장 대에 무리한 M&A로 그룹이 공중분해 되고 아시아나항공을 매각하여 겨우 금호산업이라는 1조 원대 건설사로 명맥을 유지하는 수준으로 쪼그라들기도 했습니다. 이때 금호타이어나 아시아나항공, 금호산업 등에 투자했던 투자자들은 3대째 가업으로 이어진 재벌 대기업이라 믿고 투자했다가 장기투자를 할수록 손해를 본 가슴 아픈 경험을 했습니다.

기본적 분석은 이렇게 정부 정책과 대기업의 투자를 동시에 살펴보며 그 속에서 개별종목을 찾는 투자 방법입니다. 앞에서 잠깐 언급했듯이 3대째 내려오는 현대기아차그룹은 정의선 회장의 시대에 모빌리티 기업을 지향하며 친환경차인 전기차와 수소차를 넘어 드론과 접목된 드론 택시와 퍼스널 모빌리티까지 다양한 분야로 사업을 확장하고 있습니다.

재벌 대기업이 장기간 대규모 자금을 투자해 육성하는 것은 시장을 새로 창출하고 성장시키는 것으로 장기적으로 성장성이 크기 때문인데 이런 사업 분야에 일찍부터 유망주를 찾아 장기투자를 한다면 상당한 수익을 얻을 수 있습니다.

정의선 회장 시대가 출범하고 제일 먼저 오르기 시작한 것이 자동차 부품주라는 사실은 경영권 승계가 끝나면 더 이상 주가가 쌀 이유가 없기 때문에 재벌 대기업이 그동안 미뤄두었던 투자를 재개하여 관련 산업 전반에 돈이 돌게 된다는 사실을 잘 보여줍니다. 이런 정부 정책과 재벌 대기업의 투자는 같은 분야에 집중될 때도 있고 개별적으로 이뤄지는 경우도 있는데 대부분 정부가 투자를 선도하면 기업이 뒤따르는 경우가 다반사입니다.

이명박 정부 시절 4대강 사업은 일종의 뉴딜 정책과 비슷한 사업입니다. 당시는 2008년 서브프라임 부실 사건으로 미국 월가가 붕괴 직전까지 내몰리면서 전 세계적으로 유동성이 급격하게 미국 월가로 집중되며 세계 경기가 급랭하던 때였습니다. 이런 상황에서 기업들의 일거리 창출과 고용 유지를 가능하게 만들어 준 정부 정책 중 한 가지가 4대강 사업이라고 할 수 있습니다.

전국 단위 사업이자 재벌 대기업 계열 건설사들이 사업을 수주해 각 지역별 하청기업에 하도급을 주어 전국 단위로 돈을 돌게 한 것인데 자연환경을 파괴하고 환경 문제를 발생시킨 것은 차치하고 위기 시 정부가 기업들을 살리고 일자리를 유지시켜주는 역할을 하는 안전판임을 잘 보여주고 있습니다.

당시에 4대강 테마주라고 일 년여 동안 줄기차게 올라준 테마주가 있었는데 정부 정책과 대기업의 투자가 맞물려 관련주들의 실적이 실제로 긍정적으로 바뀌어 기업 가치를 올려주었습니다. 물론 지속성을 갖는 데 한계를 가진 사업이라 나중에 이를 다시 복구하는 사업비용이 더 들어간 어리석은 정책이란 비난을 듣기도 했지만 당시에는 4대강 테마주 매매로 투자자들이 상당히 짭짤한 재미를 보기도 했습니다. 특히 이명박 정부 시절의 4대강 사업은 투자자들에게 정치인 테마주에 대한 학습효과를 각인시켜 지금도 대선과 총선, 지방선거 시기가 도래하면 개별 정치인의 지연, 학연, 인연 등으로 정치인 테마주가 만들어지고 이후 정책으로 구체화되면서 정책 관련주들이 정치인 테마주로 편입되는 경우를 볼 수 있습니다.

기본적 분석은 투자 종목을 찾기 위한 방법으로 개별 종목이 왜 성장하고 기업가치가 늘어나는지 이유를 찾는 방법이기도 합니다. 기본적 분석을 통해 찾은 유망종목은 장기투자를 할 수 있는 종목으로 최초 투자 결정을 한 이유가 훼손되지 않는 한 투자한 종목을 매도할 이유가 없기 때문에 장기투자를 할 수 있습니다. 대부분의 개인투자자들이 투자에 있어서도 "빨리빨리"를 생활화하다가 결국 손해만 보는 경우가 많은데 "빨리빨리"는 내가 투자한 회사의 임직원들이 해야 할 일이고 투자자는 투자가 완료된 이후 한 발 떨어져 내가 투자한 이유가 변함없이 유지되고 있는지를 주의 깊게 지켜봐야 합니다. 주식시장은 매일매일이 역동적이라 새로운 이벤트들이 기업경영의 내외에서 발생하고 있습니다.

내가 어제 투자를 결정한 회사가 오늘 경영권을 매각하고 주인이 바뀌어 전혀 새로운 사업을 시작한다고 발표하는 경우도 있는데 이럴 때 최초 내가 투자를 결정한 이유가 훼손되었다면 미련 없이 팔고 나오는 것이 수익 면에서 더 유리할 수 있습니다.

물론 M&A는 기업경영에 있어 가장 극적인 변화를 가져오는 것으로 기업가치가 크게 변화되는 이벤트인데 이럴 때 막연한 기대감이 주가를 끌어올려 단기간에 큰 수익을 가져다주기도 합니다. 그런 건 기본적 분석과 전혀 상관없는 뜻밖의 횡재라고 볼 수 있습니다.

| 바텀업, 상상력을 바탕으로 한 비상장사 투자 |

기본적 분석의 또 다른 방법인 바텀업 방식은 우리가 주변에서 쉽게 보는 요즘 인기 있는 것을 시작으로 그 기업이 속한 사업과 산업이 나중에 어떤 모습으로 성장할 것인가를 상상하는 것으로 당장의 인기로 분석을 시작해 상상의 나래를 붙이는 방식입니다. 예를 들면 우리 주변에 개인용 이동수단인 킥보드를 이용하는 사람들이 점점 많아지고 있습니다. 이용자가 점점 많아지면서 사고도 늘어 뉴스에 나올 정도가 되면서 이제는 현대차도 "라스트 원마일 모빌리티LAst One Mile Mobility"로 승용차 안에 구비하는 것으로 생각하는 상황에까지 이르렀습니다. 라스트 원마일의 개념은 최근에 나온 것으로 공유경제의 개념에 기반해 신기술이 새로 만들어낸 부가가치라고 할 수 있습니다. 물론 아직은 수익성보다는 미래 성장성으로 투자를 늘려가고 있는 분야입니다. 편리함을 추구하는 인간의 욕망에 기반을 둔 것으로 큰돈 들여 개인용 모빌리티를 소유할 필요 없이 필요할 때만 이용하고 싶다는 욕망을 충족시켜줍니다. 이전에도 필요성은 인식하고 있었지만 수익성에서 의구심이 들어 활성화하지 못했었는데 이제는 공유경제와 구독경제, 모빌리티 등의 기술이 더해져 현실 생활에 깊숙이 들어온 생활방식이 되었습니다. 아직 상장할 수준은 아니지만 현대기아차그룹이 관심을 가질 만큼 성장하고 있는 시장으로, 비상장사일 때 벤처투자의 대상이 될 수 있을 겁니다.

카카오뱅크와 같이 중위험 중이자 고객을 대상으로 한 인터넷전문은행은 빠른 성장성으로 상장도 단기간에 이뤄졌습니다. 주변을 봐도 이제 카카오뱅크를 통해 금융거래를 하는 사람들이 많아지고 있어 온라인금융이 현실 생활에 큰 변화를 가져왔다고 해도 과언이 아닐 겁니다. 기존에는 중위험 중이자 수준의 금융고객을 제1금융권과 제2금융권에서 받아들이지 않고 문턱을 높이 쌓아 올렸으나 이제 이들이 보다 금융서비스에 쉽게 접근할 수 있도록 해주기 위해 만들어진 것이 인터넷전문은행이라고 알려져 있습니다.

카카오뱅크의 경우 시장 진입도 카카오톡을 통해 쉽게 했지만 이후 증자를 통해 안정적인 시장점유율을 가져가면서 증권시장 상장에 성공할 만큼 단기간에 성공한 사업으로 카카오톡이라는 플랫폼의 위력을 유감없이 보여준 사례라 할 수 있습니다.

하지만 그 이면에는 재벌의 은행소유라는 욕망에 금산분리법을 무력화할 의도가 숨겨져 있기도 합니다. 대형저축은행 수준의 인터넷전문은행으로 비용을 줄인다고 해서 중위험 중이자 고객들의 금융서비스 이용 문턱이 낮아진다는 논리는 핀테크라는 생소한 용어를 사용해 인터넷전문은행을 만들어 산업자본이 은행의 주주로 참여하게 하는 편법을 허용하고 이후 초기 자본금이 소진되었을 때 증자 이슈가 나오면서 산업자본이 인터넷전문은행의 최대주주가 될 수 있는가를 이슈화해 결국 금산분리법 무력화로 갈 뻔한 사건이 있기도 했습니다. 이렇듯 시장에서 벌어지고 있는 매일의 이벤트 안에는 이해관계자들이 숨겨져 있고 모든 불합리한 일의 진행에는 진짜 수익을 얻는 수혜자가 있어 정부 정책마저 그들의 이익에 이용되는 경우가 있습니다. 따라서 투자자들은 자신의 이익과 이벤트의 수혜자가 같은지를 확인할 필요가 있습니다.

이렇듯 우리 주변에서 쉽게 볼 수 있는 유행하는 것이 돈이 될 것 같다면 그 미래를 상상하고 투자종목을 선정하는 것이 기본적 분석의 버텀업 방식이라고 할 수 있습니다. 업다운 방식이 지금 주식시장에서 거래되고 있는 종목을 찾는 데 더 적합한 방법이라면 바텀업 방식은 비상장사 투자에 활용하기 좋은 방법입니다.

| 기본적 분석의 화룡점정 |

앞에서도 말했지만 기본적 분석은 유망종목을 찾는 방법으로 투자를 왜 해야 하는지 이유를 찾는 방법이기도 합니다. 즉 주가를 움직일 동인, 기업가치가 오를 것이라는 이유를 찾는 방법으로 스스로 납득할 만한 이유를 찾은 종목은 궁극적으로 수익을 가져다줄 종목이 될 가능성이 큽니다. 그리고 기본적 분석에서 경영자가 누구인지를 반드시 고려해야 하는데 앞에서 설명했지만 내가 투자할 기업을 어떤 사람이 경영하고 있는지가 중요합니다.

물론 개인적으로 그 사람을 알 수는 없지만 금융감독원 전자공시 사이트나 거래소 공시 사이트에 올라오는 공시자료 중 사업보고서에서 경영인들과 이사들에 대한 간략한 소개를 볼 수 있고 최고경영자의 경우 매스컴에 자주 이름이 오르내리기 때문에 평판에 대해 직간접적으로 알 수 있습니다. 한진그룹과 금호아시아나그룹처럼 회사가 망가지고 나서야 대외적으로 오너경영자들의 치부가 드러나지만 그전에 인터넷을 뒤져보면 직간접적으로 다양한 소식들을 단편적이지만 확인할 수 있기는 합니다.

아무리 좋은 기술을 가지고 있고 역사가 오래된 기업이라도 최고경영자가 경험이 없고 경영능력을 보여주지 못하면 하루아침에 금호아시아나그룹처럼 공중분해 될 수도 있기 때문에 경영자에 대한 평판 조사는 무엇보다도 중요한 사안이 될 수 있습니다.

회사를 사는 것도 아닌데 호들갑을 떤다고 볼 수 있지만, 일 년 만기 정기예금에 넣어두면 한 자리 수이지만 연간 몇 %의 안전한 투자수익을 얻을 수 있는데 이를 포기하고 원금손실을 각오하고 투자를 하는 것이기에 꼼꼼하게 따져봐야 투자수익과 직결될 수 있습니다.

옛날이야기이기는 하지만 IMF구제금융 시기에 모두가 어려워 저녁마다 소주 소비가 늘었는데도 진로그룹이 부도났다는 소식에 황당해 한 사람들이 많았습니다. IMF라는 국란을 당한 국민들이 매일 저녁 마음을 달래고자 진로 소주를 소비해 주었지만 30대 젊은 오너의 마구잡이식 경영이 2대에 걸친 진로그룹의 부도라는 결과를 가져왔고, 이제는 하이트그룹에 인수되어 하이트진로라는 이름으로 명맥을 유지하고 있는 것은 시사하는 바가 커 보입니다.

그렇기 때문에 기본적 분석에 있어 마지막 화룡점정은 경영자에 대한 평판 조사로 경영능력에 대해 검증받은 전문경영인이 책임경영을 하거나 오너경영자라도 안정적인 경영을 하는 신뢰할 수 있는 회사에 투자하는 것이 수익에도 큰 도움이 될 것입니다.

| 코로나19 시대에 주가가 폭등했던 이유 |

최근에 미국 연방준비제도이사회의 통화정책 변화에 대해 말들이 많은데 대표적인 거시경제 지표인 이자율에 관한 사항이라 시장에 미치는 영향력이 직접적인 것을 확인할 수 있습니다.

코로나19팬데믹에 경기가 급전직하로 얼어붙으면서 각국 중앙은행과 정부가 한 일은 시장 내 돈이 넘쳐나게 만든 것으로 경기를 살리기 위해 억지로 돈을 돌게 하려는 노력의 일환으로 금리를 낮추고 재정투입을 늘린 것입니다.

정부와 중앙은행의 정책 변화는 시장에 직간접적으로 영향을 미칩니다. 중앙은행이 금리를 낮추고 정부가 재정투자를 늘리면 시장엔 유동성이 넘쳐나게 되고 부실기업도 돈을 얻기 쉬워 생명을 이어갈 수 있는 상황이 됩니다. 이럴 경우 주가는 오름세를 나타내는데 쉽게 생각하면 돈의 값인 금리가 떨어지면 어제 100원의 가치가 오늘은 90원의 가치밖에 안 되기 때문에 같은 물건을 사기 위해 110원을 지불해야 하는 인플레이션의 원리와 비슷한 결과가 증시에 나타나게 됩니다.

코로나19 사태로 기업의 실적은 나빠졌는데도 주가는 오히려 오르는 기현상은 일반적인 시장 상황은 아닌데 유동성장세라고 부르는 시장 내 돈이 넘쳐나며 벌어진 기현상이라 할 수 있습니다. 기업가치가 오른 만큼 주가가 오르는 것이 아니라 주식을 살 돈이 넘쳐나서 머니게임 하듯이 돈이 돈을 사는 양상이 벌어진 것입니다. 2020년 3월 코로나19 사태로 직격탄을 맞은 시장이 일 년 만에 코로나19 사태 이전 주가로 환원된 것도 모자라 사상 최대 주가지수를 기록했던 이유입니다.

기본적 분석은 이런 거시경제 지표의 변화를 우선 검토하고 세부 섹터로 산업을 찾아 그 속에서 유망한 종목을 찾는 것으로 거시경제 지표의 의미를 이해할 수 있어야 합니다. 그래서 주식투자에 앞서 경제학원론

같은 책을 한 권 읽든지 이를 요약한 주식투자 입문서 중에 기본적 분석에 대해 잘 설명해 준 책을 골라 읽는 것이 중요합니다. 대부분의 시중에 나온 주식투자입문서들은 기술적 분석에 입각한 차트 중심의 설명으로 진짜 주가를 움직이는 동인에 대해서는 설명해 주지 못하고 있습니다.

금리는 주식투자에 있어 중요한 거시경제 지표가 되는데 금리가 높고 낮음에 따라 시장에서 돈의 양이 결정되기 때문입니다. 주식은 기업가치를 유동화 한 것으로 투자자에게 빠른 자금 회수를 가능하게 만들어주고 투자의 안전성을 높이며 기업에게는 은행을 거치지 않고 직접 자금을 조달할 수 있는 길을 만들어준 것입니다.

자본시장에서 거래되고 있는 주식은 이런 기업의 자금 조달을 용이하게 해 줄 목적으로 만들어진 시장으로 여기서도 금리는 중요한 역할을 하게 됩니다. 흔히 공시에서 개별 기업들이 자금 마련을 위해 회사채를 발행한다거나 주식 관련 사채를 발행한다는 뉴스를 보게 되는데 이때 기업은 자금 조달 비용으로 이자를 지불하게 되고 이것이 회사채 금리입니다. 우량한 회사일수록 금리가 낮기 때문에 싸게 자금을 조달하고 재화를 만들어 시장에 공급해 수익을 발생시키기 때문에 이런 기업은 더 큰 수익을 얻을 수 있어 기업가치가 올라가게 됩니다.

은행 대출보다 기업이 직접 시장에서 자금 조달이 쉬운 때가 유동성이 넘쳐나는 시기입니다. 기업이 은행과 대출로 협의할 때는 기업의 상태에 대해 은행에만 알리기 때문에 기업의 재무상태나 내밀한 내부 경영 소식이 외부에 알려지지 않아서 대출 협의가 중간에 어긋나도 회사에 타격이 별로 없습니다. 그러나 회사채 발행이나 주식 관련 사채인 전환사채와 신주인수권부사채, 교환사채, 유상증자 등을 발행할 때는 시장에 사업계획서를 공개하고 증자를 추진하다가 자금 조달에 실패할 경우 회사에 대한 부정적인 뉴스로 정상적인 회사도 큰 타격을 입게 되는 경우가 많습니다. 윤석열 정부 들어 김진태 강원도지사의 강원중도개발공사 강원도 지급보증철회로 부도가 발생한 채권시장 위기에 롯데케미칼이 회사채 발행을 철회하고 모회사 유상증자로 급한 불을 끈 것이 대표적인 사례가 될 것입니다.

대기업은 모기업의 신용도로 자회사의 신용도를 보강해 주기 때문에 롯데케미칼은 충분히 회사채 발행이 가능할 것으로 생각되었지만 당시 채권시장 혼란은 국채에 버금가는 지자체 지급보증채의 부도에서 결국 롯데그룹도 회사채 발행을 포기할 만큼 급박한 상황이었습니다. 이래서 대기업이 중소기업보다 안전성이 좋다고 하는데 자기 신용으로 자금 조달이 어려워도 그룹 모회사의 신용을 빌려 자금 조달에 나설 수 있어 최악의 상황은 피할 수 있기 때문입니다. 그렇기 때문에 똑같은 저금리 시기라도 자기 사업에서 수익을 내고 있는 기업인지, 든든한 모기업을 갖고 있는 그룹사인지에 따라서 기업신용도가 달라질 수 있는데 이는 주식투자에서 가장 최악의 상황을 피할 수 있는 든든한 우산이 있느냐 없느냐의 문제이기도 합니다.

| 기본적 분석은 장기 투자를 위한 포석 |

기본적 분석에서 기업의 안전성에 대한 평가는 왜 그 기업을 투자종목으로 선택했느냐의 첫 번째 기준이 될 것인데 아무래도 재무적으로 튼튼하고 든든한 모기업이 있는 그룹사가 위기 시에 더 잘 버틸 수 있어 장기적인 투자의 위험을 조금이라도 더 낮출 수 있기 때문일 겁니다.

아울러 기업이 조달하는 비용의 차이가 곧바로 기업이 수익을 만들어내는 사업 결과물에 영향을 미치게 됩니다. 예를 들면 예전 조선업황이 어려울 때 법정관리를 받고 있던 대우조선해양은 정상 기업인 현대중공업보다 싼 이자로 채권단인 은행들로부터 자금을 차입해 국제 수주전에 뛰어들 수 있어 유리한 환경에서 영업을 진행해 수주를 늘린 적이 있습니다. 자금 조달비용이 훨씬 저렴해 저가수주에 나설 수 있어 수주율이 높아진 것입니다.

현대중공업이나 삼성중공업 입장에서는 대우조선해양의 저가수주에 울며 겨자 먹기 식으로 저가수주에 나설 수밖에 없었고 이는 조선업종 전반에 악재로 작용하였습니다. 이후 대우조선해양이 대규모 분식회계를 했다는 사실이 알려지고야 저가수주가 멈추게 되었다는 것은 시사하는 바가 커 보입니다.

회사채 발행은 기업경영과 투자자들의 이익에 미치는 영향이 크기 때문에 공시를 통해 자세한 조건들을 공개하고 있는데, 회사채를 인수하는 주체와 금리조건, 상환 기간 등을 구체적으로 열거하고 있습니다. 이를 통해 왜 이 회사가 이 시점에 자금 조달이 필요했던 것인지 이해당사자인 투자자들이 알 수 있게 합니다. 이런 내용을 알지 못하는 투자자들은 왜 내 주식이 갑자기 큰 변동성을 보이는지도 모르고 주가변동에 눈만 껌뻑거리고 있는 것입니다.

예를 들어 지난 2021년 11월에 대기업 구조조정의 대표였던 두산그룹이 그룹 부실의 단초를 제공했던 두산건설 매각을 공시하면서 곧바로 두산중공업의 1조 원대 주주배정 후 실권주 일반공모 유상증자를 공시하며 주가가 급락했는데, 두산그룹이 채권단 관리하에서 벗어나기 위해 고육지책으로 유상증자를 선언한 것으로 기존 주주들은 대규모 주당가치 희석으로 손해를 볼 수밖에 없는 상황입니다. 하지만 두산그룹 오너일가는 채권단 관리하에서 벗어나기 위해 지분율을 높이는 수밖에 없기에 유상증자 카드를 꺼내든 것이고, 대기업구조조정 기간 동안 기다려준 소액주주들에겐 배신 행위로밖에 보이지 않는 파렴치한 행위이기도 합니다. 주주간 이해가 상충하기 때문에 발생한 일이기도 한데 경영권을 갖고 있는 두산 오너일가의 이익과 소액주주들의 이해가 상충하는 장면입니다.

하지만 앞에서도 잠깐 언급했듯이 우리나라 재벌경영에 있어 오너 일가의 이익과 법인의 이익이 충돌할 때 배임의 우려가 있다손 치더라도 우리나라 기업의 이사회는 오너 일가의 손을 들어주는 경우가 많기 때문에 이런 대기업 구조조정 과정에서 불합리한 경영 판단에 항상 대비하고 있어야 합니다.

은행의 대출도 마찬가지로 투자자들의 이익을 침해할 수 있는 사안들은 개별공시를 통해 다 공개하게 되어 있습니다. 자금 조달이라는 목적은 똑같을 수 있지만 주식 연계 채권의 경우 경영권 강화 목적이 숨겨져 있어 투자자들의 이익에 직접적인 영향을 미칩니다. 예전 유행했던 신주인수권부사채의 경우 최대주주가 경영권 승계의 수단으로 활용하기도 해서 신주인수권부사채를 발행하면 투자자들에게는 큰 손해가 되지만 신주인수권을 확보하는 오너 일가에게는 현 주가보다 훨씬 저렴한 비용으로 대량의 주식을 보유할 수 있는 길이 열려 경영권 승계 비용을 현저하게 낮출 수 있는 편법 경영권 승계 수단이기도 했습니다.

지금은 이런 편법을 법으로 금하고 있어 시장에서 사라졌지만 이런 신주인수권부사채만 전문적으로 인수해주던 외국인투자자들이 있을 정도로 인기 있는 투자처이기도 했습니다.

전환사채 같은 경우도 발행 당시에도 전환가격이 현 주가보다 싼 가격이었는데 주가 변동성을 반영하여 리픽싱이라는 명목으로 지속적으로 전환가격을 낮출 수 있어 대부분 발행하고 최대한 전환가격을 낮출 수 있는 가격까지 간 이후에 주식으로 전환시켜 차익을 먹는 경우가 비일비재했습니다.

경영자 입장에서 투자자의 이익을 위해 주가를 일부러 떨어뜨린다고 할 정도로 호재성 재료는 내놓지 않고 악재성 재료만 시장에 내놓아 전환가격을 가장 낮은 가격으로 리픽싱할 수 있게 해 준 경우도 많아서 시장에서는 전환사채가 발행이 되면 리픽싱 가격 구간을 보고 주가가 그 이하로 떨어질 때까지 기다렸다가 투자하는 방식도 유행했습니다.

| 코로나19와 함께 '잔치'도 끝나 간다 |

이제 시장은 코로나19 위기에서 벗어나 다시 일상으로 복귀라는 희망을 현실화하고 있습니다. 다시 말해 과거 완화적 통화정책으로 넘쳐나던 유동성장세에서 이제는 통화긴축을 통한 정상 시장으로 복귀를 준비하고 있습니다. 이는 인플레이션이 원인으로 우리나라뿐 아니라 미국과 EU, 일본 등 선진국들과 중국과 홍콩, 동남아, 브라질 등 신흥국들 사이에 자산 버블이 어마어마하게 나타나고 있기 때문입니다. 인플레이션은 중앙은행이 막아야 할 첫 번째 과제이기도 한데 그렇기 때문에 중앙은행을 인플레이션 파이터라고 부르는 것입니다.

코로나19 위기를 극복하기 위해 시장에 쏟아부은 유동성은 돌고 돌아 부동산 시장에 흘러 들어가 부동산 가격의 랠리로 나타났는데 우리나라도 강남을 중심으로 집값 상승이 큰 정치 사회적 이슈를 만들어냈지만 미국이나 EU는 집값 상승으로 우리보다 더 큰 사회적 불안이 가중되기도 했습니다.

미국 연방준비제도이사회에서 긴축정책에 대한 목소리가 나오는 것은 인플레이션이 실제로 발생하고 있고 실물경제 위축에 영향을 미치기 시작했기 때문입니다. 특히 시중 유동성이 대표적인 불로소득인 부동산 투기로 흘러 들어가는 것은 자원의 효율적 분배라는 경제학 원론의 가장 기본에도 위배되는 것으로 이를 바로잡기 위해 유동성을 빨아들일 필요가 있습니다.

과잉 유동성이 만들어낸 자산 버블은 집값뿐 아니라 주가에도 영향을 미치는데 실제 적자투성이인 기업도 시장에서 인기 있는 바이오사업이나 신재생에너지 등에 투자한다고 공시를 하면 묻지 마 투기가 몰려 주가를 밀어 올리는 현상이 나타나 주식시장 전반에 주가 인플레이션이 발생합니다. 이런 상황에서는 합리적으로 기업가치를 평가하고 싼 가격에 주식을 살 수 없게 되어 궁극적으로 수익 기회가 줄어들게 됩니다. 결국 투자자들이 주식시장에서 발길을 돌리고 목돈이 필요한 부동산 투기로 눈을 돌리게 되어 빚을 낼 경우 시장 자금이 투기에 활용되는 최악의 상황이 만들어집니다.

주식투자자에게 부동산 시장은 경쟁 관계의 시장으로도 볼 수 있는데 주식투자로 목돈을 만들면 이 돈들은 부동산 시장으로 이전되어 부동산에 잠겨 버리는 경우가 많아 주식시장 호황 이후에 부동산 시장이 호황이 되는 경우를 자주 목격하게 됩니다. 부동산 시장에 흘러 들어간 유동성은 부동산 투기를 통해 부동산을 소유한 사람에게는 큰 불로소득을 안겨주지만 시장 전체로는 사회적 비용 증가로 공동체 전반에 큰 부담으로 작용하게 됩니다.

부동산 투기는 증시에서 자금 이탈을 부추기게 되어 정부도 나서서 부동산 투기를 단속하고 규제합니다. 주식시장은 기업이 자금을 손쉽게 구해 재투자하여 일자리를 만들고 소득을 증대시켜 국민경제 전반에 긍정적인 결과를 기대할 수 있지만 부동산 투기는 사회적 비용을 늘려 결국 부동산을 소유한 소수에게만 좋을 뿐 시장참여자 전반에 좌절감과 상대적 박탈감을 가져와 사회의 역동성을 떨어뜨리게 됩니다.

| 환율에 관한 '팩트 체크'도 필수다 |

환율도 주식투자에 있어 중요한 거시경제 지표가 됩니다. 이 또한 중앙은행인 한국은행이 관련된 사안으로 우리나라 법정통화인 원화 가치를 글로벌 기축통화인 달러에 대해 어떻게 가져갈 것인가는 통상의 문제이면서 인플레이션에도 영향을 미치는 사안이 되고 있습니다.

대표적으로 우리나라는 에너지를 거의 전량 수입에 의존하고 있는데 우리가 많이 수입하는 중동 두바이산 석유 가격은 기축 통화인 미국 달러로 결제하게 됩니다.

1997년 12월 우리나라가 IMF구제금융를 선언하게 된 것도 김영삼 정부에서 원화가치 방어에 외환보유고를 낭비하다가 그해 겨울을 날 석유 현물을 살 돈이 우리가 보유한 달러로는 버거웠기 때문이라는 서글픈 사실은 달러 보유량과 원화 가치를 적정하게 가져가는 것이 얼마나 중요한지 잘 보여준 사례입니다.

1997년은 우리나라 30대 재벌 중에 17개가 자빠진 연쇄도산의 해였는데 그 당시에는 출근했을 때 밤새 부도 난 그룹이 있는지 살펴보는 것이 아침 일과였을 만큼 대기업 연쇄부도가 흔한 시기였습니다. 중앙은행인 한국은행과 재정기획원은 한국은행법을 갖고 줄다리기 하느라 나라 곳간이 비어가는 줄도 모르고 있었고 상황이 이런데도 한국은행은 원화 가치 방어를 위해 달러를 외환시장에 내다 팔다 결국 겨울철 에너지를 살 달러도 없는 상황을 맞이하고 만 것입니다.

최근의 주식시장에서 분기 말과 반기 말, 회계연도 말일日에 환율 움직임을 보면 원달러 환율이 급등해 환율효과라는 말이 자주 등장합니다. 회계기준일에 원 달러 환율이 오른다는 것은 원화 가치가 낮게 평가되고 달러 가치가 비싸게 평가되는 것을 뜻하는데 이 기준에 맞춰 기업 실적을 따지면 수출대기업들의 실적은 환율효과를 누려 원화환산실적이 더 좋게 나타나게 됩니다. 즉 환율이 기업 실적에 직접적인 영향을 미치고 있는 것인데, 회계기준일이 지나면 다시 원화 강세가 나타나는 것은 기업들의 원재료 구매 시기와도 맞물려 있기 때문입니다. 쉽게 설명하면 원재료를 수입할 때 달러 결제를 위해서는 원화 강세가 유리하고 회계기준일에는 상품을 수출한 대금을 달러로 갖고 있기에 달러 강세가 더 유리하게 평가되는 것을 뜻합니다.

시장이 항상 이런 식으로 움직이는 것은 아니지만 미국 재무부가 우리나라와 중국, 일본, 대만, 독일 등을 환율조작국 대상으로 놓고 관찰하는 이유도 대미무역흑자를 환율조작을 통해 크게 보고 있다는 의심의 눈초리에 기인합니다.

우리나라는 외환거래 자유화가 이뤄져 누구나 신고만으로 외화를 보유하고 사용할 수 있습니다. 기업도 해외수출대금을 해외 지사에서 보관해도 되고 국내에 외화예금 형태로 보유해도 되기 때문에 이제는 원자재 구매에서도 환전할 필요 없이 외화 통장에서 보유하고 있는 외환으로 바로 결제하고 있습니다.

이 말은 국내 수출대기업들이 아무리 많이 수출해도 수출대금을 국내로 들여와 원화로 환전하지 않는 이상 국내에 달러가 돌지 않는다는 것을 뜻합니다. 우리나라가 2000년 이후 매년 무역흑자를 달성하고 경상수지 흑자국으로 외환보유고가 4천억 달러를 넘어서고 있는데도 원 달러 환율은 2000년대 초반이나 2020년이나 비슷한 1천 원대 이상에서 머무는 것은 이런 이유가 숨겨져 있기 때문입니다. 예전에 환율조작국으로 우리나라가 지정될 것이라는 말이 돌 때 미국 재무부가 평가한 원화의 적정 환율은 900원대 초반이었다는 말은 시사하는 바가 큽니다.

2022년 9월 미국 FOMC에서 또다시 자이언트스텝 금리인상을 실행하며 우리나라와 미국의 기준금리 차이가 확실하게 벌어지게 되었습니다. 미국은 4.0%~4.5%로 기준금리가 올라서게 되었고 우리나라는 기준금리가 3.25%에 머물게 되어 70bp만큼 차이가 생겼습니다. 이에 따라 원달러환율은 10월 25일 1,444.20원까지 급등했는데 미국의 중간선거 때문에라도 인플레이션을 잡기 위해 강한달러정책을 고집할 수밖에 없었기 때문입니다. 원달러환율 급등으로 대외투자 시기 조절에 나서는 대기업들이 나오게 되었고, 해외 M&A도 줄어들 전망입니다.

우리나라는 수출기업 위주로 경제가 굴러가는데 내수시장이 작기 때문에 태생적으로 글로벌 시장을 상대로 상품을 만들어 팔아야 성장성을 담보할 수 있기 때문입니다. 특히 중국경제는 20세기 후반 중국의 개방화로 우리 기업들의 완성품 조립공장이 되어주고 있습니다. 일본에서 원재료와 소재를 수입해 우리나라에서 모듈을 만들어 중국에 수출하면 중국에서 완성품으로 조립해 전 세계로 수출하는 동아시아생산체인이 오랫동안 안정적으로 구축되어 왔습니다. 21세기 우리나라의 성장으로 일본 기업의 원재료와 소재 장사의 마진보다 중간재인 모듈을 만들어 수출하는 우리나라에 수익이 쌓이는 구조가 만들어졌고, 이는 일본우익 아베정부의 반도체 소재 수출 규제라는 자해 공갈단적인 황당한 정책으로 문제가 되기도 했습니다. 결국 일본 재계에서 일본 소재와 원자재 업체들만 희생될 것이라는 우려가 현실화되고 있는데, 애초 아베정부가 의도했던 우리 경제에 대한 타격은 일본 소재와 원자재 업체들이 우리나라 재벌 대기업의 하청 업체였다는 점에서 이길 수 없는 싸움이 되었고, 아베정부 몰래 일본 소재와 원자재 업체들이 재고를 해외에 미리 수출하여 우리 기업에 피해가 발생하지 않게 대처해 준 것은 그들 시장을 지키기 위한 고육책이 되기도 했습니다.

돌이켜보면 2019년 7월 아베정부의 반도체 수출규제 발표와 수출백서에서 우리나라를 제외한 것과 같은 무역 규제에 당장 우리나라가 망할 것이라고 호들갑을 떨던 국내언론들이 얼마나 근시안적인 시각을 갖고 있었던 것인지 시간이 지난 지금은 잘 알게 되었는데 당시 언론보도만 보고 주식을 정리한 투자자들만 바보가 되었습니다. 물론 2020년 3월 코로나19팬데믹으로 시장이 큰 폭의 폭락세를 나타내기도 해 2019년 7월 이후 주식을 정리한 투자자들은 피해를 피해갈 수도 있었겠지만 이는 오비이락이자 서로 관련 없는 우연의 산물일 뿐으로 아베정부의 무역 규제와는 하등 상관없는 일이었습니다.

이렇듯 거시경제를 읽는 데 국내 언론은 신뢰도가 떨어지기 때문에 해외 언론을 통해 크로스 체크를 할 필요가 있는데 요즘은 구글번역기를 통해 해외 언론을 쉽게 읽을 수 있어 팩트 체크가 어렵지는 않습니다.

| 가짜 뉴스를 걸러내는 기본적 분석 |

기본적 분석은 이렇게 거시경제 전반에 벌어지고 있는 복합적인 요인들을 종합적으로 분석해 내가 투자할 종목을 찾아내는 것으로 이렇게 찾아낸 종목은 신뢰할 수 있어 매일매일의 주가변동성에도 장기투자를 가능하게 만들어 줍니다.

매매가 잦고 주식 보유 기간이 짧은 이유는 자기가 투자한 종목에 대한 신뢰가 낮아서인데 기본적 분석이 충분히 이뤄지지 않은 상태에서 종목을 선정하고 투자했기 때문입니다. 진짜 주식투자로 꾸준히 큰 수익을 쌓아가는 투자자는 주식을 매수하기 전에 먼저 기본적 분석을 행하고 매수 후에는 매일매일의 뉴스를 통해 자신의 매수 이유가 훼손되었는지를 확인하는 투자자입니다.

앞에서도 설명했지만 장기투자로 수익을 얻을 수 있는 기회가 분명 있었는데도 가짜 뉴스와 왜곡 보도를 보고 오판을 하여 너무 일찍 매각하거나 너무 비쌀 때 매수하여 상투를 잡게 되는 것은 투자자가 판단한 결과라고 생각할지 모르지만 언론이 부추긴 경우가 다반사입니다. 기본적 분석을 충실히 하면 가짜 뉴스와 왜곡 보도에 놀아나지 않을 텐데 대부분의 투자자들은 카더라 통신에 의존하거나 인터넷에 떠돌아다니는 출처가 불분명한 주장들에 의존해 오판을 하는 경우가 많습니다.

일간지와 경제신문들은 광고주의 광고수익으로 운영되기에 광고주의 입김에서 자유로울 수 없습니다. 특히 경영권 승계 과정에서는 오너 일가의 이익을 위해 부정적인 뉴스를 실어나르며 주가를 떨어뜨리는 데 일조하거나 오너 일가의 주식매도에는 고가에 매수하도록 펌프질 기사를 남발하는 등 일반투자자의 이익에 역행하는 가짜뉴스와 왜곡보도를 많이 내곤 합니다. 이런 기사들에도 1%의 진실이 담겨 있기 때문에 그 1%를 믿어 99%의 거짓과 가짜를 마치 사실인 양 믿게 만드는데 이를 보고 오판하는 실수를 줄여야 주식투자 수익을 꾸준히 가져갈 수 있습니다.

아울러 증권사 애널리스트들의 종목분석 보고서의 경우도 공정공시의 대상이 되기 때문에 보고서의 생산 일자와 기관투자자들에 대한 제공 여부를 보고서 안에 기록하게 되어 있습니다. 정보의 비대칭성을 막기 위한 것이지만 여러 가지 편법으로 증권사 고객인 펀드매니저들에게 애널리스트의 전문적인 투자 의견이 전달되어 증권사 법인영업부가 주문을 위탁받기 때문에 일반 투자자들에게 공짜로 제공되는 애널리스트 보고서는 공짜라는 것 외에 메리트가 없고 덫이 되는 경우도 많습니다. 특히 목표주가 랠리가 펼쳐질 때는 매수를 해서 수익을 내기보다는 주가 고점에 팔아치우려는 기관투자자들의 이익을 대변해 비싼 가격에 사주는 바보들을 호객하는 행위가 될 수 있어 주의할 필요가 있습니다.

증권사 애널리스트의 억대 연봉은 개인투자자들이 주는 것이 아니라 법인영업에서 위탁 대행하는 펀드매니저들의 주문으로 지불하는 것이라 애널리스트들의 보고서는 기본적으로 기관투자자들의 이익을 대변할 수밖에 없습니다.

투자자 스스로가 기본적 분석에 충실하게 종목을 찾아내고 투자를 하고 있다면 광고주를 위한 언론의 가짜 뉴스와 왜곡 보도, 기관투자자들을 위한 증권사 애널들의 종목보고서에 휘둘리지 않고 뚝심 있게 자기 종목에 대한 투자를 이어갈 수 있을 것입니다.

물론 자기 종목에 대한 맹신으로 변화된 시장 여건을 무시하고 상투에 물린 것도 모르며 꿋꿋하게 버티는 투자자들도 있는데 이들도 따지고 보면 기본적 분석에 충실하지 않고 종목과 결혼해 버렸기 때문입니다. 그래서 시간이 지날수록 손실만 커지고 결국에는 주식투자는 투기라고 혼자만의 생각을 굳혀 버리는 경우도 비일비재합니다. 증시 격언에 종목과 결혼하지 말라는 말은 이런 이들을 위해 만들어진 말로 자신만의 고집과 아집으로 종목을 맹신하는 경우 돌이킬 수 없는 큰 손해를 입을 수 있기 때문입니다.

특히 바이오와 해외자원 개발과 같이 일반적인 지식 수준으로 기술의 진보와 사업의 진척을 판단하기 어려운 사업의 경우 개발이 성공해 일확천금의 대박이 기다리고 있다 하더라도 자신의 뜻과 달리 주가는 전고점에서 점점 멀어지는 경우가 많이 있습니다. 이럴 때 자신의 투자 판단을 객관화하지 못하고 스스로를 너무 믿게 되어 너무 큰 원금손실에 회복하기 어려운 상황을 맞이하기도 합니다. 이런 의도하지 않는 손실을 회피하기 위한 방법도 역시 기본적 분석에 충실한 것입니다. 자기가 선택하고 투자 결정한 회사가 속한 산업과 국가정책의 상관관계를 이해하고 있다면 자신만의 주관적인 결정에 경도되어 손실을 확대하게 두지 않을 것이기 때문입니다.

| 기본적 분석만큼 중요한 기술적 분석 |

기본적 분석에 충실한 투자자들이 아울러 알고 있어야 하는 것은 매매의 스킬이라 할 수 있는 기술적 분석입니다. 우리나라 최대 기업이자 최고 수익을 내고 있는 삼성전자도 투자 타이밍에 따라서는 손실을 볼 수 있기 때문에 최저점 매수 기회를 찾기 위해서는 기술적 분석을 통해 기본적 분석의 결과를 실현해 나가야 합니다.

기본적 분석과 기술적 분석은 주식투자 수익을 위한 두 바퀴로 어느 한쪽만 있어서는 수레가 굴러갈 수 없듯이 주식투자 수익이 굴러 들어올 수 없습니다. 그렇지만 증권방송에서는 기본적 분석보다는 기술적 분석에 치중한 설명으로, 이미 지나버린 주가 흐름을 보고 앞으로 반복되는 상황을 예측해 투자하는 각주구검刻舟求劍과 같은 어리석은 투자 방법만 다루고 있어 대부분의 투자자들이 주식투자에 실패하고 주식투자를 투기라고 치부하고 마는 것입니다.

앞으로 설명할 기술적 분석은 이미 많이 알려진 기법들이라 진부하다고 볼 수 있지만 그만큼 시장 내 통용되는 상식 수준의 투자 방법론이기 때문에 이를 기본적으로 숙지하지 못하면 시장이 보내고 있는 신호를 읽지 못해 본인만 뒤처지게 됩니다.

물론 기술적 분석에 치중한 투자자들은 단타에 집중할 수밖에 없어 크게 먹지도 크게 손실도 보지 않고 제자리걸음만 반복하는 경우가 많은데 주식투자는 원금손실의 큰 위험을 부담하며 투자를 하는 것이라 그에 대한 보상도 크게 가져가지 않으면 결국 잦은 매매로 잔매에 장사 없다고 원금손실이 쌓여 시장에서 퇴출되는 비운을 맞이하게 될 것입니다.

기술적 분석은 기본적 분석을 실제 종목에 적용하여 수익을 만들어내는 방법으로 기본적 분석을 완성하는 방법이기도 합니다. 기본적 분석에 사용되는 지표들을 확인할 수 있는 유용한 사이트들을 소개하니 참고하시기 바랍니다.

- **금융감독원 전자공시시스템(Dart)** http://dart.fss.or.kr/
- **한국거래소 기업분석보고서 사이트** http://data.krx.co.kr/contents/MDC/HARD/hardController/MDCHARD002.cmd
- **한국은행 조사연구 사이트** http://www.bok.or.kr/portal/submain/submain/srvyRsch.do?viewType=SUBMAIN&menuNo=200063
- **38커뮤니케이션(비상장주식)** http://www.38.co.kr/

기술적 분석이란?

| 심리 싸움의 '기술' |

지금까지 기본적 분석의 중요성을 강조했는데 이렇게 분석하여 종목을 찾아내더라도 매매 타이밍을 잘못 잡으면 삼성전자도 하루아침에 잡주가 되는 곳이 주식시장입니다. 이처럼 투자수익을 현실화하는 데 매매 타이밍이 얼마나 중요한지 따로 강조하지 않아도 잘 알고 계실 겁니다.

똑같은 종목을 매매해도 누구는 수익이 나고 누구는 손실이 나는 이치는 매수와 매도 타이밍이 다르기 때문인데 매수와 매도의 타이밍을 잡는 방법이 바로 기술적 분석입니다. 기술적 분석은 기본적 분석으로 찾은 종목의 투자수익을 구체화하는 방법이라 할 수 있습니다.

미래 성장성이 있는 종목은 오늘보다 내일의 기업가치가 더 크기 때문에 오늘 미래가치가 할인된 가격에 매수하는 것이 이익이 됩니다. 시장은 단순히 그런 산술적 가치를 반영하고 있을 뿐 아니라 시장 내외의 여건들이 주가에 반영되어 변동성을 가져오는 경우가 많기 때문에 다양한 요인들이 주가에 어떻게 반영되어 있는지 살펴볼 필요가 있습니다.

앞서 설명했지만 증권 방송에서는 주로 주가 차트를 갖고 매매 타이밍을 설명합니다. 여기서 설명하는 매수가와 손절가, 매도가는 일견 의미가 있어 보이고 고개를 끄덕이게 만들지만 과거에 그런 주가 움직임을 보였다는 것일 뿐 미래에 똑같은 주가 패턴을 보일 것이라고 하는 것은 현실을 몰라도 너무 모른다는 생각이 들기도 합니다. 그럼에도 이런 설명 방식이 증권방송에서 자리 잡은 것은 투자자들의 유료증권방송 가입이 목적일 뿐 투자자들의 수익이 목적이 아니기 때문입니다.

기술적 분석은 과거 주가와 거래량을 기본으로 현 주가의 위치를 추정하는 것으로 기본적 분석이 잘되어 있어 종목을 잘 찾았더라도 기술적 분석을 잘못해 매수 시점을 잘못 잡으면 상당 기간 물려서 맘고생을 할 수밖에 없습니다. 아울러 아무리 주식을 싸게 잘 샀어도 너무 빨리 차익 실현을 할 경우 100% 거둘 수 있는 수익을 겨우 단 몇%에 만족하고 발을 빼는 우를 범할 수 있어 상대적 손실의 후유증을 앓게 됩니다.

기술적 분석은 주가라는 점과 이를 연결한 주가이동평균선 그리고 이 때 쌓인 거래량이라는 지표를 갖고 주가의 방향성을 분석하는 것으로 과거 시점에 주식매매가 이뤄질 때 참여한 투자자들의 심리가 반영되어 있습니다. 결국 기술적 분석은 이런 심리를 읽고 앞으로 시시각각 변화할 주가에 대해 투자자 스스로가 어떻게 대응할 것인가 하는 심리 싸움을 대비하는 것이기도 합니다.

봉차트의 구성 요소 양봉과 음봉

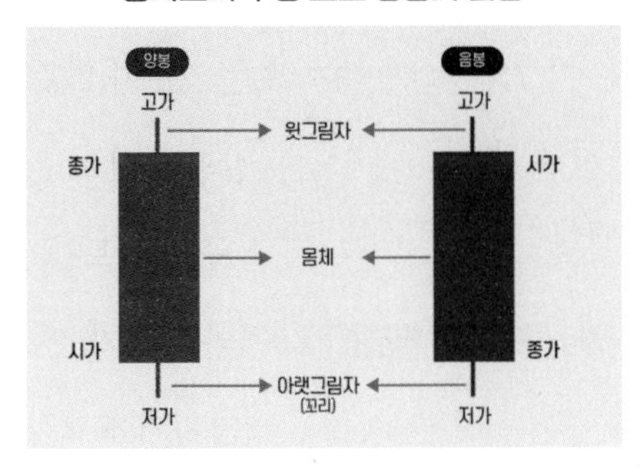

기본적으로 봉은 위 그림처럼 붉은색 양봉과 파란색 음봉으로 나뉩니다. 주가를 나타내는 주봉에서 시장이 시작할 때 기록한 시초가와 장이 끝날 때 마지막 거래 가격인 종가를 기준으로 시초가가 종가보다 높아 주가가 하락한 경우 음봉으로, 반대로 시초가보다 종가가 높아진 주가가 상승한 흐름은 양봉으로 표시합니다.

기술적 분석에는 "다우이론"과 "엘리어트 파동이론" 등 주식시장에서 오랫동안 통용되어 온 이론들이 있고, 과거 컴퓨터 없이 증권사 영업사원을 통해 주식주문지와 전화 등으로 매매하던 시절부터 개인용 PC와 스마트폰으로 손쉽게 매매를 하는 최근까지 이론들은 시대 변화를 반영해 발전하고 있습니다.

수백 년의 세월 동안 주식매매의 편리성이 기술의 발전으로 향상되어 왔듯이 기술적 분석도 여기에 맞춰 발전해 왔는데, 변함없는 사실은 과거의 주가들을 선으로 연결하여 주가이동평균선을 만들고 여기에 거래량으로 주가의 방향성을 읽어내고 추세를 찾아 매매를 한다는 점입니다. 추세를 찾아내기 위해서는 호가마다 거래된 주가와 이때 쌓인 거래량 등을 보는데 투자자마다 다르게 판단하게 됩니다. 즉 매수하려는 쪽은 최대한 싼 가격에 주식을 사고 싶어 하고 매도하려는 쪽은 최대한 비싸게 팔기를 희망하기 때문에 이 둘 사이에 합의되는 가격에서 주가가 형성됩니다.

| 주가의 미래 추세를 추론하다 |

투자자들의 투자 행위는 같은 날 같은 시간에 이뤄지기도 하고 서로 다른 날 이뤄지기도 하는데 모든 투자자들은 자기 중심적 사고를 하고 있어 거래 상대방의 심리를 읽지 못하고 모든 지표를 자기에게 유리하게 해석해 큰 손해를 보는 경우가 다반사입니다.

주식시장에서 보이는 주가는 투자자를 상투에 물리게 하는 함정이 되기도 하고 우연적인 시장의 리스크로 진짜 최저점에 주식을 매수하는 행운을 갖게 만들기도 합니다. 이런 모든 주가 변동성을 해석하고 판단하는 것이 기술적 분석인데, 과거의 확정된 데이터를 갖고 분석하지만 미래 주가를 추정하는 것이기 때문에 결국은 과거의 데이터가 아닌 미래 주가를 찾기 위한 방법임을 잊지 말아야 합니다. 대부분의 투자자들은 증권방송에서 전문가들의 현란한 말솜씨와 화려한 차트에 속아 미래 주가가 아닌 과거 주가를 갖고 자신이 투자한 종목을 바라보고 있다는 사실을 간과하게 됩니다.

한마디로 손해를 보는 투자 판단을 했어도 그걸 손절매라는 변명으로 위로하며 손해를 쌓아가고 있는데도 스스로 합리적인 투자자라고 자위하고 있는 멍청한 짓을 반복하고 있습니다. 기술적 분석에서 가장 중요한 지표인 주가는 동일한 시간에 매수자와 매도자가 합의한 가격에 매수와 매도가 체결되며 그런 거래가 쌓이고 쌓여 그날의 주가차트가 만들어집니다.

뒤에 자세히 설명하겠지만 기업공개(IPO)를 하는 신규 상장종목은 과거 데이터가 없기 때문에 공모가라는 증권사 인수팀이 만들어낸 가격에서 거래를 시작하는데 개장 초 첫 거래에서 시초가를 만들고 이후 매분 매초 거래가 쌓여 그날의 주가차트를 만들어냅니다.

전인미답의 주가차트가 만들어지는 신규 상장종목들은 비상장 시기에 다양한 뉴스를 쏟아냅니다. 공모 과정에 청약증거금이 어떻네 청약경쟁률이 어떻네 다양한 스토리를 만들어내지만 이는 발행시장에서의 일로 첫 상장일에 거래를 시작하면 이제는 유통시장에서 새로운 역사를 써 내려가는 것입니다.

그렇다면 발행시장의 청약 과정에서 생기는 이런 일들이 유통시장의 주식거래에 영향을 미칠까요?

투자자들은 주식시장이라는 큰 테두리 안에서 신규 상장종목을 바라보고 있지만 엄격히 따져서 발행시장과 유통시장은 전혀 다른 거래 관행과 구조를 갖고 있는 시장들이며, 여기에 참여하는 투자자들도 전혀 다른 투자자라고 할 수 있습니다.

방탄소년단으로 유명한 하이브(구, 빅히트엔터테인먼트) 사례만 보더라도 방탄소년단의 빌보드 핫100 정상 등극과 다양한 성공 스토리로 기대감을 갖게 했지만 비상장으로 있을 때 투자한 장외투자자들이 상장 초기 차익 실현에 나서면서 공모가 거품론을 일으키고 주가도 공모가의 더블로 시작해 흘러내려 공모가 근방까지 밀리는 망신을 당하기도 했습니다. 그럼에도 이후 장외투자자들이 차익 실현한 물량들을 유통시장의 투자자들이 받아내면서 주가는 다시 반등하며 상장 첫날의 주가를 회복하는 기염을 보여주었습니다.

이런 드라마틱한 주가 변동성에는 "빅히트엔터테인먼트"가 "하이브"라는 간판 갈이를 하고 방탄소년단에 의존하는 엔터주에서 미국 주류 연예계의 "이타카홀딩스"를 인수해 글로벌 시장을 무대로 사업을 펼치는 글로벌 1등 엔터 회사로 거듭나는 스토리가 더해지고 여기에 환호하는 투자자들의 기대감이 주가에 반영된 결과라고 할 수 있습니다.

기술적 분석은 이처럼 주가들의 점들이 모여 주가 추세를 만들고 이렇게 쌓인 거래량으로 미래에 새로 주가가 거쳐 가야 할 가격들에 대한 의미를 추론하는 방법입니다. 즉 공모가라는 한 점에서 시작된 주가는 투자자들의 심리가 주가에 반영된 결과로 추세를 만들고 이런 추세가 쌓여 주가이동평균선이 만들어져 주가의 방향성을 투자자들이 예상하고 미래 주가변동에 대처할 수 있게 하는 것입니다.

| 기술적 분석 시 주의해야 할 사항 |

주가들이 추세에 따라 이동평균선으로 연결되어 있는 것으로 투자자들은 착각을 하는데 전일 종가와 다음 날 시초가는 엄연히 다른 가격으로 매일매일 새롭게 시작한다고 해도 과언이 아닙니다. 증권사 HTS에서 제공하는 차트는 연결된 이동평균선을 담고 있어 이런 착각을 불러일으키게 합니다. 투자자 스스로가 현실을 자각하지 못하면 주가는 어제에 이어 오늘도 같은 방향으로 나아가고 있다고 착각하게 되는데 기술적 분석은 이런 주가의 연속성을 파악하고 확인하는 과정이라고도 볼 수 있습니다.

기본적 분석이 주가변동의 이유를 설명해 준다면 기술적 분석은 변동의 결과로 주가가 어느 방향으로 갈지 예상할 수 있게 하는데 합리적인 기준과 데이터를 갖고 도출된 결론만이 미래 주가를 제대로 예상할 수 있게 만들어주기 때문에 주관적인 생각으로 분석하지만 자신의 판단을 객관화하는 냉철한 이성도 필요합니다.

매수와 매도가 만들어낸 현재가들이 모여 주가이동평균선을 만들어낸다고 설명했는데 각 증권사들은 투자자들의 편리성을 위해 예쁘게 주가차트를 만들어 제공해 주고 있습니다. 현재 증권사들이 제공하는 HTS와 MTS는 다양한 데이터를 분석할 수 있는 설정으로 인해 개인이 더 중요하게 생각하는 지표들을 강조하여 하나의 차트를 만들 수 있습니다.

과거 처음 HTS가 주식시장에 소개되었을 때인 2000년대만 해도 인터넷 속도의 발전과 주식투자의 방법이 같은 속도로 발전해 왔는데 투자자들이 투자해 준 돈이 인터넷망과 속도를 높이는 데 투자되었기 때문입니다. 2000년대 닷컴버블은 그렇게 만들어졌고 이때 만들어진 주가 기록은 20년이 지난 지금도 깨지지 않고 있습니다. 기술적 분석으로 이런 투기의 광풍을 해석하기는 무리가 있기에 기본적 분석이 전제되지 않는 기술적 분석은 의미가 퇴색됨을 기억해야 합니다.

다시 앞으로 돌아가 현재가들의 집합인 주가차트는 주가이동평균선이라는 거래량을 감안한 주가곡선을 만들어내는데 개별 현재가마다 거래량이 다르기 때문에 100주가 거래된 현재가와 10,000주가 거래된 현재가가 같은 의미를 갖고 있다고 보기 어려울 겁니다. 그 매매가 이뤄진 시점에 참여한 투자자가 소액투자자들일 경우 호가에 거래된 거래량이 적을 수밖에 없지만 기관투자자와 외국인투자자들이 참여한 거래에서는 개인들의 상상을 초월하는 거래량이 실리게 됩니다. 이런 대량 거래가 발생하는 주가들은 하루 중에서도 의미 있는 장대양봉을 만들어내지만 그런 거래량을 받아낸 매수 쪽이 개인투자자들일 경우 시세분출에 들어가 주가상투를 만드는 경우가 다반사입니다.

주가이동평균선을 읽다 보면 이런 대량 거래가 터지는 시점과 날들이 있는데 거래량이 따라붙게 사전에 작업을 해 놓는 경우가 많아서 주가의 방향성도 결국 대량 거래가 소화될 수 있는 분위기를 조성하려는 의도를 갖고 만들어질 수 있다는 사실을 알고 있어야 합니다.

우리가 기관투자자라고 부르는 대량 거래를 하는 투자자들은 대통령령으로 지정되어 주식시장에서 기관투자자라는 특별한 지위를 누리고 있고 외국인투자자들 중에서도 기본적으로 기관투자자의 지위로 매매에 참여하는 투자자들이 많이 있어 기관투자자들의 특징에 대해 알고 있어야 합니다.

기술적 분석에서 기관투자자와 외국인투자자에 대해 설명을 하니 조금은 헷갈리는 분들이 있을 것 같은데 기술적 분석에서 대상이 되는 주가와 주가이동평균선 그리고 거래량을 만들어내는 주체가 바로 기관투자자와 외국인투자자들로 이들이 개별종목의 특정 시점에 거래량을 얼마나 실어주었는가가 주가의 방향성을 결정하는 경우가 많기 때문입니다. 물론 개별투자자의 시간대별 매매량을 공개하지는 않지만 일일 매매

동향은 거래소에서 공개하고 있는데 이런 데이터를 갖고 미루어 짐작할 수밖에 없습니다.

여기서 알고 넘어가야 할 것이 외국인투자자라고 공개되는 매매의 결과들은 외국인투자자로 등록된 계좌에서 발생한 매매의 결과들로 외국인 개인투자자도 있고 외국인 기관투자자들도 있다는 사실입니다.

동전주라 불리는 저가 부실주들의 매매에 외국인투자자가 매수에 동참했다고 주가 바닥이라고 주식을 사달라고 하시는 분들이 많은데 앞에도 잠깐 설명했지만 차익을 실현하고 빠져나가기 위해 개인투자자들을 유인하려는 보여 주기 식 매수이기 때문에 이런 유인구에 속으면 십중팔구 차익 실현 매물을 받아 주는 투자자가 될 수밖에 없습니다.

기관투자자들도 펀드의 유지 기간에 따라 매매가 달라집니다. 우리나라는 펀드가 많은 국가에 속하며 일명 자투리 펀드라고 50억 미만의 소액만 남아 있는 펀드들이 많습니다. 자투리 펀드들은 같은 펀드매니저가 운영하는 대형펀드들의 수익률을 위해 보여주기 매매에 희생양으로 이용되는 경우가 많았는데 기관투자자의 매매라고 매일 거래소에서 공개하는 데이터도 이런 전후 사정을 갖고 있음을 알아야 합니다.

물론 금융감독원에서 자투리 펀드들이 주가조작에 이용되는 경우가 많아 매년 정리하도록 시장지도를 하고 있습니다. 펀드매니저 한 명이 많게는 10여 개 펀드를 운영하는 불합리한 운영 관행도 개선해 간접 투자하는 투자자들의 이익을 보호하고 시장질서를 흐리는 주가조작을 예방하려는 조치입니다.

이렇게 다양한 투자자들의 욕망이 주가들의 집합인 주가이동평균선에 녹아 있는데 이를 해석하는 것은 온전히 투자자의 몫으로 제대로 읽어내지 못하면 상투에 물리기 십상입니다. 아울러 주가이동평균선이 담고 있는 거래량 지표를 반드시 확인해야 하는데 대부분의 투자자들은 주가이동평균선만 보고 주가의 방향성을 예단하는 경우가 많은데 앞에서도 설명했듯이 100주가 거래된 주가와 10,000주가 거래된 주가가 같은 의미일 수 없고 이런 거래량의 차이는 그때마다 참여한 투자자가 다르기도 하고 이들 투자자들의 심리가 다르기 때문에 이를 합리적으로 읽어내는 능력을 키워야 합니다.

기술적 분석은 "다우이론"이든 "엘리어트 파동이론"이든 주가와 거래량이 만들어낸 주가이동평균선의 방향성을 찾아내고 미래 주가를 추정하는 방법인데, 개별 데이터들에 대한 종합적인 이해가 떨어지면 오판하기 쉬운 것도 사실입니다. 거래량은 실제로 호가가 현재가가 되어 기록으로 남은 것으로 그 가격대에 얼마나 많은 주식이 거래되었는지에 따라 주가가 갖는 의미가 다르기 때문에 거래량을 잘 읽어내야 합니다. 거래량에 대한 이해 없이 단순히 주가이동평균선만 놓고 주가변동성을 설명하면 아무 의미 없는 말장난에 지나지 않기 때문입니다. 실제로 증권방송에서 주가변동성을 설명하고 미래 주가를 목표가라는 형태로 설명하는 주식전문가들은 거래량에 대한 감안 없이 단순히 주가차트만 놓고 설명을 하고 있어 일명 주린이라 불리는 초보 투자자들을 앞에 놓고 말장난을 한다고 해도 과언이 아닐 겁니다.

앞으로 기술적 분석을 통해 매매 타이밍을 어떻게 잡아낼 수 있는지 방법을 설명할 것이고 이것은 뒤에 개별종목의 매매에서 좀 더 실전에 맞게 자세히 설명할 기회가 있을 겁니다.

| 다우이론 |

다우이론에서는 강세시장과 약세시장으로 나누어 주가변동성을 설명합니다. 강세장에서는 초기에 매집 단계가 있는데, 기본적 분석에서 경기침체기를 뜻하는 것으로 투자자들의 투자심리가 위축되어 매수보다 매도가 더 많아지는 시기이며, 주가는 전반적으로 하향 체결되는 경향이 있어 주가가 급격하게 하락하든 서서히 하락하든 주가의 방향성은 아래를 향하게 되는 시기입니다.

2020년 1월부터 3월까지 코로나19 위기감이 글로벌 시장에 퍼져갈 때 이런 상황을 재빠르게 인지한 외국인투자자와 국내 기관투자자들이 일단 주식 비중을 축소하기 위해 묻지도 따지지도 않고 매도를 하던 시기로 단기간에 주가가 급락하는 공포장을 경험하게 됩니다. 이런 투매의 시기는 평소에 잘 나타나지 않지만 시장 외적인 충격이 주어질 때 시장 참여자들이 이성을 잃고 투매에 동참할 경우 몇십 년 만에 한 번 나타나는 장세가 됩니다.

이럴 때 현명한 투자자들은 주식시장이 끝나는 것이 아니라 이어질 것이라는 사실을 인식하고 쏟아지는 투매를 매수단가를 낮추며 매집해 들어가게 됩니다. 나중에 시간이 지나고 나면 이때의 투매로 인한 폭락세는 누군가에게는 기회가 되었다는 사실을 알 수 있게 됩니다.

다우이론에서 이런 시기를 매집 단계라고 하는데 일명 스마트머니라는 경험 많은 투자자나 모험을 즐기는 위험 지향적인 투자자들이 이런

대신증권 HTS 종합주가지수 차트 갈무리

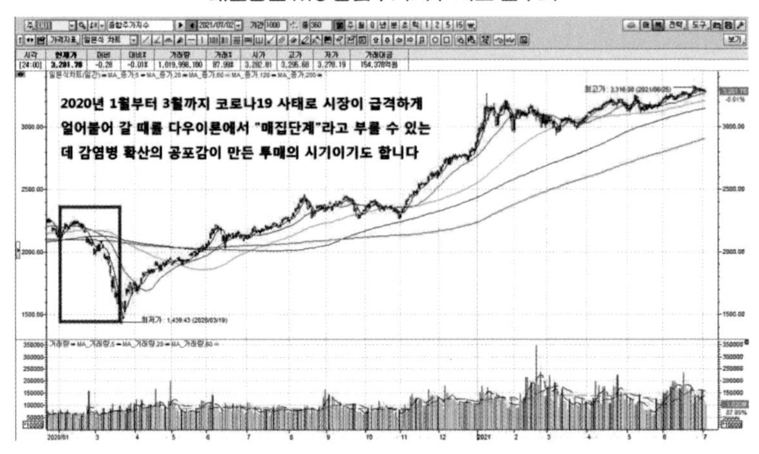

시장에서 쏟아지는 투매 물량을 받아내게 됩니다.

이 시장의 특징은 공포가 지배하는 시기라고 규정할 수 있는데 막연한 공포가 투자자들의 이성을 마비시켜 결국 투매가 나오게 만드는 시기로 나중에 시간이 지나 투자자들이 정신을 차렸을 때는 이미 계좌 주식들이 모두 현금화되고 난 이후가 됩니다. 결국 다시 제로에서 새로 시작하는 것과 마찬가지로 이때를 기회로 생각하는 스마트머니들은 새로 자금을 갖고 시장에 참여해 쏟아지는 매물을 거둬 가게 됩니다. 물론 주가 폭락이 이어질 경우 스마트머니마저 겁을 집어먹고 손절매에 나서게 되면 공포는 더 큰 공포를 가져오고 결국 주가는 우리가 경험해 보지 못한 수준으로 내려앉게 됩니다.

증시 격언에 1층 밑에 지하실 있고 지하실 밑에 지하주차장이 있다고 하는데 요즘은 지하주차장 밑에 기계실이 있고 그 기계실 밑에 지하철이 다닌다는 우스갯소리가 생겨날 정도로 2020년 1분기의 주가 폭락은 투자자들에게 길고도 힘든 시기였습니다.

2020년 종합주가지수는 1월 2일 2,175.17p로 시작해 단기간에 1,439.43p를 3월 19일 기록하고 나서야 폭락세를 멈추었는데 대부분의 종목들이 연초 대비 반토막이 나서 투자자들을 망연자실하게 만들었습니다. 하지만 이 시기 주가 급락의 위험을 무릅쓰고 뛰어든 스마트머니들은 매수단가를 낮추며 저가 매수에 성공해 3월 19일 이후 드라마틱한 주가 회복기에 단기간에 큰 주가 차익을 챙겨가게 됩니다.

이 시기를 다우이론에서는 마크업Mark Up 단계라고 부르는데 투매를 하던 투자자들이 이성을 찾고 다시 재매수에 나서는 단계로 계좌에 주식은 없고 현금만 있어 엄청난 현금이 주가를 다시 밀어 올리는 시기이기도 합니다. 이때 단기간에 큰 주가 차익을 실현하기 때문에 대부분의 펀드들이 이 시기에 대규모 수익을 기록하며 이후 펀드 운용에서 이때의 수익률로 그해 펀드수익이 거의 결정되기도 합니다.

실제 경제에서는 코로나19 사태가 계속 이어지고 경기가 급랭하고 있지만 주식시장은 금리인하로 이미 최악의 상황을 벗어나 주가 랠리를 펼치게 되는데 초기에는 주식을 투매했던 투자자들이 계좌의 현금을 이용해 매수에 나서지만 이후에는 금리인하로 새로운 자금들이 증시에 유입되어 유동성장세를 만들게 됩니다. 우리나라뿐 아니라 미국, EU, 일본 그리고 중국까지도 코로나19 사태로 급랭한 경기를 살리기 위해 유사 이래로 최대의 현금을 시장에 살포하는데 미국은 발권력을 동원해 새로 달러를 찍어내 뿌려대서 자금이 순식간에 해외투자로 연결되어 우리나라 증시에 유입되며 주가를 끌어올리는 유동성장세의 밑천이 되기도 했습니다. 우리나라 정부도 긴급재난지원금 형태로 시장에 유동성을 공급했지만 경제관료들의 반대로 과감한 유동성 공급 정책을 펴지 못하고 제한된 모습을 보였고 이를 지켜보던 IMF와 세계은행 등이 보다 과감한 재정정책을 펼쳐야 한다고 주문할 정도였습니다.

마크업 단계는 앞선 주가 급락의 폭만큼 길어지는 경우가 많은데 특히 실물경제가 급랭되었을 때 경기 진작을 위한 조치들이 증시에는 유동성 공급으로 나타나 유동성장세가 되는 경우가 많습니다. 마크업 단계에는 주린이들도 수익을 쉽게 얻을 때라 누구든 주식을 사기만 하면 수익을 얻을 수 있어 이 시기에 수많은 스타들이 탄생하게 되어 하루아침에 주식으로 부자가 되었다는 신화들이 양산되는 시기이기도 합니다.

2020년 실물경기는 급랭하였고 정부에서는 5차례 추경을 통해 시장에 유동성을 공급했는데 이 자금들 상당 부분이 주식시장과 부동산시장에 흘러들어 주가버블과 자산버블을 만드는 데 일조했습니다. 이렇게 마크

대신증권 HTS 종합주가지수 차트 갈무리

업 단계에서 유동성 축제를 즐긴 투자자들은 파티가 끝나고 있는데도 유동성 축제에 취해 홍청망청 여전히 파티를 즐기고 싶어 하지만 이제 주가 고점을 향해 치닫고 있는 시장은 투자자들에게 큰 충격과 상처를 주게 됩니다.

이 시기를 다우이론에서는 과열 단계라고 부르는데 처음 주가 폭락에 이성을 잃고 투매에 나섰던 것과 반대로 주식을 매수하는 데 이성을 잃고 추격매수에 나서는 단계로, 뒤늦게 시장에 뛰어든 주린이들이 무모한 용기로 매수에 동참해 이들의 신규자금이 유동성장세의 끝을 알려주는 팡파르를 울려주는 시기입니다. 여전히 경기는 확실하게 살아났다고 할 수 없지만 주가는 이미 사상 최고가를 기록하고 있는 시기로 시장 내 과잉 유동성이 주가버블을 키울 수 있는 끝까지 키우는 단계로 이 시기에 뇌동매매가 확산되어 일명 폭탄 돌리기의 시기로 들어간 것이라 할 수 있습니다.

증시 격언 중에 "나보다 더 비싸게 사 줄 바보가 있는 한 주가는 계속 오른다."라는 말이 있는데 이 시기가 바로 바보들의 잔칫날로 뒤늦게 망설이고 망설이다 주변에 주식으로 큰돈 벌었다는 친구들이 늘어나고 각종 언론 보도에 나만 빼고 유동성 잔치를 벌이고 있다는 사실을 뒤늦게 자각한 주린이들이 대거 적금을 깨고 대출을 받아 주식시장에 뛰어드는 시기입니다. 목돈이 있는 투자자들은 큰돈을 대출 받아 부동산 투기에 나서지만 대부분의 소액투자자들은 주식시장으로 발걸음을 옮겨 주가버블을 만드는 데 일조하는 시기이기도 합니다. 특히 이 시기에 발행시장은 호황을 시작한다고 해도 과언이 아닌데 기업공개IPO가 활성화되어

IPO대어라고 불리는 대기업 계열사들과 유니콘기업들의 상장이 활발해지는 시기입니다. 이 시기에 청약경쟁률이나 청약증거금이 사상 최고 기록을 경신하며 올림픽 신기록처럼 언론 지면을 화려하게 장식하게 되는데 시장 내 유동성이 충분하기 때문에 나타나는 현상입니다.

하지만 달도 차면 기운다고 주가 사상 최고가 행진을 벌이는 시기가 지나고 나면 정부는 시장 과열을 우려해 각종 규제책을 내놓기 시작하는데 대표적인 것이 인플레이션을 막기 위한 금리 인상입니다. 시장 내 과잉 유동성이 버블경제를 더 키우지 않게 막는 조치로 중앙은행인 한국은행이 금리인상에 나서게 되는 시기입니다.

이제 시장은 약세장으로 전환되기 시작하는데 선수들이랄 수 있는 기관투자자들과 외국인투자자들은 눈치 빠르게 이 시기에 주가 최고점에서 그동안 매집했던 물량을 차익실현 하기 위해 골몰하게 되는데 이때 거래량이 폭발하면서 증권사들의 실적이 사상 최대를 기록하는 시기이기도 합니다.

우리 증시는 2021년 6월 25일, 코스피지수가 3316.08p로 사상 최고가를 찍은 이후 흘러내리기 시작했습니다. 이는 코로나19팬데믹 가운데 달성한 기록이라 위기에 강한 시장임을 확인시켜 주었습니다.

이때 시장은 마크업 단계를 넘어 과열단계로 진입한 것으로 사상 최고치 기록 후 차익실현 매물이 증가하면서 주가지수가 흘러내린 것에서 확인할 수 있습니다. 사상 최고치 경신 이후에 단기이동평균선들이 등락을 거듭하며 혼조세를 나타낼 때 과열징후로 판단할 수 있는데 거래량이 급격하게 줄어들 경우 확실하게 과열단계를 거치고 있다고 판단할 수 있습니다. 이때 차익실현 매물이 증가한 것은 부동산 가격 급등과 인플레이션 우려로 한국은행이 금리인상에 대해 경고 목소리를 키운 것이 주요 원인이 되었습니다.

과열 단계에서는 사상 최고가에서 지수가 밀리면 밀릴수록 차익실현 매물에 손절매 매물까지 증가하여 가파르게 급락하는 장면들이 나타납니다. 특히 언론에서 연일 사상 최고가 경신을 보도하고 주변에 주식으로 돈 벌었다는 인터뷰 기사들이 나오면 고점을 찍었다고 보는 것이 합리적일 때가 많습니다. 언론은 늘 주식시장에 후행하는 특징이 있음을 기억해야 합니다.

우리 증시는 2021년 8월 한국은행의 기준금리 인상으로 OECD 국가 중 가장 먼저 기준금리인상에 나서는 자신감을 보여주었는데 시장 내 과잉 유동성이 부동산 가격 급등과 물가상승을 가져와 확실한 인플레이션

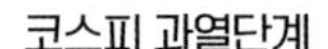
코스피 과열단계

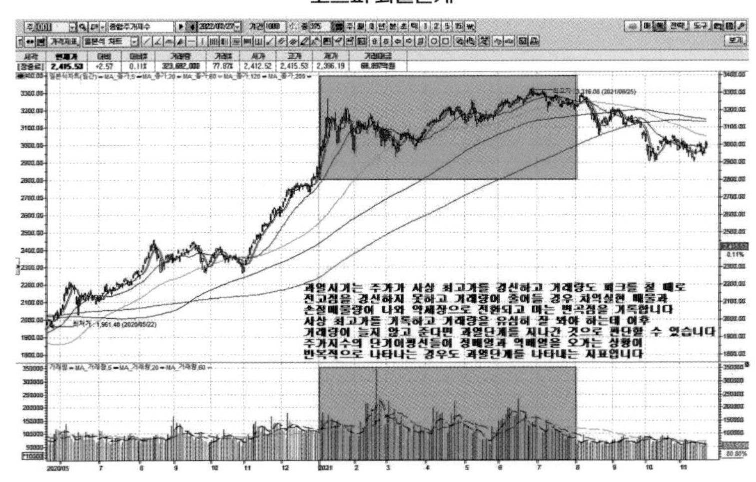

양상을 나타내고 있었기 때문입니다.

여기다 우리나라는 코로나19방역에 성공하여 봉쇄 없는 경제성장을 이어가고 있었기 때문에 한국은행에서 부담 없이 금리인상에 나설 수 있었습니다. 25bp의 베이비스텝 금리인상은 나중에 해를 넘겨 2022년 3월 이창용 신임한은총재가 임명된 이후에도 지속되었는데 이창용 신임 한은총재는 우리 한은 역사상 처음으로 빅스텝 금리인상(50bp)에 나서 인플레이션 파이터로서의 자신감을 내비치기도 했습니다.

주식시장은 한국은행의 금리인상과 함께 확실히 약세장으로 전환되는 모습을 보여주고 있는데 미국 연준의 금리인상이 2022년 3월에 시작되었다는 점에서 우리 시장의 주가하락은 2022년 3월 대선 이후 본격적으로 나타나기 시작했습니다. 이는 분산단계를 넘어 공황상태로 빠져드는 상황을 연출했는데 외국인투자자들의 주식매도와 달러환전 증가로 원달러 환율도 1,200원대를 넘어 순식간에 1,300원대로 급등한 것도 모자라 이제는 1,400원대를 넘겨버린 상황입니다. 우리 증시에 지수 관련 대형주들은 외국인투자자들의 지분이 많기 때문에 외국인투자자들의 환차손 회피성 매도가 나올 경우 주가지수는 하락을 면하기 어려운 점이 있습니다.

기술적 분석을 설명하는 자리라 약세장에 대한 설명을 일반론에 입각해 이어가도록 하겠습니다. 약세장은 강세장 과열 단계의 끝과 연결되어 있는데 개별종목들이 유동성장세의 영향으로 사상 최고가 경신 행진을 벌이다 고점에서 대량 매물이 터지면서 뾰족산 형태의 주가차트를 만들면서 주가가 흘러내리기 시작하는 분산 단계에 진입하기 시작합니다.

이때의 특징은 거래량이 급증하는 것인데, 기관투자자들과 외국인투자자들의 거래량이 급증하며 시장 전반에 거래량이 크게 늘어나는 것을 눈으로 확인할 수 있는 시기입니다. 외국인투자자들과 기관투자자들은 시장이 고점에 도달해 더 이상 비싸게 사 주는 멍청한 투자자가 시장 내 없다는 징후들을 포착했기 때문에 미련없이 차익실현에 나서는 단계입니다.

이와 함께 외국인투자자와 기관투자자들은 공매도를 늘리게 되는데 고점을 찍은 상황이라 공매도로 주가하락이 나타날 경우 여기서도 수익이 크게 발생하기 때문입니다. 하지만 기관투자자들과 외국인투자자들의 대량 매물을 소화해 주는 개인투자자들이 여전히 존재하고 있는데 이들이 매물을 소화하고 주가를 끌어올릴 능력은 부족하지만 기관투자자와 외국인투자자들이 고점에서 차익실현 하는 대량 매물을 받아내는 데는 문제가 없는 상태입니다.

이때 고점에서 매수가 되고 주가가 흘러내리는 경우를 우리는 상투에 물렸다고 표현하는데 약세장 분산 단계에서는 매일 언론에서 주가가 올랐다는 사실만 강조하고 주가 거품이 꺼지고 있다는 내용은 나오지 않기 때문에 개인투자자들은 자신이 상투에 물린 것도 못 느끼고 주가가 다시 반등할 것이라는 막연한 기대감에 도취되어 있는 상태라고 할 수 있습니다.

분산 단계의 끝에 개인투자자들은 더 이상 자신의 매물을 비싸게 사 주는 투자자가 없다는 사실을 자각하게 되는데 이때는 누구라도 먼저 주식을 팔아야 손해를 줄일 수 있는 단계로 접어들어 투자자들의 공포가 투매를 부르는 공포 단계로 접어들게 됩니다.

2020년 하반기에 우리는 패닉바잉(Panic Buying)이라는 부동산 시장에서 이해할 수 없는 추격매수를 경험했습니다. 언론의 부추김과 집값이 더 오를 수 있다는 막연한 공포감이 부동산담보대출을 늘려 내 집 마련의 꿈을 이루려는 실수요자들을 뒤늦게 추격매수에 가담시켰습니다. 패닉바잉을 부추긴 것이 부동산 투기꾼을 광고주로 모시고 있는 언론사들이었다는 사실은 수많은 가짜 뉴스와 왜곡 보도를 통해 뒤늦게 집값 상투에 물린 투자자들이 정신을 차렸을 때 자신의 처지가 하우스 푸어와 다를 바 없다는 사실을 깨닫게 만들어주었습니다.

주식시장도 이와 비슷한 패턴을 보여주는데 사상 최고가 행진을 벌이고 있는 주가에 기관투자자들과 외국인투자자들은 비쌀 대로 비싸진 주가에 매물을 받아줄 무모한 투자자들이 필요했는데 이런 투자자들을 언론들이 사상 최고가 주가 보도로 주식시장에 불러들였습니다.

이제 투자자들은 주가고점에서 점점 멀어지는 주가를 바라보며 자신이 상투에 물렸다는 사실을 자각하게 되고 이때부터는 한시라도 먼저 주식시장에서 발을 빼고 손실을 줄이기 위해 투매에 나서는 공포 단계에 진입하게 됩니다. 이런 투매의 끝에 이성을 찾은 투자자들은 아득하게 멀어진 주가 최고점에서 자신의 주식계좌에 투자원금에서 반토막이 난 현금만 남아 있다는 사실을 깨닫게 됩니다.

이제 주식시장은 공포 단계에서 침체 단계로 접어드는데 얼마 남지 않은 현금으로 저가 매수에 들어간 투자자들이 일시적으로 원금회복세를 보이지만 이내 그동안 망설이며 참아왔던 투자자들이 다시 매도에 가담하며 시장을 빠져나가면서 그나마 남은 유동성도 함께 빠져나가고 주식시장은 거래량도 주가변동성도 줄어든 침체시장에 접어들게 됩니다. 이 시기는 주가가 위아래로 움직이기는 해도 박스권이라는 한정된 구간에 갇혀 횡보하는 경우가 많아서 박스권 매매로 적은 수익에 만족할 수밖에 없는 시기를 보내게 됩니다. 우리 증시는 아직 침체기 초입에 와 있다고 볼 수 있는데 미연준이 기준금리를 계속 올리는 한 우리나라 한국은행도 기준금리를 계속 올릴 수밖에 없고, 이는 인플레이션을 잡기 위한 고육지책으로 시장 내 유동성을 계속 빼가는 악재가 되기 때문입니다.

지금 설명한 것이 다우이론이라는 기술적 분석의 고전으로 지금도 시장에서 통용되는 주가변동성을 설명해 주고 주식매매의 타이밍을 정하는 이론으로 투자자들이 기본적으로 알고 있어야 하는 내용입니다.

| 엘리어트 파동이론 |

주가의 변동성을 설명하는 대표적인 고전 이론 중 "엘리어트 파동이론"은 앞에서 설명한 주가이동평균선과 거래량을 통해 시장참여자들의 심리를 분석하고 이를 토대로 주가의 방향성을 추정하는 투자기법입니다.

엘리어트 파동이론은 경기순환의 큰 흐름을 주가차트로 설명한 것으로 그 속에 상승 1파와 하락 1파 그 하위로 상승 5파와 하락 3파가 순환적으로 계속 나타난다는 이론입니다.

지금도 증권방송을 보면 엘리어트 파동이론을 가지고 주가차트를 설명하시는 분들이 많은데 대부분 엘리어트 파동이론으로 설명하기 좋은 종목을 찾아 눈과 귀로 쉽게 이해할 수 있게 설명하지만 사실은 이에 딱 들어맞는 종목들은 그리 많지 않습니다. 주가는 인간의 탐욕이 만들어낸 결과물들이라 자연계의 법칙과는 다르며, 투자자들의 욕망이 구현된 것이라 이론으로 다 설명하기에는 비이성적인 점들이 있기 때문입니다.

예를 들면 주가의 방향성을 엘리어트 파동으로 찾았다고 해도 그날 급하게 돈이 필요한 투자자가 대량의 매물을 내놓는다면 기존의 흐름과는 연결되지 않는 파격이 일어나게 됩니다. 엘리어트 파동이론은 이런 점들을 무시하고 배제해 설명하기 때문에 이런 비이성적인 매매가 결국은 주가의 방향성을 돌려놓을 수 있다는 점은 "엘리어트 파동이론"의 한계이기도 합니다. 그럼에도 엘리어트 파동이론을 거론하는 것은 이동평균선을 설명하는 데 가장 손쉽기 때문입니다. 아울러 증권방송에서 엘리어트 파동이론을 모티브로 설명하시는 분들이 많고 대부분의 투자자들이 공통된 경험들을 갖고 있기에 알고는 있어야 하는 이론입니다.

실제로 엘리어트 파동이론만으로 책 한 권이 나올 수 있는 이론이라 여기서 구구절절 설명하는 것은 무리가 있고 책의 목적이나 방향과도 맞지 않기에 간단히 그 속에 나오는 추세선과 지지선, 저항선 등 이동평균선으로 주가를 설명하는 내용들을 간략하게 소개합니다. 이 설명을 듣고 증권방송에서 주가차트를 설명하는 내용을 들으신다면 지금까지 왜 전문가라는 사람들이 지지선과 저항선들을 정하고 설명했는지 한결 쉽게 이해하실 수 있습니다.

엘리어트 파동이론은 상승 5파와 하락 3파로 큰 상승 1파동과 하락 1파동을 세분하고 있는데 꺾인 점이 주가 방향의 변곡점으로 투자의 적기라 할 수 있습니다. 누구나 주가가 제일 쌀 때 사고 제일 비쌀 때 팔고 싶기 때문에 그 변곡점이 어디인지 알고 싶어 하고 그 점을 찾기 위해 매일 뉴스와 주가차트를 뚫어지게 쳐다보고 있는 것입니다.

상승파와 하락파 속에 미세하게 5개의 상승파와 3개의 하락파가 있는데 상승파라고 해도 상승 속에 가격 조정이라는 하락파가 나오기 때문에 투자 시점에 따라서 누구는 수익을 얻고 누구는 손실을 보게 되는 이치입니다.

주식방송에서 "가격조종"이나 "눌림목"이라는 말을 주가 하락이라는 말 대신 사용하는데 주가 상승 속에 손실이 나는 이유가 바로 상승파동 속에 있는 하락 때문입니다. 이 말을 이해할 수 있어야 하는데 주가는 매일매일 지속되는 시장이기에 흐름을 잘 읽어야 하고 흐름을 잘 읽을 수 있는 종목이 수익을 가져다주는 효자 종목이 됩니다.

우리가 "잘 아는 기업에 투자해야 한다."라는 증시 격언을 자주 듣게 되는 것은 기업의 경영 내용을 이해해야 이를 반영한 주가 흐름도 제대로 읽을 수 있기 때문입니다. 즉 상승파동 속의 하락인지 아니면 대세 하락 속의 반등인지 차트 속 이동평균선의 의미를 제대로 읽어야 투자한 종목의 주가 흐름을 제대로 읽어내고 투자 포지션을 정할 수 있습니다.

엘리어트 파동이론에 대해서는 관련 책들이 서점에 많이 나와 있고 전문적인 논문 수준의 책들도 많이 있지만 분명 현실과 맞지 않는 점이 있다는 사실을 인지하고 이론을 공부하셔야 합니다. 증권방송에 출연하는 전문가들 중에 "엘리어트 파동이론"으로 모든 종목을 설명하면서 비이성적 매매들을 무시하고 이론에 맞는 점들만 부각해 설명하려는 분들이 많은데, 자칫 여기에 익숙해지면 진짜 시장을 읽지 못하고 교과서 속의 시장을 바라보는 우를 범하게 됩니다.

필자가 주식투자서를 쓰는 이유도 교과서 속 시장을 보고 진짜 시장에 뛰어들어 투자손실을 보시는 분들이 많기에 이런 현실에서 누군가는 진짜 시장을 설명해줘야 하지 않나 하는 생각을 했기 때문입니다.

엘리어트 파동이론으로 주가를 설명할 때 대부분의 전문가들은 "프로크루스테스의 침대"와 같은 우를 범하곤 하는데 이론이 현실을 정확하게 반영할 수 없기 때문에 이론에 맞춰 현실의 주가를 아전인수 격으로 설명하는 경우가 많기 때문입니다. 주식투자자들은 진짜 시장과 이론 속에 있는 시장의 차이를 인식하고 진짜 시장을 놓고 주가를 분석하고 대응해야지 이론 속에 갇혀 있으면 수익과는 영영 만날 수 없는 현실을 맞닥뜨리게 됩니다.

엘리어트 파동이론 속에 "추세선"이라는 것이 나오는데 각 개별 파동 속에 주가가 일정한 방향으로 움직이는 것을 "추세"라고 하고 이런 추세를 이은 선을 "추세선"이라고 합니다. 상승 추세선은 상승하고 있는 주가의 저점을 연결한 선이고 하락 추세선은 하락하고 있는 주가의 고점을 이은 선입니다.

| 추세선, 지지선, 저항선, 이동평균선 |

추세선은 일반적으로 길수록 더 신뢰할 수 있다고 하는데 이는 방향성을 나타내주는 선이기 때문에 그렇습니다. 추세선의 기울기가 지나치게 가파르거나 평평한 흐름이 길어질 경우 주가의 방향성을 인지할 수 있는데 대부분의 대세 상승기는 이런 상승 기울기가 몇 개월 이어지는 경우가 있어 이럴 때 주식투자로 큰 수익을 가져가야 합니다.

반대로 평평한 횡보 장세에서는 대부분 박스권 흐름을 보이기 때문에 단타매매에 익숙한 투자자의 경우 매일매일 몇 퍼센트의 작은 이익들을 쌓아갈 수도 있겠지만 대부분 지루한 장세에 주식투자로 큰 수익을 가져가지 못하고 잦은 매매에 수수료만 손해 보고 잔매에 장사 없다고 투자 원금을 손해 보는 경우가 많습니다. 이런 경우 대부분의 투자자들이 비관론에 빠져들거나 심리적으로 조금씩 무너져 내리게 됩니다. 주식시장은 상승과 하락 사이에 길고도 긴 횡보 장세가 있으므로 스펙터클하거나 드라마틱하지 않고 지루한 시간들이 더 많다는 사실을 인지하고 있어야 합니다.

지지선은 주가가 어떤 이유로 하락 추세에 들어가 일정한 수준까지 하락한 이후에 저가 매수세가 유입되며 더 이상 하락하지 않는 선을 말하는데 이때 거래량 양봉이 터져주면 이런 지지선은 신뢰할 수 있는 지지선이라 할 수 있습니다.

실제 하락 추세 속에 거래량이 터지며 주가 하락이 멈추는 장면이 연출되는 경우가 많은데 위에서 매집했던 세력이 주식을 그나마 높은 가격에서 털기 위해 저가 매수에 나서는 용감하고 무모한 개인투자자들을 유인하기 위해 "개미지옥"을 만들어 놓은 것일 수 있습니다. 진짜 지지선과 개미지옥은 이런 이벤트가 발생한 주가가 어느 위치에 있느냐를 놓고 평가해 보면 구분할 수 있는데 고점 대비 아직 아직 이동평균선이 데드크로스를 만들지 않은 점에서 나타난다면 이는 주가를 고점에서 털어내기 위해 개인투자자들을 유인하는 "개미지옥"임을 직감해야 합니다. 데드크로스가 발생하고 비관이 넘쳐나는 주가에서 거래량이 터져준다면 시장 내 일반투자자들이 알 수 없는 호재성 재료를 알고 있는 큰손들의 저가 매수로 지지선이 생성된 것을 예감할 수 있습니다.

지지선은 매도호가에 계속 거래량이 쌓이며 매물을 받아내면서도 주가가 더 이상 흘러내리지 않는 주가라는 점에서 신뢰할 수 있는 매수 타이밍이라 할 수 있습니다. 본인이 큰손이 아니더라도 남의 손을 빌려 나의 수익을 가져갈 수 있는 곳이 주식시장이라는 점에서 이런 지지선을 찾는 것만 잘 해도 매수 타이밍으로 수익을 볼 기회를 만들어낼 수 있습니다.

지지선을 탐색할 때 거래량이 중요한 지표가 되는데 거래량이 실리지 않고는 지지선을 신뢰할 수 없습니다.

저항선은 주가가 상승함에 있어 매도가 증가하여 거래량이 터지면서 더 이상 주가가 못 오르는 선을 말하는데 이런 저항선은 극복의 대상이자 돌파의 대상으로 투자자들의 그 종목에 대한 신뢰가 있다면 개인투자자들뿐 아니라 외국인투자자와 기관투자자들의 대량매수에 거래량이 터지면서 돌파될 수 있습니다. 이때 역시 좋은 매수 타이밍이 되어 주는데 저항선을 돌파했을 때 그 종목이 가본 적 없는 전인미답의 신주가가 펼쳐지기 때문에 거래량이 적어도 주가는 큰 상승세를 나타내며 시세분출 단계에 접어들 수 있습니다.

주식투자로 큰 수익을 얻을 수 있는 타이밍이 바로 지지선을 확인하고 매수에 동참하여 장기투자를 하는 것과 저항선을 돌파할 때 매수에 동참해 단기에 큰 수익을 얻는 것입니다.

주가이동평균선이란 보통 5일, 20일, 60일, 120일 등 일주일간의 주가와 한 달, 분기, 반기 등 장기간의 주가 흐름을 선으로 연결해 주가의 방향선을 분석하는 것으로 추세선이라고도 불립니다.

현재 HTS에 다양한 수식을 넣어 자신만의 이동평균선을 만들 수 있는데 조건을 어떻게 넣느냐에 따라 미묘하게 이동평균선의 모양이 달라지기 때문에 자신에 맞게 수식과 조건을 넣어 이동평균선을 만들어 분석하는 것도 좋은 투자 방법이 될 것입니다.

이동평균선 자체로도 주가의 방향성과 추세를 확인할 수 있지만 매일 매일의 주봉과 이동평균선의 이격도를 따져서 주가의 방향성을 예측하는 방법도 많이 사용됩니다. 이격도를 백분율로 나타내는 것을 이격률이라 하는데 이 수치의 높낮이를 따져 주가의 방향성 예측에 사용할 수 있습니다. 이 수식은 거래하는 증권사 HTS에 다 계산해 나오기 때문에 따로 계산할 필요는 없지만 어떻게 구하는 것인지 정도는 인식하고 있을 필요가 있습니다.

$$\text{이격률} = \frac{\text{당일의 주가}}{\text{주가이동평균}} \times 100(\%)$$

주식시장에서 이격도가 115%를 넘어서면 과열, 90% 하회하면 침체로 이해하고 대응하는 경우가 많습니다. 결국 이런 수치는 투자자들의 심리상태를 반영한 결과이기 때문에 지금 내가 관심을 갖고 투자하려는 종목의 주가 과거를 기록으로 알려주는 것입니다. 이를 토대로 주가의 현 위치를 파악하고 미래를 예단해 매수와 매도를 판단할 수 있습니다. 주가

이동평균선의 종류에 5일, 20일, 60일, 120일 등이 있다고 설명했는데 이 선들 간의 위치와 움직임으로 투자자들의 심리를 판단하고 이를 주식투자에 반영하여 주가 움직임을 예측해 볼 수 있습니다.

| 100% 안전한 투자 타이밍이란 없다 |

일반적으로 골든크로스가 나타나면 상승 추세에 접어든 것으로 판단하고 매수에 동참하는 분들이 많은데 단기 이동평균선이 장기 이동평균선을 밑에서 위로 돌파할 때를 이릅니다.

예를 들면 5일 이동평균선이 20일 이동평균선을 밑에서 위로 돌파할 때를 골든크로스가 발생했다고 하는데 주가 흐름에 따라 20일 이평선이 60일 이평선을 돌파하고 60일 이평선이 120일 이평선을 차례로 돌파하는 것을 보며 장기적으로 상승 추세에 들어갔다고 판단하는 것입니다. 물론 5일 이동평균선이 20일 이동평균선을 돌파하고 다시 고꾸라져 흘러내리는 경우도 있는데 그만큼 단기 이동평균선은 큰손 투자자들에게 페인트모션으로 이용될 수 있는 민감한 선이기도 하기 때문에 장기 이동평균선의 흐름이 더 신뢰할 수 있는 추세라 할 수 있습니다.

골든크로스가 발생하면 최근 매수에 동참하여 매도호가에 주식을 매수한 투자자들이 많아져 주가가 오를 것을 예상하는 투자자가 많아졌다는 의미로 받아들여지는데 이런 추세를 예상해 매매 타이밍을 잡는 투자자들이 많기 때문에 큰손들은 단기 주가차트를 개인투자자들을 유입하기 위한 수단으로 활용하기도 합니다. 반대로 데드크로스는 단기 이동균선이 장기 이동평균선을 위에서 아래로 돌파하는 것으로 최근에 주식을

골든크로스와 데드크로스

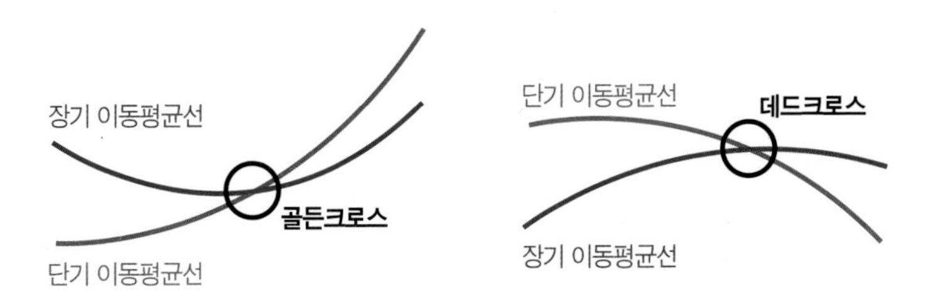

매수호가에 매도하는 투자자들이 많아져 향후 주가를 비관적으로 보는 투자자가 많아졌다는 방증이 되기도 합니다.

이는 거꾸로 말해 저가 매수에 나서려는 큰손이 개인투자자들의 주식을 매도로 유인하기 위해 공포감을 조성하려고 공매도까지 동원해 주가를 끌어내릴 때 발생하기도 하는데 공포에 사로잡힌 개인투자자들이 이성을 잃고 주식을 던지게 만들면서 큰손들은 저가에 원하는 수량의 주식을 확보할 수 있습니다.

주가이동평균선의 크로스는 이런 의미들을 갖고 있는데 매수자와 매도자에 따라서 해석하기 나름의 상반된 결과를 가져오기 때문에 신중하게 이용할 필요가 있습니다. 주가 고점에서 나타나는 골든크로스와 주가 저점에서 나타나는 데드크로스가 의미가 다르게 해석되듯이 시장참여자들에 의해 만들어진 차트는 투자자들의 욕망이 담겨 있는 그림이기도 합니다.

이동평균선들이 정배열을 나타내는 경우가 있는데 밑에서부터 장기 이동평균선과 중기 이동평균선, 단기 이동평균선이 나란히 같은 방향을 향해 나아갈 때인데 장기적인 추세 상승곡선으로 대세 상승이 나타나고

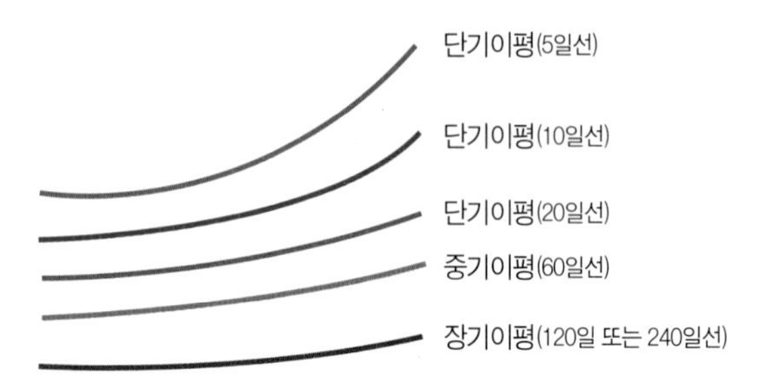

있음을 뜻합니다. 이동평균선의 정배열은 장기간 주가 흐름의 방향성을 설명해 주는 것으로 이 흐름이 나타나고 있다는 것은 이미 주가가 상당히 올라 있음을 뜻합니다.

이동평균선이 주가의 점들을 연결한 선이라는 점에서 이미 상당한 시간의 흐름을 반영하고 있어 이를 확인하고 주식투자를 결정하는 것은 자칫 타이밍을 놓치고 마는 우를 범할 수 있기 때문에 숙련된 투자자들의 경우 이동평균선 정배열이 나타나기 이전에 단기 이동평균선인 5일 이동평균선이 거래량을 동반하며 20일 이동평균선을 돌파할 때 향후 이동평균선의 정배열이 일어날 것을 예감하고 매수에 동참하는 경우가 많습니다. 즉 투자자는 골든크로스가 나타날 때 미래에 대한 리스크를 부담하며 매수 타이밍을 잡을 수밖에 없다는 것으로 주식투자에 있어서 100% 안전한 투자 타이밍이란 있을 수 없기 때문입니다.

골든크로스 자체가 투자자에게 장기적으로 주가가 오를 것이라는 확신을 주어 리스크를 감내하게 만드는 증거로 활용되는데 이런 신호를 보고 투자의 타이밍을 잡아야 합니다. 반대로 데드크로스가 나타나는 것은 주가가 하락 추세에 접어들었다는 것이고 주가 이동평균선 역배열은 주가가 하락 추세에 접어들었다는 증거가 될 수 있어 빠져나와야 할 타이밍임을 알아야 합니다. 이때도 앞에 설명한 것과 마찬가지로 주가가 하락 추세로 상당히 흐른 뒤에 나타나는 특성이 있어 이미 주가는 고점 대비 상당한 하락을 나타냈을 가능성이 큽니다.

이런 주가 이동평균선 역배열을 확인하고 손절매를 할 경우 손실을 확정해 원금 회복의 기회마저 날려버리게 되는 것으로 증권방송에서 그리도 강조하는 리스크 헷지와는 거리가 먼 투자 결정이 될 것입니다. 정상적인 기업에서 주가 이동평균선의 역배열 끝에는 반드시 골든크로스가 나타날 가능성이 크기 때문에 오히려 이런 역배열은 저가 매수의 타이밍을 예고하는 것이라 할 수 있어 무리한 손절매보다는 그냥 묵묵히 기다리는 투자자가 원금 회복과 수익의 기회를 가질 수 있을 겁니다.

최근 증권방송에서 손절매를 강조하며 3%다 5%다 손실의 폭을 정하고 매매를 하라고 부추기는 전문가들이 많은데 주식투자는 매매 횟수가 증가할 때마다 리스크도 함께 증가하기 때문에 손절매도 리스크를 늘리는 결과밖에 안 되는 경우가 많습니다. 지난 2020년 3월을 예로 들 필요

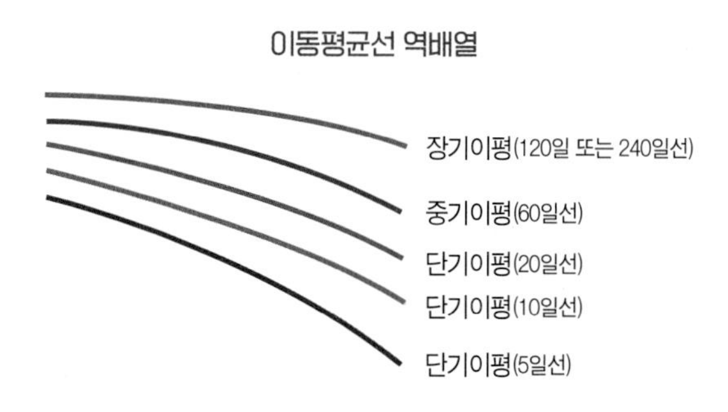

없이 주식시장의 폭락 속에 지나친 손절매는 투자 원금을 지속적으로 갉아먹어 결국 원금 회복을 불가능하게 만들기 때문에 매매 횟수는 최소한으로 가져가는 것이 좋습니다.

이 외에도 기술적 분석에 사용되는 다양한 지표들이 있는데 이를 일일이 설명하기보다는 뒤에 실제 섹터별로 종목들을 실증적으로 분석하며 설명하는 것이 진짜 주식투자에 더 실용적일 수 있어 설명을 갈음하기로 합니다.

주식투자는 더 많이 알고 더 많이 공부한 투자자가 수익을 더 많이 가져가는 시장이라서 어쭙잖게 책 한 권 읽었다고 건방을 떨면 수익률로 반성하게 만들어 줍니다. 따라서 끊임없이 이론을 실제에 적용하고 개별 사례마다 반성과 교훈을 쌓아 수익이 나는 투자 결정을 하도록 스스로를 채찍질해야 합니다.

요즘 책방에 나와 있는 책들은 대부분 단기간에 수익을 내는 투자자가 될 수 있다는 허황된 꿈을 심어주는데 아무리 기술이 발전하고 인공지능(AI)이 투자를 대신해 준다고 해도 수익률은 공부하고 경험이 쌓인 투자자를 이길 수 없는 것이 현실입니다. 인공지능(AI)이 할 줄 아는 것은 바둑이나 두고 장기나 두는 수준이고 변수가 더 많은 주식시장에서 비이성적인 인간들이 행하는 투자 결정까지 미리 예측할 수 없습니다. 시쳇말로 인공지능(AI)이 투자해 수익 가능성이 더 높다는 증권사나 전문가들의 광고는 말 그대로 광고일 뿐 투자자들의 수익과는 거리가 먼 이야기입니다.

다시 한번 강조하지만 증권사의 수익은 고객의 수익과 상관없이 고객이 얼마나 많은 매매를 벌이고 얼마나 큰돈으로 매매를 하느냐에 따라서 수익이 결정되는 위탁매매수수료에 의존한 경영을 하고 있다는 사실입니다.

투자자 스스로가 기본적 분석과 기술적 분석으로 좋은 종목과 타이밍을 찾아낼 때 진정한 수익이 내 것이 될 수 있고 젊어서 벌어둔 돈으로 은퇴 후에 투자수익을 얻어 여생을 여유 있게 살며 마무리할 수 있는 것입니다. 하루하루 늙어가는 육체를 웨어러블 로봇을 통해 보강할 순 있어도 다시 젊음을 되찾을 수 없듯이 경험이 쌓이고 지혜가 늘어난 노년에는 주식투자를 통해 여생을 즐길 수 있는 길을 찾아야 할 필요가 있습니다. 이미 미국이나 EU, 일본과 같은 선진국에서 노인 인구의 주식투자는 일반적인 것으로 자리 잡았는데, 우리나라는 젊은 층에서 일확천금을 노리고 도박판 마냥 뛰어들고 있어 우려되는 측면은 있습니다.

장기투자와 단기투자

| 스켈퍼투자의 함정 |

수익을 얻는 방법으로 투자 기간에 따른 것이 있는데 장기투자와 단기투자로 나눠볼 수 있지만 대부분 개인투자자들이 단기투자를 목표로 시장에 들어갔다가 물려서 강제로 장기투자자가 되는 경우가 다반사라 이 둘을 기계적으로 나눌 수는 없습니다.

하지만 최근에 스켈퍼라고 초단기투자자들이 매일매일 정산을 하며 단 1~3% 정도의 적은 수익률을 목표로 매매 횟수를 늘리는 투자자들도 많아졌기 때문에 투자 기간은 나름 의미 있는 투자 방법이 되고 있기도 합니다. 우리나라에서는 단기투자자 또는 스켈퍼투자자는 부정적인 투기꾼 이미지가 있어 대부분의 투자자들이 자신은 가치투자를 하는 장기투자자라고 말을 하면서 실제로는 단기투자에 매달려 손실을 보는 경우가 많습니다.

일반적으로 장기투자자들은 가치투자를 신봉하고 단기투자자들은 차트에 의존한 투기로 알려져 있는데, 가치투자라고 하지만 기본적 분석이 되어 있지 않은 시간적으로 오래 물려 있는 투자자일 뿐이고 단기투자자들은 차트에 의존해 매매 횟수만 많은 투기꾼일 뿐이라고 생각합니다. 수익에 대한 철학이 빠져 있어 결국 장기투자자라고 하지만 기업가치가 성장하고 있는 기업에 장기투자하지 못하고, 단기투자자라고 하지만 적은 수익에 목매달고 손절매 원칙에 얽매어 잦은 매매만 하는 투기꾼에 불과해 수익과는 거리가 먼 행위로 원금 손실 위험만 높이고 있는 것입니다.

장기투자자는 기본적 분석을 통해 투자 기업의 미래가치를 긍정하고 기술적 분석을 통해 저가 매수에 성공하며 예상했던 기업가치에 도달할 때까지 뚝심을 갖고 버틸 수 있어야 하는데 그러기 위해서는 가치투자라는 투자종목의 가치를 신뢰할 수 있는 믿음이 있어야 합니다. 그렇기 때문에 장기투자자들은 기본적 분석에 충실하고 종목에 대한 이해가 깊어 웬만한 시장 외풍에는 흔들리지 않는 믿음이 있는 투자자라 할 수 있습니다. 실제로 주식투자로 큰 수익을 얻은 투자자들은 대부분 가치투자에 기반을 둔 장기투자자들로 대부분의 개인투자자들이 원하는 스켈퍼투자자와는 거리가 멀다고 할 수 있습니다.

그럼에도 국내 개인투자자들이 매우 투기적인 매매 행태인 스켈퍼가 되는 이유는 위탁매매수수료를 낮춰주거나 아예 받지 않는 증권사의 영업 형태 때문입니다. 예전에는 위탁매매수수료 수입에 의존하는 수익형태가 증권사들의 기본적인 수익 기반이었지만 이제는 주식담보대출이나 펀드판매와 같은 금융상품 판매수익 등 개인투자자들을 다양한 수익 기회로 활용할 수 있는 시장이 되었기 때문에 장기투자가 가능한 것입니다. 스켈퍼투자를 부추긴 것은 증권사들의 이런 영업마케팅이 한 요인이 될 수 있는데 위탁매매수수료가 없기 때문에 단순히 비용 없이 매매하는 착각을 일으킬 수 있어 매매 횟수도 많아지고 매매 간격도 짧아지는 결과를 가져온 것 같습니다.

하지만 증권사가 받아가는 위탁매매수수료는 없을지 몰라도 기본적으로 주식매도가 일어날 경우 증권거래세와 농어촌특별세는 정부가 받아가는 세금이라 부과되고 있어 매매 횟수가 늘어날수록 세금만큼 원금을 까먹게 됩니다. 기획재정부에서 주식양도세를 대주주에서 소액주주까지 확대하려고 하면서 증권거래세는 폐지로 가닥을 잡아가고 있지만 여전히 농어촌특별세는 남아 있게 될 것 같습니다.

윤석열 정부가 들어서 주식양도세를 100억 원 미만의 거래에서 폐지하기로 가닥을 잡았는데 1종목에 대해 이 정도 현금거래가 가능한 투자자라면 결코 서민이라 불리지는 않을 것 같습니다. 이런 주식양도세 폐지로 인해 '부자감세'라는 말이 나오는 것 같은데 실제 양도세법 개정이 국회를 통과할 수 있을지 의문입니다. 세수 부족도 그렇고 조세형평성상 증권거래세를 두고 주식양도세를 손본다는 것이 조세행정의 편의주의에 머물고 있기 때문입니다.

앞에서 잠깐 언급했지만 조세 정의 실현이라는 원칙에서 증권거래세 폐지를 전제로 대주주요건을 강화하는 것이라 했지만 윤석열 정부가 들어서면서 100억 미만 주식양도차익에 대해서는 세금부과를 하지 않기로 했기 때문에 조세행정의 편의주의에 입각한 증권거래세 제도가 그대로 유지될 것 같습니다.

부연해 설명하자면 증권거래세 부과는 투자자가 수익이 나든 손실이 나든 기계적으로 주식매매가 이뤄지면 건건이 부과하는 세금으로 조세 정의와 맞지 않는다는 비난을 사고 있던 조세제도입니다. 조세징수의 편의만 살핀 행정편의주가적 세금으로 조세행정의 전산화가 발전하면서 이제는 시대착오적인 세금이 되고 있기에 폐지로 방향을 잡는 것이 합리적이라 생각됩니다.

스켈퍼투자를 소개하면서 주식 관련 세금 제도에 대해 장황하게 설명한 것 같은데 윤석열 정부에서 세법개정에 성공하지 못하면 기존 세법으로 운영되어야 하기 때문에 대주주 요건 강화가 결국 연말 대주주 요건 회피를 위한 대량 매물의 출현으로 연말 주식시장을 불안하게 만들 수 있습니다. 하지만 기존에 대주주 요건을 회피할 목적으로 주식매도가 연말에 쏟아진다는 가설은 다음 해 주식 매도를 전제로 해야 하는 것으로, 일어나지도 않은 일을 두고 호들갑을 떤다는 생각이 듭니다. 이 또한 언론이 만들어낸, 실체 없는 공포감입니다.

우리나라 대부분의 개인투자자들은 스켈퍼투자자라고 말해도 과언이 아닌 게 투자 기간에 있어 일주일을 못 넘기는 투자자들이 대부분을 차지하고 있기 때문입니다.

최근에는 하루 주가변동폭을 30%로 확대하여 일 변동폭이 이론상 60%에 달할 수 있는데 그만큼 시장 왜곡을 줄이는 것으로 주가작전의 위험도 줄어들었다고 볼 수 있지만 스켈퍼투자자들이 많아지면서 오히려 주가작전이 더 짧고 한 종목에 집중되는 경향을 보이는 것 같습니다.

시장에 품절주 투자라는 말이 많이 회자되는데 이는 최대주주 지분율이 높아 실제 유통물량이 많지 않은 종목으로 오래된 업력을 가진 회사들에서 많이 목격되는 지분율인데 최대주주는 경영권이 붙어 있는 지분이기 때문에 단 1주라도 변동될 경우 5%룰에 따라 즉시 보고 의무가 있어 거의 변동되지 않지만 그만큼 유통 가능 주식 수가 줄어들어 돈이 많은 큰손 투자자가 시장 내 유통주식을 싹쓸이해 버릴 경우 주가가 로켓처럼 수직으로 급등하는 경우가 많습니다.

일반적으로 발행주식수가 적은 우선주에서 이런 현상들이 많이 일어나는데 품절주는 매집한 쪽에서 시장 내 유통가능주식수가 얼마나 되는지 숫자를 셀 정도로 알 수 있지만 일반투자자들은 그저 로케트를 달고 장대양봉을 그리며 올라가는 주가만 보여 소액투자자들을 현혹하곤합니다. 이때 소액으로 치고 빠지기 식으로 짧은 기간 큰 수익을 내는 스켈퍼들이 있지만 이들이 나중에 대량 매물을 확보할 수 있을 때는 매집한 쪽에서 차익실현에 나선 단계라 자신보다 더 비싸게 사 주는 바보가 없는 단계에 매수가 이뤄져 결국 상투에 물리는 경우가 발생하게 됩니다. 이렇듯 눈에 보이는 장대양봉은 개인투자자들을 유혹하는 달콤한 꽃가루에 불과할 뿐 진짜 꿀이 될 수는 없습니다.

솔직히 스켈퍼투자자가 유동성이 부족한 우선주 매매에 뛰어들거나 품절주 투자에 뛰어드는 것은 주가 하루 변동폭이 크기 때문이지만 실제로는 이런 주식은 하루 거래량이 미미하기 때문에 스켈퍼투자의 대상이 될 수 없습니다. 진짜 스캘퍼투자자들은 삼성전자와 현대차, POSCO 같은 거래량이 큰 종목들에서 기회를 찾는데 호가당 거래되는 대금도 크고 항상 매매가 활발하게 이뤄져 현금화 기회가 많기 때문입니다.

여기다 2021년 이후 각국 중앙은행들이 금리인상에 나서면서 시장 전반에 유동성이 빠져나가면서 주가가 오르기보다는 하락하는 추세로 접어들어 스캘퍼 투자로는 수익을 내기 어려운 환경이 만들어지고 있습니다.

단기투자자들이 실제로 초단기투자를 통해 수익을 얻을 수 있는 기회는 대세상승기일 때가 많은데 지수관련대형주들도 변동성이 커지고 주가가 오르는 시기이기 때문입니다. 스캘퍼투자는 대세상승기에 수익을 낼 수 있는 투자방법이지 대세하락기에는 손실을 키우는 투자법이 될 수 있습니다. 기본적으로 매매 횟수가 증가하는 만큼 위험도 증가하기 때문에 스캘퍼투자는 투자종목에 대한 기본적 분석을 끝낸 투자가치가 있는 종목들로 한정하는 것이 좋습니다.

| 자신이 장기투자자라는 착각 |

대부분의 소액투자자들 중 장기투자자들은 처음 시작은 단기투자를 목표로 했거나 스캘퍼투자를 목적으로 시작했지만 매수가가 높아 소위 상투를 잡고 장기투자자로 전환하는 경우가 많습니다. 이런 경우 기본적 분석이 되어 있지 않고 그저 차트가 예뻐 보인다는 전문가의 황당한 말 한마디에 묻지마매수에 뛰어들었다가 빠져나올 기회를 못 잡고 물려 버린 경우가 많은데 이런 투자자들 중 일명 백화점 식으로 수십 개 종목이나 때에 따라서는 100여 개 종목을 보유하고 계신 투자자들도 본 적이 있습니다. 이런 분들과 인터뷰를 진행해 보면 대부분 원치 않은 장기투자자라는 결론에 도달하게 됩니다.

최근 증권방송에서는 이런 분들을 위해 손절매를 강조하는 전문가분들이 많으신데 대부분의 장기투자자들이 주식매매 없이 그저 물려서 하염없이 원금에 도달하는 시기를 기다리는 투자자들이라 증권사에게도, 유사투자자문을 하시는 분들에게도 수익이 되지 않습니다. 그래서 이들이 다시 활동계좌가 되려면 계좌에 현금을 만들어야 하기 때문에 손절매를 강조하는 것이라 할 수 있습니다. 즉 투자 수익을 위한 손절매가 아니라 다음 번 매매를 위한 현금화가 목적인 손절매라 투자자 본인의 수익에는 마이너스가 되는 경우가 더 많습니다.

애초에 손절매라는 개념은 기관투자자와 같이 대량매매의 경우 한 호가에 목표 주식을 다 살 수 없기 때문에 분할 매매하는 과정에서 시장 외적인 요인에 따른 주가 하락으로 펀드 수익률 전체에 손해가 발생할 경우 일부 종목의 손실을 확정하고 매수단가를 낮추려는 목적으로 이뤄지는 것입니다. 이를 개인투자자들의 매매에도 적용한 것인데 개인의 매매대금이 커지고 포트폴리오 구성이 가능해지면서 이런 투자 기법은 유효한 방식이 되기도 합니다.

하지만 개인투자자들은 대부분 손절매 이후 같은 종목에 들어가는 것이 아니라 다른 종목으로 옮겨 타면서 똑같은 손절매를 남발하는 경우가 다반사입니다. 이렇게 종목을 갈아타며 손절매를 남발하면서도 원금 손실은 인식하지도 못하고 자신이 주식투자 전문가인 양 착각하는 개인투자자들을 보면 고구마 한 상자를 삶아 먹은 듯한 답답함을 느끼게 됩니다.

진짜 손절매는 같은 종목에 대해 매수단가를 낮추기 위해 먼저 산 매수단가가 높은 물량을 매도해 손실을 확정하는 것으로 추가적인 주가 하락이 예상될 때 행하는 것입니다. 즉 동일종목에 대해 매수단가를 낮추고 매수 수량을 늘리기 위한 수단으로 지금의 손해를 감수하겠다는 것이 손절매입니다. 하지만 대부분의 증권방송이나 증권사에서는 손실을 멈추는 것이라는 "Stop Loss"라고만 알려주고 손절매의 진짜 이유를 설명해주지 않는 것 같습니다.

성공한 손절매는 기본적 분석이 끝난 동일한 종목에 대해 기술적 분석을 통해 애초에 계획한 매수단가보다 더 싸고 더 많은 지분을 확보할 수 있다고 판단될 때 행하는 것으로, 손절매를 하고 주가가 더 하락해 다시 재매수할 때 더 낮은 매수단가와 더 많은 지분으로 향후 주가반등이 나올 때 조기에 원금회복을 하고 수익극대화를 추구하는 투자방법입니다. 이런 손절매는 장기투자를 전제로 하기에 자연스럽게 단기투자에서 장기투자로 수익 극대화를 향해 나아가게 되는 것입니다.

장기투자와 단기투자를 기계적으로 나눌 수는 없지만 기본적 분석을 통해 찾은 미래 성장성이 큰 종목에 대해 최초 투자판단에 큰 변화가 없는 한 적정 주가에 도달할 때까지 뚝심 있게 기다리는 인내심이 필요한 것이 장기투자라고 할 수 있습니다. 기본적으로 주식투자를 통해 큰 수익을 얻는 것은 이런 장기투자에서 발생하는 경우가 많은데 대부분의 투자자들은 일희일비하는 뉴스가 넘쳐나는 세상에서 뚝심 있게 종목에 대한 신뢰를 밀어붙이기 어려워하는 경우가 더 많은 것 같습니다.

이것은 기본적 분석이 제대로 이뤄지지 않았기 때문인데 투자 대상 기업의 재무제표도 한번 보지 않고 사업보고서도 한번 읽어보지 않는 투자 결정이 투자자를 맹목적인 믿음으로 데려가기 때문입니다.

예전에 어떤 분은 해외자원개발 소식을 듣고 현지에 답사까지 다녀오신 후 투자 결정을 하고 과도하게 레버리지를 일으켜 투자하다가 큰 손실을 본 경우가 있었습니다. 이는 현실을 직시하지 못하고 현지 답사의 환상에 눈이 가려져 종목과 결혼해 버린 것이 패착이 된 것으로, 최초 투자원금이 아까워 밑 빠진 독에 물 붓기를 하다가 손실을 키운 경우입니다. 그렇기 때문에 장기투자에 앞서 기본적 분석은 무엇보다 중요한 요인이 된다는 사실을 명심해야 합니다.

| 어떤 투자를 하든 '기본적 분석'이 먼저다 |

기본적 분석에 있어 대상 기업의 상장 시 유가증권신고서 즉 사업보고서는 반드시 읽어봐야 하는데 기업공개(IPO) 시 내는 자료에는 회사 내 주요한 경영상 내용들이 총망라되어 있는 경우가 많은데 상장을 위한 자료이기 때문에 최대한 회사에 대해 긍정적인 자료들을 모두 꺼내놓기 때문입니다. 상장 후에 내놓는 분기보고서와 사업보고서들은 상장이라는 목적을 달성했기 때문에 상장 유지를 위한 최소한의 정보를 담고 있을 뿐 최신성 외에 이용할 정보는 최초 유가증권신고서보다 못한 경우가 대부분입니다.

기본적 분석을 통해 찾은 종목은 신뢰도 면에서 단순 차트만 보고 뛰어든 종목과 큰 차이를 나타내는데 매일매일 쏟아져 나오는 시장 내 각종 뉴스 속에서도 스스로 연구하고 공부해 찾아낸 종목은 그 안에 기업 경영의 스토리가 담겨 있어 단순 시장 외풍에 휩쓸려 투매에 가담하거나 손절매를 남발하지 않아 장기투자를 할 수 있는 기반을 다지게 됩니다.

물론 자기가 투자한 종목에 대한 맹신으로 투자자들이 더 큰 손실을 보는 경우가 많은데 이런 경우는 대부분 긍정적인 뉴스 일색일 때 묻지마 매수에 나서 주가 상투에 물려버린 경우가 많습니다. 호재 일색의 뉴스를 맹신하여 자기가 투자한 종목이 다시금 큰 수익을 가져다줄 것이라 믿어 버리는 실수를 범한 것입니다. 손실의 깊이가 점점 커지고 원금이 반토막이 나고야 자신의 처지를 인식하기 시작합니다. 이처럼 투자종목과 결혼하는 행태는 동일한 종목에서 서로 다른 시기에 발생하곤 하는데 2020년 대표적인 스타주였던 신풍제약에서 이런 현상이 아주 극명하게 드러났습니다.

신풍제약에 대해 뒤에 바이오제약 섹터에서 충분히 설명할 기회가 있어 지금은 언급 정도로 넘어가는데 기본적으로 신풍제약이 꾸준히 흑자를 내던 우량기업이 아니었다는 점에서 종목과 결혼하는 것이 얼마나 위험한 것인지 잘 보여준 사례로 기억될 것 같습니다.

동일한 종목에 있어서도 이렇게 투자 시기에 따라 수익률이 극명하게 갈리기 때문에 종목을 선택하고 투자 시기를 잘 저울질하는 것이 투자수익 극대화에 중요한 결정 포인트임을 인식해야 합니다. 장기투자와 단기투자 중 어느 것이 더 수익에 좋다는 결론은 없지만 상황에 따라 투자자 스스로가 투자 결정을 내려야 할 사안임에는 틀림없습니다.

공모주 투자

| 공모주 투자란? |

주식시장은 크게 보면 유통시장과 발행시장으로 나눌 수 있습니다. 전자는 우리가 흔히 알고 있는 주식시장으로 HTS나 MTS를 통해 매일같이 시세가 변하고 있고 우리가 직접 주식을 매매하여 참여하는 시장이며, 후자는 주식을 만들어 처음 시장에 선보이는 시장입니다. 이런 발행시장은 주식투자자들에게 공모주 투자로 잘 알려져 있는데 상장주간사가 제시한 공모가에 투자자들이 처음 상장사 주식을 매매하는 시장입니다.

필자도 20여년 전 처음 대신증권에 들어가 첫 번째로 "기업공개등록팀"이라는 생소한 이름의 인수팀에서 업무를 배웠는데 이게 바로 기업공개(IPO) 업무였습니다. 기업공개(IPO)는 기업의 주식을 처음 유통시장에 발행하는 업무라 전문성이 필요하고 오랫동안 도제식으로 교육받은 인수팀 전문가들에 의해 수행되는 업무이기도 합니다. 일반투자자들은 기업을 유통시장에 처음 올리는 공모 행위를 통해 처음 투자 기업을 접하게 되는데 길게는 3년 짧게는 6개월 이상의 기업분석과 실사 업무를 통해 만들어진 공모가로 처음 기업에 투자하게 됩니다. 기업공개는 비상장 기업에 대해 처음으로 주식시장의 가격을 제시하고 투자자들의 투자를 유인하여 기업이 자본시장을 통해 직접 자금 조달을 할 수 있도록 만들어준 투자 행위로 이를 통해 비상장사는 성장을 위한 자금을 마련하고 투자자들은 양질의 투자처를 제공받는 기회를 갖게 됩니다.

그런데 비상장사는 주가가 없기 때문에 처음 거래를 위해서는 적정 가치를 찾아내 시장에 내놓아야 하는데 이때 만들어진 가격을 공모가라고 합니다. 이를 위해 상장을 주선하는 상장주관증권사는 기업공개업무를 하는 인수팀 직원들을 통해 다양한 방식으로 기업가치를 분석하여 공모가 밴드를 찾아내고 이를 기관투자자를 대상으로 수요예측이라는 행위를 통해 공모가를 확정해 공모주 투자자들에게 제시하게 됩니다. 공모가 밴드가 만들어지기까지 짧게는 6개월 길게는 3년여의 시간이 필요한데 코스닥시장의 업력이 20여 년이 지나면서 이제는 중소기업들도 짧게는 창업 후 3년여 만에 상장에 성공하기도 하면서 하루아침에 기업공개를 통해 수백억대 주식 부자들이 탄생하기도 합니다.

예전에 처음 기업공개 업무를 할 때 팀장이셨던 분이 IPO 업무의 중요성을 강조하며 하신 말씀이 기억나는데 만 원짜리 지폐를 꺼내시고 "이게 뭐냐?"라고 물으시길래 "만 원짜리 지폐입니다."라고 답하니 "이게 왜 만 원짜리냐?" 하여 "한국은행이 1만 원짜리 가치를 보증하기 때문입니다."라고 답하니 "너희들이 하는 일이 종이에 만 원의 가치를 입히는 업무다."라고 말씀하셨습니다. 즉 상장주간사의 IPO 직원들이 오랫동안 고생해 찾아낸 공모가 밴드에 기관투자자들이 참여하는 수요예측을 거치면서 공모주 투자자들이 투자하는 "공모가"가 만들어집니다. IPO는 이런 공모주 투자가 가능하게 처음 주식을 유가증권시장에 발행하는 기업의 가치를 주권에 부여하는 일을 하는 것입니다.

| 공모가 산정의 중요성 |

아직까지 우리나라 자본시장에서는 공모가를 터무니없이 잡아 공모주 투자자들이 외면하는 일은 벌어지지 않고 있지만, 자본주의 선진국에서는 공모가 산정이 터무니없이 벌어질 경우 빠르게 입소문이 나서 투자자들의 외면을 받고 상장에 실패하는 경우도 있습니다.

우리나라도 유통시장 상황에 따라 발행시장이 영향을 받게 되는데 유통시장이 좋을 때는 발행시장의 공모가도 올라가게 되어 항상 "공모가버블" 논란이 벌어지게 됩니다. 발행사인 상장사 입장에서는 주식을 시장에 내다 파는 데 있어 회사로 유입되는 돈이 많으면 많을수록 좋기 때문에 공모가가 높아지기를 원하지만 상장주간사 입장에서는 상장 후에 주가가 폭락하면 "공모가 버블" 논란에 다음 번 공모주 투자에서 흥행에 실패할 수 있어 적정 주가에 공모가가 형성되기를 희망하기도 합니다. 하지만 상장수수료를 공모 규모의 몇 퍼센트로 받기 때문에 공모가가 높을수록 수입이 증가하는 경향이 있어 암묵적으로 공모가 밴드의 상단으로 공모가가 결정되기를 희망하기도 합니다.

20년 전에는 시장 조성 제도가 있어 공모가 버블에 대해 상장주간사가 책임을 지게 했는데 증권사가 일 년 농사를 IPO 한 방에 다 날려 먹을 수 있어 굉장한 리스크를 지고 발행업무를 하게 한 적이 있습니다.

그 당시에 대표적으로 한국가스공사의 공모가 시장 조성을 통해 공동 주간사였던 "대신증권"과 "한화증권"에 큰 손실이 있었는데 IMF구제금융 시기에 정부가 돈이 없어 공기업의 상장을 통해 자금을 마련하던 때라 적정 주가보다 부풀려진 공모가가 만들어진 측면이 있었습니다. 이런 소문이 시장에 돌면서 공모주 투자자들은 상장 후 기대감을 일찍 접고 투매에 나서면서 주가는 공모가 대비 반토막으로 하락해 버렸고 상장 후 한 달 이내에 공모가 대비 10% 이상 하락할 경우 무제한 시장 조성 의무를 지는 증권사 입장에서는 울며 겨자 먹기로 한국가스공사 주식을 매수하게 되었습니다. 당시 유통시장에서 인수한 한국가스공사 주식은 대신증권과 한화증권이 이후 10여 년 동안 분할매도하여 손실을 최소화할 수 있었지만 그동안 두고두고 증권사 실적의 발목을 잡는 악성 매물이 되었습니다. 이후 공모주 시장에서 시장 조성 제도는 상장주간증권사의 부담을 경감하기 위해 사라졌는데 이게 공모가 버블의 단초가 되기도 했습니다.

우리가 유가증권시장이라고 부르는 KOSPI시장과 코스닥시장이라 부르는 시장은 엄연히 구분되는 상장규정을 갖고 있는데 각 시장의 여건에 따라 다른 상장 요건을 갖고 있습니다. 상장요건은 크게 외적 요건과 질적 요건으로 나눌 수 있는데 기계적인 조건인 외적 요건은 대부분의 비상장기업들이 쉽게 맞춰 발행시장을 노크하지만 질적 요건을 맞추지 못해 대부분 상장의 문턱을 넘기지 못하는 경우가 많습니다.

필자도 처음 IPO 업무를 맡아서 기업 실사를 나가면서 지방에 있는 기업에 간 첫날 짐을 다시 싸서 상경한 일이 있었습니다. 상장을 추진하는 기업의 경영 전반에 대해 설명을 듣다가 그 기업의 자회사가 오너 아들이 최대주주로 있는 회사이고 비싼 가격에 부품을 납품해 상장하려는 회사의 수익을 상당 부분 빼먹고 있는 것이 확인되었기 때문입니다. 당시 기업 실사를 책임지셨던 부부장님이 이 사실을 대화 중에 확인하시고 팀원들에게 가져간 노트북을 정리하라고 단호하게 말씀하셔서 바로 철수했는데 발행사 CFO분이 당황하신 표정이 20년이 지나도 잊히지 않고 있습니다. 나중에 몇 년이 흘러 그 회사는 기존의 수익구조를 바꿔 아들 회사를 합병해 그런 폐해를 없애고 상장에 성공했는데 그때까지 몇 년의 시간을 허비한 것이 아까울 것도 같습니다.

IPO팀은 처음 주식을 투자자들에게 소개하는 업무를 하기 때문에 도덕적으로도 깨끗한 기업을 찾아내고 이를 상장시켜야 투자자들에게 피해가 없게 됩니다. 만약에 앞서 예를 든 회사를 상장시켰을 경우 공모에 성공해 상당한 공모자금이 신규상장기업에 흘러갔을 때 이 돈의 상당 부분은 최대주주 일가가 소유한 부품기업으로 흘러가 주주들이 투자한 회사의 성장에 쓰이기보다는 최대주주 일가의 배를 불리는 데 이용되었을 것입니다. 지금도 당시 부부장님의 결단은 IPO팀원으로 존경할 만하고 업무의 기본이 무엇인지 잘 보여준 사례라고 생각합니다.

상장을 하려는 기업은 앞에서 말한 외적 요건을 갖추고 증권사 IPO팀과 미팅을 하게 되는데 유명하고 좋은 비상장사는 증권사 IPO팀별로 경쟁이 붙어 PT를 통해 상장주간사를 선정하곤 합니다.

상장주간증권사는 IPO 업무를 통해 상장수수료를 적게는 3억 원에서 많게는 수십억 원을 받게 되는데 그것보다 공모주 주간사를 맡게 될 경우 공모주 투자에 몰린 자금으로 증권사가 콜론시장이라는 초단기자금시장에서 물주 노릇을 하며 상당한 이자수익을 노릴 수 있어 공모주 주간증권사가 된다는 것은 단기이지만 시장의 유동성에 주인 노릇을 할 수 있다는 뜻이기도 합니다.

예를 들어 어떤 기업의 공모주 청약 과정에 사상 최고 청약경쟁률에 청약증거금이 들어왔다는 뉴스는 지금 자금시장에 유동성이 어디에 많이 몰려 있는지 홍보하는 광고이기도 합니다. 대형사가 상장을 한다고 하면 공모주 시작한 첫날부터 공모가 끝나고 자금을 환불할 때까지 그 증권사 자금팀에는 매일 저녁이면 전화통이 불이 나는 경우가 다반사입니다. 금융기관 간 시재를 맞추기 위한 하루짜리 초단기금융시장이 매일 밤 열리는데 이때 대형사 공모주를 주간하는 증권사는 자금의 대여자가 되어주는 경우가 많습니다. 콜론시장에서 하룻밤 자금 대여로 벌어들이는 돈이 어마어마한데 공모경쟁률이 올라가고 공모 규모가 커질수록 운용할 수 있는 자금이 커져서 증권사 입장에서는 짭짤한 부수입이 생기는 꼴이나 마찬가지입니다. 이렇게 발생한 수익은 IPO팀과 자금팀의 수익으로 잡혀 이들의 인센티브 산정의 기준이 되곤 해 발행시장이 호황일 때 IPO팀원들은 대부분 억대 연봉을 받게 됩니다.

상장은 크게 "신규상장"과 "재상장", "추가상장", "변경상장"으로 세분화할 수 있는데 일반적으로 공모주 투자자가 생각하는 상장은 "신규상장"

으로 처음 비상장사의 주식을 증시에 올리는 일을 뜻합니다.

발행시장에서 주로 말하는 것은 신규상장이고 나머지 "재상장"과 "추가상장", "변경상장" 등은 유통시장에서 더 의미 있게 다뤄지기에 나중에 섹터별 사례에서 설명할 기회가 있을 것입니다.

| 상장의 과정 |

앞에서 간단히 언급했지만 상장 요건은 유가증권시장과 코스닥시장이 다른 기준을 갖고 있는데 유가증권시장은 자본 규모도 크고 업력이 좀 된 회사들을 대상으로 상장을 받아주고 코스닥시장은 벤처기업들을 대상으로 상장을 받아주다 보니 상장 요건에서 차이가 있는 경쟁적인 시장이라고 볼 수 있습니다.

우리가 공모주 투자에 나설 때까지 발행사와 상장주간증권사는 많은 일들을 하게 되는데 이런 일들이 사업보고서라는 책 한 권에 담겨 투자자들에게 주식청약을 권하게 됩니다.

20여 년 전 코스닥시장이 붐을 이루던 닷컴버블 시기에는 여의도 증권사로 벤처기업을 하시는 분들이 하루가 멀다 하고 찾아와 당장 자기 회사를 코스닥시장에 상장해 달라고 막무가내로 요구하시는 분들도 계셨습니다. 닷컴버블 시기에 신규상장하는 회사의 최대주주가 주식부자가 되었다는 소식이 매스컴을 통해 연일 알려지고 공모자금 수백억 원이 기업에 유입되었다고 하니 사업하는 사람들 입장에서는 솔깃한 내용이기는 했겠지만 그만큼 IPO가 생소하던 시기였습니다.

지금이야 공모주 청약하시는 분들이 기업의 내용을 속속들이 꿰고 있고 공모주 청약 기준을 각 증권사별로 꿰고 있는 일반투자자들이 많아져서 기업공개에 대해 예전보다는 많이 알려져 있지만 여전히 공모주청약 이전에 어떤 일이 벌어져 공모가가 만들어지는 것인지 모르는 분들이 많습니다.

앞에서 언급했지만 상장은 하루아침에 뚝딱 이뤄지는 것이 아니라 장기간에 걸쳐 기업경영 전반에 대한 분석과 수익구조를 파악하고 비상장사가 상장사로 거듭나는 과정으로 중소기업의 경우 상장사에 어울리게 경영구조를 선진화하는 기회이기도 합니다.

기본적으로 증권거래소에서 최신 상장기준을 반영하여 만든 상장 안내 책자에 잘 나타나 있듯이 상장예비심사청구서 제출일 이전 최소 6개

증권거래소 상장 안내 책자 2020년판 갈무리

월에서 1년의 기간이 필요한 것이 상장 업무로 이 기간 동안 비상장사의 경영 전반이 상장사에 맞게 바뀌는 기간이라고 이해하시면 쉬울 겁니다. 그렇게 불특정 다수의 주식투자자들에게 공모가 가능한 기업을 만들어 공모주 시장에 내놓게 되는 것으로 상장 심사 절차는 3개월 이내에 모두 끝나게 되고 그 이전 상장예비심사청구서를 만드는 기간이 최소 6개월에서 1년여의 시간이 필요합니다.

최근에 대기업 계열사들이 상장을 추진하면서 6개월 만에 상장에 성공하는 경우가 많은데 대부분 대기업 계열사들은 외부감사를 받아 왔기 때문에 외적 요건은 쉽게 통과하고 질적 요인에서 걸리는 것이 없다면 상장까지 최단 시일이 걸리기 때문입니다.

국내 주요 그룹들을 보면 알짜배기 회사는 상장을 하지 않고 오너 일가가 최대주주로 남아 있는 기업들이 꽤 되는데 이런 기업들은 충분한 돈을 벌어들이는 황금알을 낳는 거위이고 오너 일가에게 수익의 대부분을 주기 때문에 굳이 상장을 통해 얼굴도 본 적 없는 일반투자자들과 수익을 나눌 필요가 없고 이들의 경영 간섭도 받을 필요가 없기 때문입니다. 거기다 이런 기업들은 "일감 몰아주기"를 통해 최대주주인 재벌 오너 일가의 황금알을 낳는 거위가 되어 주고 있기 때문에 상장할 필요가 없기도 합니다.

상장은 기본적으로 자본시장을 상대로 기업의 직접 자금 조달의 기회로 작용하기 때문에 기업이 이자 비용 없이 시장을 상대로 직접 대규모 자금을 마련할 때 이용하게 됩니다. 대신 주식을 일반투자자들에게 분산하여 소액주주와 기관투자자들의 경영감시와 견제를 받게 되는 것으로 이게 싫다고 상장을 기피하는 중견기업들도 많습니다.

얼마 전 대한전선을 인수한 호반건설도 그렇고 대우건설을 인수한 중흥건설도 상장을 시킬 외형은 갖추었지만 오너 일가가 원치 않았기 때문에 비상장사로 남아 있는 케이스입니다. 대한전선과 대우건설이 상장사이기 때문에 간접적으로 호반건설과 중흥건설의 경영 내용을 사업보고서를 통해 확인할 수 있을 겁니다.

발행시장이라 불리는 IPO시장은 유통시장에 후행한다고들 말하는데 우리가 익히 알고 있는 주식시장이라 불리는 유통시장에서 지금처럼 유동성장세의 혜택으로 주가 버블이 생길 만큼 단기간에 주가가 전반적으로 상승할 때 기업공개를 추진하는 비상장기업들도 많아지기 때문에 발행시장은 늘 유통시장에 후행해서 호황이 찾아오곤 합니다.

코로나19 사태로 상장을 연기했던 대기업 계열사들과 카카오와 네이버 등 대형 IT 계열사들은 국내외에서 속속 상장을 마무리했습니다. 아무래도 유통시장에 주가 버블이 생길 만큼 주가가 올라가 있어 비교가치로 공모가를 정할 때도 유리하며 기업이 처음 상장을 해서 시장을 통해 대규모 공모자금을 조달하기 유리하기 때문이었을 겁니다.

대기업 계열사들의 경우 자본금 규모가 크기 때문에 공모 규모도 커지는 경우가 많은데 시장이 호황이고 시장 내 유동성이 풍부해야 공모도 성공할 수 있어 이때다 싶게 우르르 몰려서 상장을 하게 됩니다. 공모주 투자를 선호하는 투자자들에게는 큰 장이 선다는 표현을 쓰게 되는 시기로 최근에 있었던 카카오 계열 카카오게임즈와 카카오뱅크, 카카오페이 등의 상장은 시장참여자들에게 큰 기대감을 갖게 하는 이벤트가 되었었습니다. 글로벌 게임으로 성장한 배틀그라운드로 대표되는 크래프톤의 상장도 당시에는 열기가 뜨거웠습니다. 여기다가 쿠팡이 부진한 적자의 실적에도 불구하고 뉴욕증권거래소에 상장해 단번에 5조 원대 공모자금을 마련했던 사례는 우리나라 유니콘 기업들에게 국내 자본시장뿐 아니라 자본주의 선진국인 미국 시장 상장에 대한 꿈을 꾸게 하고 있습니다. 물론 우리 자본시장을 외면하고 미국 자본시장에 상장하는 것은 우리 투자자들에게 아쉬운 점이지만 우리나라 증권사들을 통해 미국 주식투자가 가능해진 상황에서 비용도 추가되는 부분이 있지만 새로운 투자 기회가 생긴 것이라고도 할 수 있습니다.

| 공모가 '버블'의 위험성 |

그런데 문제점도 적지 않습니다. 지난번 SK바이오텍의 IPO에서 확인할 수 있었듯이 공모주 경쟁률이 올라가면서 상장 후에 대한 기대감이 "따상"(상장 후 공모가의 2배로 시초가를 찍고 곧바로 상한가 행진을 벌이는 것을 줄여 부름)이라는 신조어를 만들어 낼 만큼 상장 후 주가 상승이 크게 나타나기도 합니다. 이후 보호예수가 풀리고 실적이라는 현실적 잣대로 기업가치를 평가했을 때인 6개월여가 지나면, 기대감이 빠지고 실제 기업가치에 다가가게 된 후에야 투자자들이 정신을 차리게 된다는 사실을 직시해야 합니다.

발행시장이 유통시장에 영향을 받기도 하지만 그 자체로도 대형주들의 상장으로 자본시장의 자금들이 대규모로 시장을 이탈하면서 유동성이 고갈되어 가고 있음을 알아야 합니다. 이렇게 시장을 이탈한 자금은 다시 돌아오기까지 상당한 시일이 걸리기 때문에 점차적으로 유동성 고갈의 우려를 자아내게 됩니다.

공모주 투자도 타이밍이 중요한데 대형주 상장 러시가 일어나는 호황장에 초기 기업들에 투자한 투자자들은 따상을 경험하며 상당한 주가 차익을 누리게 되지만 후반으로 갈수록 공모가 버블과 유동성 부족으로 주가 상승에 제한이 가곤 합니다.

SK바이오텍에서 누렸던 공모주 투자자들의 수익이 SK바이오사이언스의 상장에서는 기대에 못 미치는 결과를 가져온 것은 이들 기업의 상장 시기가 달랐기 때문으로 볼 수 있는데 바이오 분야에서 주력사업은 다르지만 바이오라는 큰 범주에서 시장 기대감이 큰 상태에서 상장을 한 것과 이후 두번째로 상장을 한 것은 한번 경험을 한 투자자들과 그러지 못한 투자자 간 종목에 대한 기대감이 다를 수밖에 없었습니다.

공모가 결정에 있어 주간증권사와 발행사의 결정이 중요한데 수요예측에 들어오는 주요 기관투자자들 중 공모주 펀드를 크게 갖고 있는 자산운용사들은 미리 주간증권사 측에서 영업을 뛰어 발행사가 희망하는 공모가에 수요예측이 성공할 수 있도록 하는 경우가 많은데 마지막 수요예측 결과치를 놓고 공모가를 결정할 때 시장 조성에 대한 부담감이 없기 때문에 상장주간증권사도 발행사도 서로 윈윈할 수 있는 공모가 밴드 상단으로 결정하곤 합니다. 주간증권사 입장에서는 상장수수료가 커져서 좋고 발행사 입장에서는 공모자금이 대규모로 들어와 좋기 때문에 상장 후 주가 하락의 위험은 투자자들의 몫이라 생각하는 것 같습니다.

결과적으로 공모주 투자자들이 공모가 버블의 위험을 뒤집어쓰게 되는데 최근에 공모주 투자 과정에서 기관투자자들의 의무보호예수확약률이 떨어지는 것은 이런 공모가 버블을 잘 알고 있기 때문입니다.

공모를 하는 발행사들은 공모 결과에 대해 금감원 전자공시사이트(dart.fss.or.kr)를 통해 "증권발행실적보고서"라는 것을 공시하는데 여기에 공모 과정 수요예측에서 의무보호예수를 확약한 기관투자자들의 비율을 공개하게 되어 있습니다. 기간별 의무보호예수 수량이 공개되기 때문에 상장 첫날 거래량을 감안해 보면 따상이 가능한지 상승세가 어느 정도 이어질지 가늠해 볼 수 있기도 합니다.

금감원 전자공시사이트에 올라오는 다양한 공시서류들, 기본적으로 주식발행과 사채발행에 대한 보고서들과 각 분기별 보고서 그리고 감사보고서 제출 시즌에 나오는 사업보고서를 통해 기업의 경영 상황을 가늠해 볼 수 있는데 최초 상장할 때 투자설명서의 범위를 벗어나지 않는 경우가 대부분입니다. 공모주 투자를 하시는 투자자들은 기본적으로 투자설명서를 한번 읽어보시고 기업의 경영 상황을 파악하고 투자종목을 선택하는 노력을 경주해야 공모주 투자를 통해 수익을 가져갈 수 있을 겁니다.

공모가 버블에 대해 사전에 알 수 있는 한 가지 팁을 드린다면, 공모가 밴드를 선정하기 위해 비교가치를 뽑는 과정에서 국내 상장사가 없다는 핑계로 해외기업을 비교기업으로 선정하고 이를 통해 공모가 밴드를 선정할 경우 시장이 서로 다르고 경영환경이 다른 상태에서 사용된 각종 지표들로 인해 공모가를 높이 산정하게 됩니다. 크래프톤 상장 때에도 과도한 공모가로 인해 금감원에서 정정신고서를 제출하도록 요구하는 경우가 발생했습니다. 공모주 투자자들에게 일정 연기는 공모주 자격요건을 다 맞춰 놓은 상황에서 추가적인 비용 부담을 뜻하게 될 수도 있는데 이런 위험을 피하기 위해서라도 상장을 추진하는 기업이 어떤 과정으로 공모가 밴드를 산정했는지 살펴볼 필요가 있습니다.

CHAPTER 2

바이오제약주

| 코로나19팬데믹, 인류의 위기이자 패러다임의 전환점 |

코로나19팬데믹 속에서 가장 크게 성장한 산업이면서 가장 빠르게 주가 피크를 치고 바닥을 보여준 섹터가 바이오주와 제약주로 "위기는 곧 기회다"라는 증시격언에 딱 들어맞는 모습을 보여주었습니다. 원래 바이오제약주는 실적에 민감한 종목들이 아니기 때문에 약세장에 강한 경기방어주 성격을 갖고 있었습니다. 하지만 코로나19팬데믹을 거치면서 우리 실생활에 실시간으로 영향을 줄 수 있는 산업이라는 점이 부각되었고, 이는 코로나19 진단키트를 개발하고 판매하는 진단관련주의 비약적인 실적급증으로 확인되었습니다. 코로나19 백신과 치료제 개발이 우리가 알고 있던 바이오신약 개발과는 많은 차이를 확인시켜 주며 바이오제약 분야에 대한 인식변화를 가져오게 되었습니다.

진단 분야는 바이오제약 분야에서도 변방에 속하는 곳으로 수익성도 낮고 기술력도 그리 크게 요구받지 않아 신약개발에 비해 주목을 덜 받는 분야인데, 코로나19팬데믹에 우리나라가 재빠르게 대응하면서 전 세계적으로 우리나라 진단기업의 기술력을 인정받고 글로벌 수출회사로

씨젠 2020년 주가차트 대신증권 HTS 갈무리

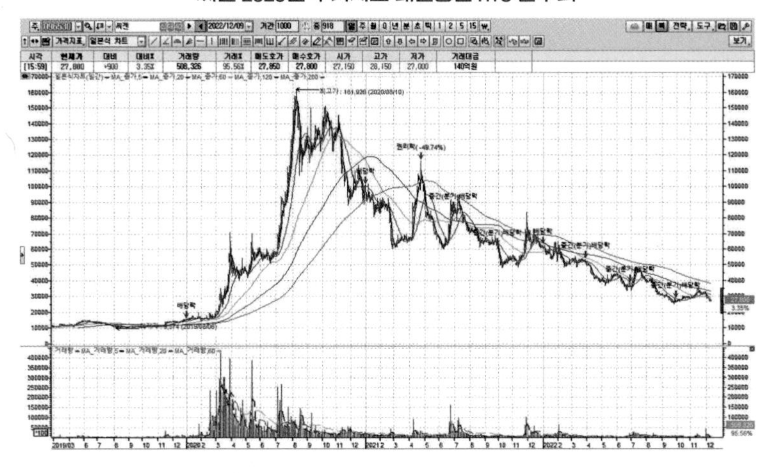

성장하게 되었습니다. 대표적으로 씨젠은 2019년 971억 원대 매출을 기록했는데 코로나19팬데믹이 선언된 2020년에는 1조 685억 원의 매출을 2021년엔 1조 1,485억 원의 매출액을 올리며 코로나19팬데믹 기간에 글로벌 진단키트기업으로 성장했습니다. 단순 매출액이 10배 늘었을 뿐 아니라 순이익도 2019년 258억원에서 2021년 5,195억 원, 2021년 4,668억 원으로 20배가량 성장하는 놀라움을 보여주었습니다.

2020년 2월 3일 최저점 14,625원부터 2020년 8월10일 161,926(수정주가)원을 기록할 때까지 반년도 안 된 사이에 10배의 드라마틱한 주가상승을 보여주었습니다. 이는 코로나19진단키트의 글로벌 판매증가에 기인한 실적이 뒷받침되는 주가급등이자 기대감이 만든 오버슈팅으로 최고점을 기록한 이후 주가는 2년내내 무상증자를 받아가며 내리막길을 걷는 모습을 보여주어 주가의 시세분출 이후 기대감이 사라진 주가흐름의 전형을 보여주고 있어 결국 "주가는 실적을 선반영한다"는 증시격언을 잘 따르고 있음을 보여주고 있습니다.

씨젠이 2020년 8월 10일 최고가 161,926원을 기록한 이후 줄곧 주가가 흘러내린 것은 코로나19팬데믹 과정에서 진단키트 시장에 경쟁자들이 급증하고 2020년과 같은 실적호전을 보여주기 어렵다는 실망감이 차익실현 매물을 불러내며 점차 주가가 제자리를 찾아가고 있는 과정이라 할 수 있습니다. 주가는 기대감을 먹고 자란다는 말처럼 더 이상 기업실적에 대한 장밋빛 미래를 보여줄 수 없는 종목은 신규 매수자금의 유입보다는 기존 투자자의 이탈을 찾아보기 더 쉽기 때문입니다.

코로나19팬데믹을 거치면서 바이오신약 개발 분야에 대한 인식이 많이 바뀌었는데 기존 신약개발에 20여 년의 세월이 필요했다면 이번 코로나19백신과 치료제 개발에 단 2년도 안 걸렸다는 사실은 우리가 알고 있던 패러다임을 획기적으로 바꿔주었습니다. 기존 신약개발에 있어 후보

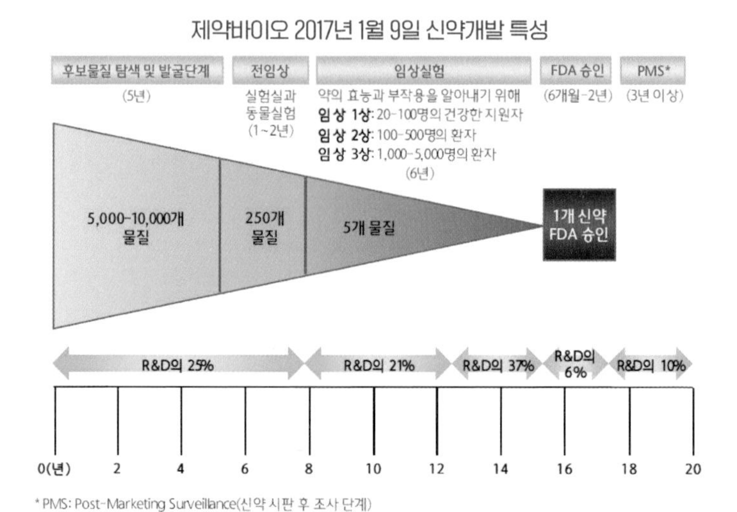

출처 하나금융투자

물질을 찾는 과정만 통상 5년에서 7년여가 걸리는 것으로 알려져 있었습니다. 이후 여러 차례의 임상 테스트로 다시 몇 년의 시간이 흐르는 것을 감안하면 20년 가까운 시간을 들여야만 겨우 상업화에 성공할 수 있다고 여겨졌습니다. 하지만 인공지능을 통해 후보물질을 단 6개월여의 짧은 기간 에 찾아내고, 안전성 확인에 3개월, 1상과 2상에 1년, 대규모 임상 3상을 전제로 한 임시사용 허가를 통한 상업화까지 불과 2년 이내의 신약개발이라는 프로세서를 만들어낸 것입니다.

이는 기존 바이오신약 1세대가 말하는 20년이 걸린다는 신약개발 기간이 획기적으로 줄어들 수 있다는 반증이기에, 투자자들에게는 기다림의 기간이 획기적으로 줄어들 수 있다는 희소식이 아닐 수 없습니다. 신약개발이 자연과학의 분야라 시간이 걸린다는 변명은 앞으로 통하지 않게 된 것으로 과학기술의 발전이 개발기간을 획기적으로 단축시켜주었음을 코로나19팬데믹 기간 동안 투자자들이 확인한 것입니다. 이제는 바뀐 패러다임으로 바라봐야만 제대로 된 바이오신약 개발사와 무늬만 바이오신약 개발사를 구분해 낼 수 있습니다.

| 바이오신약 개발 1세대 - 헬릭스미스(구, 바이로메드)와 크리스탈지노믹스 |

우리나라 바이오개발 역사는 1980년대 생명공학에서 본격화된 것이라 할 수 있습니다. 당시에는 대기업도 너도 나도 뛰어들었지만 장기간 투자가 필요한 바이오업의 특성상 단기투자 위주의 대기업들은 1997년 IMF구제금융을 거치면서 대부분 발을 뺐습니다.

이후 2000년 김대중 정부 시절 벤처기업 육성정책의 수혜를 받으며 본격적으로 실험실 창업형태의 진짜 바이오신약개발사들이 탄생하게 되었습니다. 1세대라 할 수 있는 서울대학교 동아리로 출발한 바이로메드와 LG생명과학 출신 크리스탈지노믹스는 실험실 창업형태로 시작하였지만, 조기에 벤처자금을 수혈 받아 빠르게 성장할 수 있었습니다.

이 당시에는 바이오신약개발 시장에는 '장기간의 프로젝트로서 오랜 기간 R&D만 하기 때문에 적자가 당연하고 느긋하게 기다릴 수 있어야 큰 수익을 얻을 수 있다'는 환상이 있었습니다. 투자자들 역시 "High Risk High Return"이 통하는 산업으로 바이오신약 개발 분야를 지켜보았고 이런 통념은 바이로메드가 헬릭스미스로 간판을 바꿀 동안에도 지속되었습니다. 헬릭스미스는 '유전자치료제'라는, 기존의 주류연구에서 벗어난 신기술 기반의 신약개발사업으로 시장의 주목을 받았는데, 서울대 김선영 교수가 주축이 되어 서울대 연구소 창업 1호 회사라는 상징성도 갖고 있는 바이오 1세대 기업입니다.

LG생명과학 출신 조중명 박사가 창업한 크리스탈지노믹스는 기술특례 상장 2호라는 타이틀을 갖고 코스닥시장에 상장했는데 이때의 공모자금과 시장 내 유상증자를 통해 마련한 현금으로 화일약품이라는 제약사를 인수하여, 연구개발만 하는 바이오기업에서 제약사를 자회사로 두고 연구개발비를 자체 조달할 수 있는 바이오기업으로 성장하기도 했습니다.

1세대 바이오기업들인 헬릭스미스와 크리스탈지노믹스는 코스닥시장을 통해 거의 매년 유상증자로 연구개발비를 받아 갔는데 조 단위가 넘어가는 규모라 돈 먹는 하마라는 말이 나올 정도였습니다. 황우석 박사의 줄기세포 논문 사건으로 연구의 진실성에 대한 문제가 이슈화되었을 때도 착실하게 임상을 진행하고 있어 별 문제가 없어 보였습니다. 하지만 두 회사 초창기 연구개발의 목표였던 후보물질들이 임상 3상 단계에서 속속 문제가 발생하고 있는데 앞에서 말한 "High Risk High Return"이 반드시 맞는 말이 아님을 보여준 사례가 될 것 같습니다.

그동안 투자자들은 임상 단계를 높여가는 모습에서 이들 바이오신약 개발사의 연구에 조금의 의심도 가지지 않았지만 헬릭스미스의 '당뇨병성 신경병증 치료신약 엔젤시스 VM202' 개발에서 보여준 임상3상 실패는 신뢰성에 치명상을 남겼습니다. 이번 사례는 황당하게도 임상시약에 쓰여진 라벨이 잘못 붙여져 임상이 실패했다는, 도저히 업력 20여 년의 바이오신약 개발사가 했으리라고는 믿어지지 않는 실수였습니다. 투자자들은 유효한 데이터를 얻지 못해 임상 3상을 다시 해야 한다는 답변을 들어야 했습니다.

헬릭스미스 주가차트 대신증권HTS갈무리

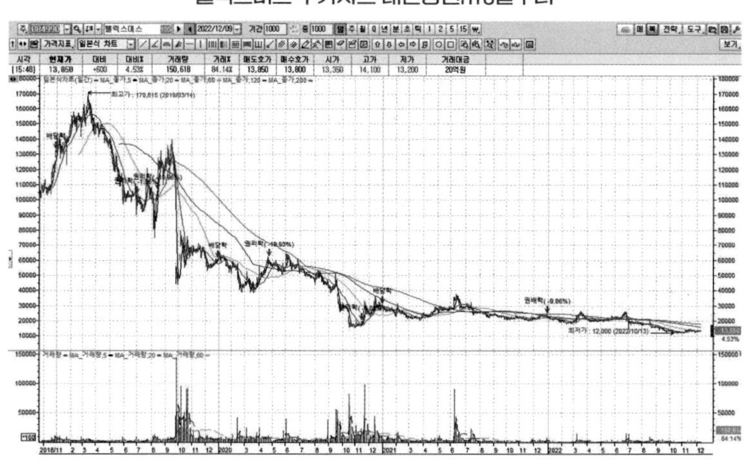

헬릭스미스의 주가에 빨간불이 켜진 것은 2019년에 사명을 바이로메드에서 헬릭스미스로 바꾸면서 나타나기 시작했습니다. 2019년 3월 주가 31만 2,200원으로 코스닥시장 시가총액 기준 2위까지 오르며 시장의 주목을 받았는데 20여 년간 개발에 매진했던 '엔젤시스 VM202'의 임상3상 결과가 조만간 나올 수 있다는 기대감에 묻지 마 매수세가 유입되었기 때문입니다. 2020년 8월 1,496억원 규모 유상증자를 진행하며 향후 2년간 유상증자는 없다고 큰소리를 쳤지만 9월, 앞서 언급한 '엔젤시스 VM202'의 황당한 임상 실패를 공시하며 시장에 실망감을 주었습니다. 더하여 골드만삭스의 부정적인 보고서까지 나오면서 소액주주들의 반발에 불을 붙였고 이후 소액주주운동이 일어나 경영권 분쟁으로까지 발생하게 되었습니다. 여기다 사모펀드에 대한 전수조사에서 헬릭스미스가 최근 5년간 2,643억원대 자금을 사모펀드에 운영하면서 상당한 부실

크리스탈지노믹스 주가차트 대신증권HTS갈무리

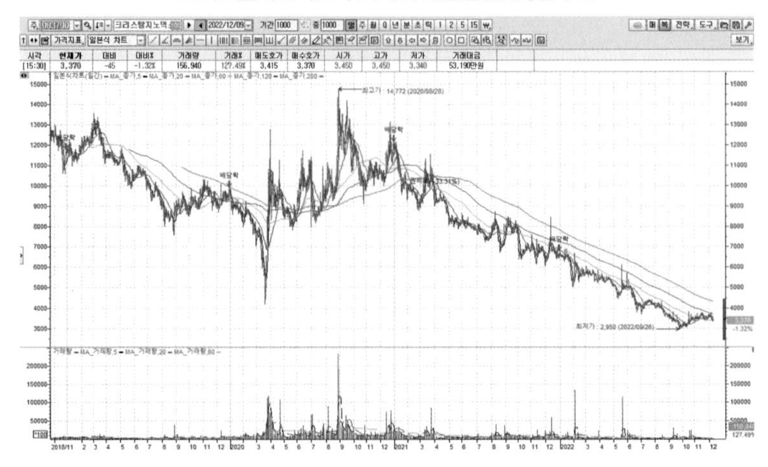

이 발생해 연구개발비로 사용하지 못하고 날린 자금이 상당하다는 사실을 알게 되었습니다. 결국 소액주주들의 반발에 주총 때마다 이사 자리를 한 개씩 소액주주들에게 넘겨주며 한 지붕 두 가족의 어정쩡한 동거가 이어지고 있는 가운데, 경영이 제대로 될 리 없어 주가도 줄곧 내리막길을 걷고 있습니다. 이는 크리스탈지노믹스도 마찬가지로 췌장암치료제의 국내 임상 3상까지 진전시켰지만 기대치만큼의 블록버스터급 신약은 내놓지 못하고 있는 실정입니다.

지금까지 성적만 보면 바이오 1세대라 할 수 있는 헬릭스미스와 크리스탈지노믹스는 투자자들에게 실망감만 주었습니다. 바이오신약 개발사는 연구결과로 실적과 기업가치를 평가받는데, 회사 경영진이 유명한 박사이고 연구논문이 유명잡지에 게재되었다 하더라도 이것이 연구결과에 긍정적인 영향을 미치지 않는 한 투자자의 수익과는 아무 상관없는 이야기입니다. 그렇지만 국내시장에서는 바이오신약 개발사가 유명 컨퍼런스에 참석해 논문을 발표했다든가, 임상보고서를 내놓았다는 것이 호재가 되어 주가를 끌어올리는 경우가 많습니다. 이런 호재성 재료가 잠시 잠깐 주가에 긍정적인 영향을 미칠 수는 있어도 주가의 방향성을 돌려놓을 만큼의 파괴성은 없습니다. 이제 바이오신약 개발사에 대한 기업가치 평가는 이들이 보유한 파이프라인의 개수와 연구진척도를 살펴 블록버스터급 신약 개발이 가능하느냐를 따져보는 시대가 되었습니다.

헬릭스미스나 크리스탈지노믹스의 임상결과 발표가 모호하게 나오면서 시장당국은 바이오업체의 임상결과 발표에 대해 명확하게 성공과 실패를 구분할 수 있도록 공시기준을 강화하고 있는데 그럼에도 바이오기업들은 영업비밀 등의 예외조항을 이유로 모호한 표현을 남발하고 있습니다. 기업가치를 평가하는 데 있어 연구의 진실성은 무엇보다 중요하지만 기술에 대한 분석력이 떨어지는 개인투자자들의 경우 아예 투자하지 않는 것이 나을 만큼 바이오종목 투자는 리스크를 갖고 있습니다. 1세대 바이오기업들은 자신들의 주력 연구개발 신약후보물질들에 대해 라이선스 아웃을 통해 검증받지 않았다는 특징이 있는데 처음부터 끝까지 독자적인 연구개발능력으로 연구를 이어오다 시장참여자들에게 큰 실망감을 준 경우라 결코 투자해서는 안 되는 바이오종목의 전형을 보여준 사례라고 할 수 있습니다.

헬릭스미스는 서울대라는 우리나라 최고의 간판에 이름만 대면 알 만한 유명 교수와 박사들이 관련된 바이오신약 개발사지만 결국 시장참여자인 투자자들에게 돈만 받아가고 밥값을 못한 케이스로 일종의 금융사기라고 봐도 할 말이 없는 경우일 겁니다. 매번 신약을 개발한다고 시장에서 수천억 원을 조달해 가면서 박사급 연구원들은 억대 연봉만 챙겨갔지 정작 연구결과는 제대로 내놓은 것이 없기 때문입니다. 결국 헬릭스미스는 2022년 12월 22일 제3자배정 유상증자를 통해 "카나리아바이오엠"이라는 다른 상장사에 경영권을 매각했는데 김선영 박사 측은 주식을 그대로 보유해 머니게임으로 들어간 것이 아닌가 의구심이 들고 있습니다. 이게 미국의 암젠과 모더나 같은 바이오벤처기업과 우리나라 헬릭스미스의 차이입니다.

투자자들은 결코 장학금을 마련해 주는 부모가 아닙니다. 투자에 대한 정당한 수익을 원하는 것이 투자자들인데, 헬릭스미스는 투자금만 받아가고 오랫동안 제대로 된 연구결과를 내놓지 못하여 사기를 친 것이나 다름없다는 의구심마저 들게 하고 있습니다. 이런 것이 다단계 금융사기인 "폰즈사기"와 결과적으로 다를 바 없는 것이 아닌가 생각해 봅니다.

| 바이오신약 개발 2세대 - 셀트리온, 삼성바이오로직스 |

1세대와 다르게 2세대라 할 수 있는, 라이선스 아웃에 일찍부터 성공한 바이오신약 개발사들은 연구개발만으로도 수익을 창출하고 있고 성장성도 검증받고 있습니다. 이런 검증의 주체가 바로 다국적 글로벌 제약사들이라는 점에서 긍정적일 수밖에 없는데 셀트리온과 삼성바이오로직스 같은 바이오시밀러 회사들은 초기부터 수익이 발생하는 복제약을 기반으로 제약의 대량생산화를 실현하며 우리나라를 글로벌 제약 허브로 성장시키고 있습니다. 또한 양질의 일자리를 창출할 뿐 아니라 바이오신약 분야를 고수익이 발생하는 고부가가치 산업으로 자리매김하도록 하고 있습니다. 엄밀하게 따져 셀트리온과 삼성바이오로직스는 신약개발사라고 보기에는 무리가 있는데 기본적으로 특허가 만료된 블록버스터급 약품과 효능이 비슷한 복제약을 대량으로 생산해 판매하는 사업방식을 갖고 있고, 대량생산에 방점이 찍혀 있는 대규모 자본이 들어가는 설비사업이기 때문입니다.

그럼에도 셀트리온과 삼성바이오로직스는 대량생산 능력을 바탕으로 글로벌 제약사의 생산위탁을 받아 블록버스터급 신약을 생산해 판매하는 방식으로 조기에 수익성을 나타낼 수 있었고 이를 기반으로 후속 블

삼성바이오로직스 주가차트 대신증권HTS갈무리

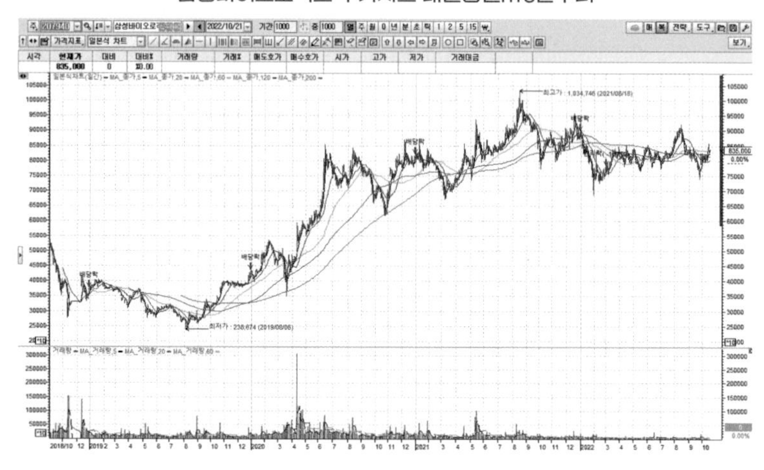

록버스터급 신약 개발을 위한 자금마련에 성공하고 있습니다. 이렇게 규모의 경제를 달성한 바이오시밀러 산업은 코로나19팬데믹 상황에서 조기에 백신과 치료제를 생산해내며 위기 극복에 큰 힘이 되었는데 개발보다 생산에 방점이 찍혀 있는 새로운 방식의 바이오산업의 기준을 제시했다고 할 수 있습니다.

삼성바이오로직스의 주가차트에서 확인할 수 있듯이 코로나19팬데믹은 삼성바이오로직스의 생산능력을 재평가하게 만들어주었는데, 신약 개발이 아닌 제약의 생산능력으로 기업가치를 평가받고 있습니다. 이는 바이오신약 개발사들이 연구개발 능력만 있으면 생산에 문제가 없다는 사실을 확인시켜 주는 것으로 제약의 분업화가 이뤄지고 있음을 잘 보여주고 있습니다. 삼성은 D램반도체를 생산하듯이 복제약을 생산해 내고 있고 이는 대량생산 능력이 제약에까지 확대적용될 수 있음을 잘 보여준

셀트리온 주가차트 대신증권HTS갈무리

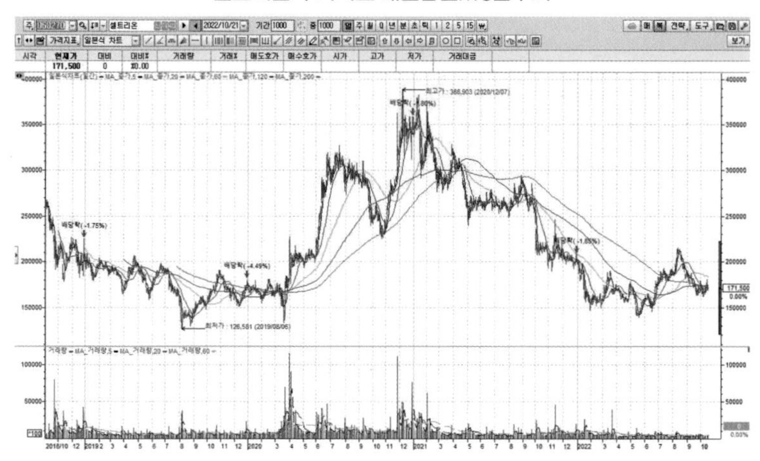

사례라 할 수 있습니다.

셀트리온은 앞에 씨젠과 비슷한 주가 패턴을 보여주고 있는데 코로나19치료제 개발 기대감으로 주가가 급등하고 이후 치료제가 백신에 비해 많이 팔리지 않으면서 실적에 대한 실망감이 주가에 반영되는 모습을 보여주고 있습니다. 여기다 셀트리온은 경영권승계라는 불확실성이 주가 저평가 요인으로 작용하고 있습니다. 셀트리온과 셀트리온제약, 셀트리온헬스케어의 합병을 앞둔 시점에서 이러한 경영불확실성이 주가 할인 요인으로 작용하고 있음을 확인할 수 있습니다. 투자자들이 가장 싫어하는 것이 바로 불확실성으로 이런 종목은 위로 오를 가능성보다 주가하락이 나타날 위험이 더 크기 때문에 매수보다 매도가 더 많아지는 특징이 있습니다. 그렇기 때문에 불확실성이 큰 종목은 가급적 회피하는 것이 안전성 면에서 긍정적일 수 있습니다.

| 바이오신약 개발 3세대 - 라이선스 아웃 |

차세대 바이오신약 개발사로서 '라이선스 아웃(기술 수출)'이 중요한 이유는 연구개발을 통해 확보한 기술을 최종 신약개발까지 진행시키지 않고, 중간 임상 단계에서 글로벌 다국적 제약사를 통해 성공 가능성을 평가받아 수익화할 수 있기 때문입니다. 2000년 들어와 다국적 제약사들은 국내 바이오신약 개발사들의 연구 내용에 관심을 갖기 시작했는데 스위스나 일본, 미국 등 기존 제약 선진국들이 연구하지 않는 생소한 분야에 대한 연구에서 우리나라 바이오신약 개발사들의 연구 업적이 속속 국제 학술지에 소개되면서 다국적 제약사들은 일찍부터 국내 바이오신약 개발사들과 접촉해 왔습니다.

필자가 CFO로 있었던 모 바이오 업체도 글로벌 제약사인 '릴리'의 기술 관련 직원들과 미팅을 하고 기존의 연구 성과를 설명한 적이 있었는데 당시 릴리 직원들은 "우리나라 바이오신약 업계가 연구하고 있는 분야는 기존 선진국 주류 제약사들에게 생소한 분야로, 향후 미래 비전을 얻기 위해 한국 바이오신약 개발사들을 접촉하고 있다."고 했습니다. 바이오신약 개발사가 '라이선스 아웃'에 성공했다는 사실은 그 기술을 평가한 다국적 제약사로부터 기술의 진실성을 인정받았다는 것이고, 이후 임상에 있어 다국적 제약사의 지원으로 성공가능성을 높였다는 점을 확인받은 것입니다.

확실히 이전세대와는 다르게 3세대 개발사들은 신약개발에 있어 글로벌 제약사와 협력관계를 유지하며 개발비에 대한 시장의존도를 낮추고 지나친 유상증자를 지양하고 있어 투자자 입장에서 안정적으로 투자할 수 있는 여건을 제공한다고 할 수 있습니다. 아울러 라이선스 아웃을 통해 초기 계약금을 수령하며 실적에서도 긍정적인 숫자를 보여주고 있어 보다 안정적으로 바이오신약 개발사에 투자할 수 있는 환경을 만들고 있습니다.

물론 영업비밀을 이유로 공시를 할 때 초기 라이선스 아웃 계약금을 밝히지 않는 경우가 있는데 이럴 경우 의외로 낮은 계약금과 마일스톤 방식의 수익정산으로 기대한 수익성이 떨어질 수 있어 주의해야 합니다. 라이선스 아웃을 했더라도 초기 계약금이 적을 경우 성공 가능성을 낮게 평가받았을 수 있기 때문인데 글로벌 제약사가 도중에 임상을 포기하는 경우도 생길 수 있습니다. 따라서 라이선스 아웃을 한 기업이라도 공시를 통해 초기 계약금이 얼마인지 확인할 필요가 있고 라이선스 아웃 조건이 어떤지 확인하고 투자여부를 결정해야 할 필요가 있습니다. 아울러 파이프라인이 몇 개나 되며 연구진척도가 얼마나 되는지도 확인해야 하는데 파이프라인이 많다는 것은 향후 라이선스 아웃 수익이 많아질 수 있다는 기대감을 갖게 하기 때문입니다. 또한 연구인력이 누구이며 얼마나 되는지도 중요한데, 최근 M&A를 통해 바이오신약개발 분야에 투자한 상장사들이 이를 빌미로 대규모 유상증자를 하는 경우가 많은데 연구인력이 부실할 경우 시장을 통한 자금조달에 무게를 둔 무늬만 바이오신약개발사일 수 있기 때문입니다.

| 무늬만 바이오 - 가짜 바이오신약 개발사 |

여기서 주의할 것은 진짜 바이오신약 개발사와 시장의 자금을 조달하기 위한 가짜 바이오신약 개발사들을 구분할 줄 알아야 한다는 점입니다.

투자자들은 자금만 투입되면 신약개발이 그냥 이뤄지는 줄 알고 바이오 신약 개발사를 앞에 내세우는 유상증자나 주식 관련 사채 발행에 무작정 투자하는 경우가 많습니다. 이를 노리고 장외에서 연구를 진행하고 있는 바이오벤처를 인수하거나 지분 투자하여 관련성을 만들어내고 유상증자나 주식 관련 사채를 발행하는 상장사들이 있습니다. 장외 바이오신약 개발사들은 연구비를 확보할 수 있어 기꺼이 얼굴마담이 되어 주고 상장사는 수백억 원을 시장에서 조달할 수 있어 누이 좋고 매부 좋은 것처럼 보이지만 실상을 따지고 보면 투자자들의 돈으로 다 이뤄지는 것이라 시장참여자들만 손해를 뒤집어쓰는 경우가 많습니다.

"High Risk High Return"이라는 말이 유행하며 고위험에는 반드시 고수익이 보상으로 주어지는 줄 착각하는 투자자들이 많은데 앞에 언급한, 무늬만 바이오벤처기업들은 투자자들의 돈을 목적으로 바이오 사업을 이용하는 것이라 결과가 좋을 리 없습니다. 특히 경영권 양수도를 통해 투자조합이나 경영컨설팅 등이 인수한 기업들이 요즘 유행하는 바이오신약 개발 분야에 뛰어들어 자금을 조달하는 경우는 대부분 머니게임으로 끝날 가능성이 높아 주가는 롤러코스터를 타게 되는 경우가 많습니다. 바이오신약 개발사에 투자할 경우 몇 가지를 살펴보아야 합니다.

첫째로 경영진의 면면을 확인해 봐야 하는데 바이오신약 개발사의 기술은 연구자 본인이 소유하고 있는 것이라, 연구자가 불확실한 바이오신약 개발사는 가짜 회사라 불러도 무방할 것입니다.

두 번째로 연구조직과 파이프라인을 제대로 소유하고 있는가입니다. 대학의 연구팀을 마치 바이오신약 개발사의 연구팀인 양 홍보하는 바이오신약 개발사들이 있는데 연구결과물에 대한 배타적 소유권을 확보할 수 없어 향후 분쟁의 소지가 남아 투자금이 헛되이 소모될 위험이 있습니다.

세 번째는 최대주주의 존재입니다. 신약개발사의 경우 지나친 유상증자 때문에 한 자릿수 지분으로 최대주주인 양 행세하는 경우가 많은데, 주가가 비쌀 경우 큰 문제가 되지 않지만 주가가 동전주에 불과함에도 지분율이 높지 않은 바이오신약 개발사는 머니게임을 하는 것으로 봐도 무방할 것입니다.

진짜로 블록버스터급 신약이 될 수 있는 연구개발을 하는 회사라면 최대주주가 최대한 자기 지분을 늘리려 혈안이 되어 있을 텐데 주식을 팔아 연구개발비를 충당한다고 유상증자와 주식연계 사채발행에 혈안이 된 상장사는 시장을 통한 자금조달이라는 목적을 달성하려고 바이오신약 개발을 이용하는 것이라 볼 수 있습니다. 특히 최근 유행하는, 투자조합과 경영컨설팅 업체가 M&A를 통해 경영권을 인수한 기업이 하루 아침에 바이오신약 개발사로 주력사업을 교체하는 것은 머니게임으로 끝날 위험성이 크기 때문에 주의해야 합니다. 20여 년 동안 한 우물만 판 1세대 바이오신약 개발사인 헬릭스미스와 크리스탈지노믹스도 임상 3상에서 좌절하는데 갑자기 주인이 바뀌었다고 하루아침에 바이오신약 개발사가 된 회사가 성공한다는 것은 낙타가 바늘구멍 통과하는 것보다 어렵기 때문입니다.

M&A를 통해 주인이 바뀐 후 바이오신약을 개발한다고 유상증자와 주식연계사채인 전환사채와 신주인수권부사채를 발행한 경우는, 전환가격과 행사가격을 최대한도로 낮추기 위한 주가 하락이 나타나곤 합니다.

이렇게 전환가격을 수정하고 난 후 주가를 끌어올리려는 호재성 재료들을 남발하는 경우가 많아 이 시점을 매수 타이밍으로 보고 투자 전략을 짜는 투자자들이 점점 많아지고 있습니다. 전환사채와 신주인수권부사채의 가격조정권은 주가가 하락해도 투자수익을 얻을 수 있는 투자자를 만들어 내어 시장에서 주식을 직접 매수한 투자자에게 불리한 상황을 만듭니다. 대규모 자금을 동원해 전환사채를 인수해 준 투자자에게 더 유리한 환경이 만들어져 불공정한 결과를 가져올 가능성이 커지게 됩니다.

하지만 기업 입장에서는 시장에서 자금을 직접 조달할 수 있어서 무조건 나쁘다고만 할 수 없는 것인데 문제는 이렇게 조달한 자금으로 기업가치를 올리는 투자를 하지 않고 배임과 횡령으로 자금을 빼먹는 경우가 비일비재하다는 것입니다. 최근의 상장폐지 되는 종목들은 대부분 외부감사인이 감사의견을 주지 않아 발생하는 경우가 많은데 그 이유가 배임과 횡령 등일 경우가 많습니다. 따라서 바이오신약 개발사에 투자할 때는 반드시 최대주주의 지분율을 확인하고 신약개발의 능력이 있는 연구자들을 보유하고 있는지도 확인할 필요가 있습니다.

우선은 기본적 분석을 통해 기업의 경영에 있어 안정적인 지분율을 갖고 있는 최대주주의 존재와 이들의 연구능력 그리고 실제 파이프라인의 보유여부 등을 확인해야 합니다. 이를 통해 성장가능성에 확신이 설 경우 기술적 분석을 통해 충분히 싼 가격에 매수타이밍을 잡아 매수단가를 최대한 낮추는 작업을 해야 합니다. 바이오신약 개발사 투자는 실적의 뒷받침 부족으로 주가가 불안하게 움직이는 경우가 많은데 그런 면에서 주가조작의 대상으로도 많이 이용되기도 합니다.

| 바이오 투자에 있어 임상단계의 중요성 |

임상시험에 대해 신문이나 온라인 매체를 통해 다양한 뉴스들을 접하고 있지만 실상 그 단계별로 어떤 일이 벌어지고 어떤 목적으로 이뤄지고 있는지 모르는 경우가 많은데 바이오벤처기업에 투자하는 투자자로서 파이프라인의 연구진척도가 가지는 의미를 제대로 이해할 필요가 있습니다.

신약개발은 장기간에 걸친 시간과 투자비가 드는 사업인데 최근 코로나19팬데믹 사태 속에 1년여 만에 백신이 개발되고 치료제가 나오는 걸 보고 수많은 전문가와 투자자들이 그 신속성에 놀라지 않을 수 없었습니다. 기존 패러다임은 신약의 개발부터 상용까지 20여 년 정도 걸린다는 선입견이 있었기 때문입니다. 하지만 인공지능AI의 등장과 대규모 자본의 투입으로 신약개발의 기간을 획기적으로 줄일 수 있다는 게 확인되었고, 투자자들 역시 투자를 해 놓고 수익을 얻을 때까지 오랫동안 기다릴 필요가 없다는 점을 인식하게 되었습니다.

근래의 신약개발 분야는 전임상과 임상 단계를 거치면서 안전성과 효능에 대한 검증을 통해 기존에 나와 있는 약품과 비교해 효능과 경제성에서 앞서 있다는 평가가 나온다면 다음 단계로 빠르게 넘어가게 되는 시스템이 잘 갖춰져 있습니다. 라이선스 아웃은 이런 연구의 진실성을 외부의 글로벌 제약사들을 통해 검증받고 가치를 평가받을 수 있는 기회로, 3세대 바이오벤처기업이 R&D비용을 지원받고 파이프라인을 성공시키는 일반적인 방식으로 자리잡고 있습니다.

신약 후보물질은 말 그대로 '후보'물질이기에 다양한 임상을 실시하는

데 다국적 제약사인 화이자가 심장병 치료제를 개발하다가 발기부전치료제로 개발방향을 바꿔 "비아그라"로 글로벌 히트를 친 것이 대표적인 사례 중 하나입니다. 그렇듯 신약 후보물질을 보유하고 있다는 것은 잠재적 성공 가능성을 갖고 있다는 의미에서, 바이오벤처기업에게는 기업가치 평가의 한 척도가 되기도 합니다.

국내 바이오신약개발사들과 제약사들이 신약개발에 많은 투자를 하고 있으면서 임상결과의 성공과 실패에 대해 불명확하게 발표하는 이유는 임상 단계에서 개발이 좌절되었을 때 투자비용이 매몰비용이 되고 신규로 R&D비용을 조달하기 어렵기 때문입니다. 대부분의 바이오신약 개발사들이 수익력이 없이 시장을 통해 R&D비용과 운용자금을 지원받기 때문에 임상실패는 사형선고와도 같은 소식이라 할 수 있습니다. 시장당국은 공정공시에 있어 바이오벤처기업들과 제약사의 임상결과 발표를 보다 구체화할 것을 요구하고 있지만 영업비밀에 대해서는 예외조항을 두고 있어 투자자 스스로가 이들 공시의 행간을 읽을 수 있어야 합리적인 투자판단을 할 수 있습니다. 제약사의 경우 수익을 발생시키는 제네릭을 갖고 있거나 음료수 등을 갖고 있어 제조와 판매로 매출도 만들고 수익성도 갖고 있지만 바이오벤처기업은 R&D만이 기업가치를 키울 수 있고 미래먹거리를 확보할 수 있는 길이기 때문에 R&D에 목숨을 걸고 연구를 진행할 수밖에 없습니다. 문제는 투자자 입장에서 제대로 연구가 진행되고 있는 것인지 아니면 투자자가 장학금을 지급하는 키다리아저씨가 되고 있는지 알 수 없다는 점입니다.

바이오벤처 1세대의 경우 우리나라뿐 아니라 세계적으로 명성이 나 있는 인물들이 창업하고 회사를 키워오며 R&D를 해 왔지만 임상 3상에서 실패하는 등 실망스런 모습만 보여주었습니다. 반면 바이오벤처 3세대라 불리는, 라이선스 아웃을 통해 연구의 진정성을 검증받고 기술이전료와 마일스톤으로 수익도 발생시키는 바이오벤처기업의 형태는 투자자에게 보다 안정적인 투자처를 제공한다는 측면에서 의미가 있다고 생각합니다. 아직까지 국내 바이오벤처기업과 제약사 중 블록버스터급 신약 개발에 성공한 기업은 없지만 최근의 '치매치료제'와 '당뇨병치료제' 같은 성인병 관련 치료제 개발사들은 충분한 잠재성을 보여주고 있어 이들의 임상과 라이선스 아웃에 관심을 갖고 지켜볼 필요가 있습니다. 특히 기존 제약사의 바이오벤처에 대한 투자는 연구의 진실성 측면에서 객관성을 높여주는 반증이 되고 있습니다.

| 치매치료제 개발사들 |

일반적으로 치매는 성인병의 하나로 노인들에게 주로 나타나는 질병으로 알려졌지만 최근 환경과 다양한 이유로 인해 젊은 층에서도 치매증상이 나타나는 사람들이 증가하고 있는 추세입니다. 치매는 후천적으로 기억과 언어, 판단력 등 인지능력이 떨어지는 질병으로 노인성 치매와 중풍 등 질환에 의한 혈관성 치매로 나눠볼 수 있습니다. 이를 치료하기 위한 신약개발이 활발하게 이뤄지고 있는데 고령화된 선진국을 중심으로 치매 환자가 크게 늘고 있어 국가 차원의 역량이 투입되고 있어 시장의 성장성이 빠른 분야이기도 합니다. 치매환자가 발생한 가정은 가족 구성원 대부분의 정상적인 생활이 불가능할 정도로 상황이 어려운 경우가 종종 있는데 그렇기 때문에 '치매국가책임제'라는 정부 정책도 나오게 된 것입니다.

앞에 바이오벤처기업과 제약사들의 사례에서 확인할 수 있듯이 임상 1상과 임상 2상 결과가 발표될 때 주가가 많이 오르는 모습을 확인할 수 있는데 이때까지는 기대감이 주가를 끌어올리는 원동력이 되기 때문입니다. 임상 3상부터는 성공과 실패가 가늠이 되고 개발된 신약이 블록버스터급 신약이 될지 소수의 희귀의약품이 될지 결정되기 때문에 상대적으로 주가상승탄력은 떨어지는 모습입니다. 이는 우리나라에서 블록버스터급 신약이 나온 적 없기에 발생하는 현상으로, 우리나라는 잠재력만 있을 뿐 성공스토리가 없는 국가에 속하기 때문에 아직 투자기회는 남아 있다고 볼 수 있습니다. 치매치료제 개발에 국내 바이오신약개발사들이 많이 참여할 수 있는 것은 뇌과학 관련 전자의료기기의 발전이 배경이 되고 있는데 이런 첨단의료기기에 있어서 우리나라 바이오벤처기업들의 기술력이 글로벌시장에서 인정받고 있고 코로나19팬데믹 가운데서도 국내 의료장비업체들의 기술력이 인정받고 있다는 점에서 치매치료제 개발에 유리한 측면이 있습니다. 우리나라에서도 글로벌 시장을 호령할 미국의 암젠 같은 바이오신약개발사가 탄생할 수 있는 토양이 무르익고 있습니다.

| 샤페론 - 알츠하이머성 치매치료제 개발사 |

샤페론은 2008년 서울대 의대 성승용 공동대표의 세계최초 염증 개시 이론인 DAMPs(Damage Associated Molecular Patterns)이론을 바탕으로 2008

년 10월에 설립한 혁신면역치료제 개발 바이오벤처입니다. 독자적인 염증 복합체 억제 기술을 기반으로 아토피, 알츠하이머 치매, 특발성 폐섬유증, Covid-19와 같은 염증성 질환을 치료하는 혁신 항염증 치료제를 개발하고 있습니다. 또한 차세대 신약기술로 주목받고 있는 나노바디 플랫폼 기술을 기반으로 나노바디-이중항체 면역항암제Papiliximab와 나노바디-mRNA 치료제와 같은 혁신 나노바디 항체 치료제를 개발하고 있습니다.

2022년 10월 19일 코스닥에 기술특례 상장한 신규 상장종목이기도 한데 기관투자자 대상 수요예측에서 공모가 밴드 하단을 하회하여, 공모가 5,000원으로 상장하여 공모가 버블이 덜하다는 평가를 받았습니다. 이후 상장 첫날 최고가 11,600원을 기록하며 공모가를 훌쩍 뛰어넘는 가격대를 기록하여 시장에 주목을 받았습니다. 샤페론은 기술특례로 상장하여 다른 바이오벤처기업들과 별반 다르지 않은 모습을 보여주었는데 보유 파이프라인의 개발에 있어 외부의 제약사와 연계하여 기술검증을 받고 투자도 받아 연구의 진실성 면에서 앞서 있다는 평가를 받고 있습니다.

샤페론은 크게 GPCR19 표적 염증복합체 억제제와 혁신적 구조의 나노바디 면역항체 치료제의 두 축을 기반으로 아토피피부염 치료제 '누겔NuGel'과 코로나19 치료제 '누세핀NuSepin', 알츠하이머 치매 치료제 '누세린NuCerin' 등 신약 파이프라인 3종을 개발 중에 있습니다. 알츠하이머 치매 치료제 '누세린'은 지난해 3월 국전약품과 국내 판권 이전 계약을 체결하고 같은 해 12월 1상 임상시험계획(IND)을 승인 받아 임상 진입을 준비 중인 단계이고 올해 4월에는 동국제약과 업무협약을 체결하고 염증성질

샤페론 주가차트 대신증권 HTS 갈무리

환 분야 신약개발을 위한 공동연구를 진행하기로 합의한 바 있습니다.

바이오신약 개발사는 R&D로 신약 후보물질을 찾아내고 전임상을 완료하여 안전성과 효능을 확인한 후 임상 1상부터는 기존 제약사에 라이선스 아웃을 해 리스크를 헷지하고 R&D 비용을 확보하여 마일스톤으로 수익성을 개선하는 전형적인 3세대 바이오벤처의 모습을 확인할 수 있습니다. 국내 제약사들이 자본력이 축적되면서 국내 바이오벤처기업들의 신약후보물질들에 대한 임상비용을 댈 수 있는 여유가 생겼기 때문에 가능한 일입니다. 이는 신약 개발사와 제약사 모두가 윈윈하는 비즈니스 형태로, 투자자들에게는 안정적인 수익을 가진 제약사에 투자하는 것은 물론 신약 개발사에 “High Risk High Return” 방식으로 투자할 수 있는 기회가 생겼습니다.

| 부광약품 - 바이오벤처 투자에 앞장선 제약사 |

최근 부광약품은 투자 바이오벤처기업들의 코스닥 상장으로 상당한 투자차익을 챙기고 있습니다. 바이오신약 개발사들은 신약 개발의 든든한 우군을 주주로 받아들이게 되는 것이고, 부광약품 입장에서는 미래성장동력을 미리 확보한다는 측면에서 서로 윈윈할 수 있는 것이며, 투자자들 입장에서는 바이오신약 개발사에 대한 객관적 검증을 제약사를 통해 할 수 있어 좋은 사례라 할 수 있습니다.

대표적인 사례가 줄기세포 치료제 개발사인 안트로젠에 대한 투자로 2000년 설립 당시 부광약품은 39억 원을 투자했고 이후 2019년 단계적으로 지분을 매각하여 774억 원을 회수하여 1,900% 수익률을 보여주었습니다. 또 미국 'LSK바이오파마'에도 1억 6천만 원을 투자해 위암표적항암제 '리보세라닙'의 전임상과 임상 1상과 2상을 공동진행했는데 2018년 8월에 400억 원에 리보세라닙의 권리를 에이치엘비생명과학에 양도하기도 했습니다. 여기에 더해 '오르카파마'라는 캐나다 바이오벤처기업에 9억 원을 투자했는데 이 업체는 2018년 5월 일라이릴리에 인수되어 부광약품이 챙긴 회수액은 375억 원으로 약 4,000%의 수익률을 올리기도 했습니다. 국내 바이오 업체인 아이진에도 28억 원을 투자해 128억 원을 회수하는 실력을 보여줬습니다.

부광약품 자회사인 덴마크 소재 신약 개발회사 콘테라파마는 영국 방출 조절 경구제 개발 전문회사 BDD 파마와 협업해 파킨슨병 환자의 야간 및 아침에 나타나는 운동 합병증 치료를 위한 레보도파/카비도파의 신규제형(CP- 012) 개발에 착수하기도 했습니다. 부광약품은 연구개발을 외부 바이오벤처기업에 투자함으로써 아웃소싱한다고 볼 수 있는데 이를 통해 자체 연구인력의 부족을 해소하고 미래 먹거리를 준비하면서 신약 개발의 리스크도 어느 정도 헷지하는 모습을 보여주고 있습니다.

객관적 평가를 할 수 있는 제약사가 바이오신약 개발사의 연구능력을 평가하고 직접 자본출자까지 하는 경우 기술력과 파이프라인의 연구진실성을 검증받은 것으로 평가할 수 있으며 이런 곳에 투자하는 것은 그나마 객관성을 확보한 투자라고 볼 수 있습니다. 바이오벤처기업에 대한 투자는 큰 수익을 노릴 만한 투자기회이면서 한편으로 투자금을 다 날릴 수도 있는 위험성도 있기에 연구의 진실성을 평가할 수 있는 기존 제약사의 투자여부가 중요한 지표가 될 수 있습니다.

부광약품의 실적도 흑자를 유지하고 있지만 주가가 2020년 7월 21일 최고가 42,537원(배당감안수정주가)을 기록한 후 흘러내린 것은 코로나

부광약품 주가차트 대신증권 HTS 갈무리

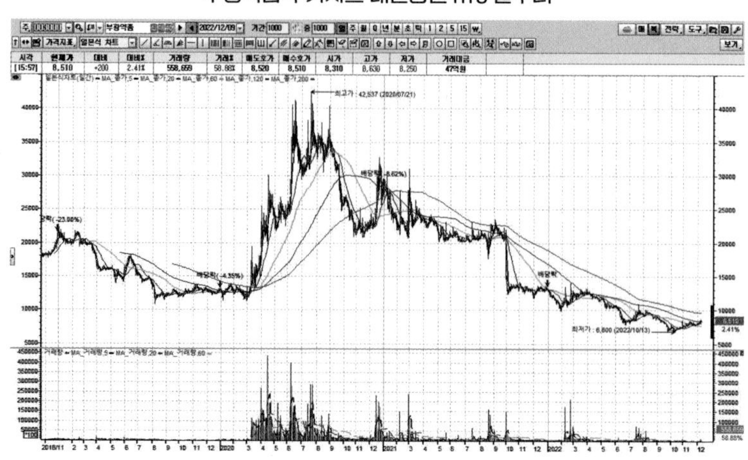

19치료제 개발에 대한 기대감이 주가를 오버슈팅시켜 버린 것으로 볼 수 있습니다. 이후 실적을 반영한 주가의 제자리 찾기가 이뤄지고 경영권이 OCI로 넘어가면서 경영불확실성에 대한 우려가 주가에 반영된 것으로 볼 수 있습니다.

"주가는 실적을 선반영한다"는 말은 주가가 오를 때도 반영되지만 주가가 하락할 때는 실적 외 기대감이 끌어올린 주가를 제자리로 돌려 놓는 데도 적용되는 증시격언입니다. 주가흐름에 있어 항상 오버슈팅이란 말이 나오는데 기대감이 선반영되어 주가를 끌어올릴 때 뒤늦게 뛰어든 개인투자자들이 묻지 마 매수에 동참할 때 주가는 시세분출 단계를 거치며 사상 최고가의 상투가격을 만들어내곤 합니다. 이는 시세분출 할 때도 마찬가지고 주가가 하락할 때 비이성적인 투매가 발생하여 주가가 폭락할 때도 사상 최저가를 만드는 이유이기도 합니다.

부광약품은 코로나19치료제 개발이라는 호재와 기대감이 사라져 버리고 경영권이 매각되어 불확실성이 커진 모습이 주가에 모두 반영되는 흐름을 보여주고 있어, 주가를 움직이는 동인이 기대감임을 잘 보여준 사례라 할 수 있습니다. 새로 경영권을 차지한 OCI가 향후 부광약품을 어떻게 경영할 것인가에 대해 아직 이렇다 할 비전을 제시하지 않아 투자자들은 불안감 속에 지켜보고 있는데 만일 경영진의 청사진이 모양을 갖춰 제시된다면 기대감과 함께 주가의 방향성도 급변할 가능성이 커 보입니다.

| 한미약품 - 가장 많은 R&D 투자 제약사 |

한미약품은 제약사 중에 빼놓을 수 없는 업체로 고인이 되신 임성기 전

회장이 R&D 기반의 제약사가 되어야 한다며, 매년 상당한 투자비를 연구개발에 집중하여 국내 제약사 중 가장 높은 연구개발비 투자를 하는 회사로 성장시켰습니다. 1조 원대 라이선스 아웃을 성사시켜 국내 제약사의 연구개발 의욕을 북돋은 일은 재계에 잘 알려진 사실입니다.

다른 제약사들이 수익을 내는 복제약에 매달릴 때 한미약품 고 임성기 전 회장은 신약 개발에 과감히 투자를 늘려 독자적인 신약 개발 능력을 확보하고 유망한 신약 후보물질을 개발해 글로벌 다국적 제약사에 조 단위 마일스톤 계약의 기술 수출에 성공하기도 했습니다. 이는 국내 제약사들에 큰 자극제가 되었는데 한미약품의 성공사례에 따라 다른 제약사들도 자체 연구개발 능력을 키우며 신약 개발에 과감한 투자를 늘리고 있는 상황입니다.

한미약품의 주가가 투자한 R&D 비용과 라이선스 아웃의 규모 그리고 실적을 감안하더라도 상대적으로 낮게 평가되는 것은 신약개발의 리스크가 상대적으로 높고 이를 시장에 설명하는 방식에 있어 신뢰를 많이 잃었기 때문인 것 같습니다. 여기다 고 임성기 전 회장의 사망으로 경영권 승계가 이뤄지면서 경영에 대한 불확실성이 주가를 짓누르는 악재가 되어 왔습니다. 다만 한미약품의 초기 라이선스 아웃은 기술이전을 해 간 다국적 제약사가 연구 능력이 부족하거나 규모가 작아 임상 실패로 반환하는 경우가 발생했지만 2015년 이후 라이선스 아웃을 해 간 글로벌 다국적 제약사들은 일라이릴리와 사노피, 얀센 같은 이름만 들으면 금세 알 수 있는 글로벌기업들이라 임상 성공 가능성을 키워주고 있습니다.

한미약품 주가 흐름에서 확인할 수 있듯이 신약 개발에 대한 라이선스 아웃과 경영권 승계 문제는 주가에 미치는 영향이 큰 사안으로 이런 이벤트가 발생할 때에는 주가 변동성이 커지기 때문에 투자에 주의를 해야 합니다. 물론 사전에 대응하기는 어려웠겠지만 기본적으로 고 임성기 회장이 신약개발에 투자한 비용이 크고 고령이었다는 점에서 대비할 필요는 있었다는 생각이 듭니다. 최근에 경구용 비소세포폐암 치료제 '포지오티닙'이 유효성과 안전성 우려에 휩싸인 지 이틀 만에 한미약품의 주가가 14% 떨어져 시가총액 5,000억 원이 증발한 것은 신약 개발의 어려움을 잘 보여준 사례라 할 수 있습니다

그럼에도 한미약품의 성장성에 대해 의심하는 투자자들은 그리 많지 않습니다. 새로 들어선 경영자들의 능력은 2022년 분기보고서와 사업보고서를 통한 실적 성장으로 검증되면서 시장의 신뢰를 회복할 가능성이 커지고 있는 상황입니다. 특히 중국시장 북경한미의 매출성장은 한미약품의 외형성장과 미래먹거리에 긍정적인 신호로 받아들여지는데, 북경

한미약품 주가차트 대신증권 HTS 갈무리

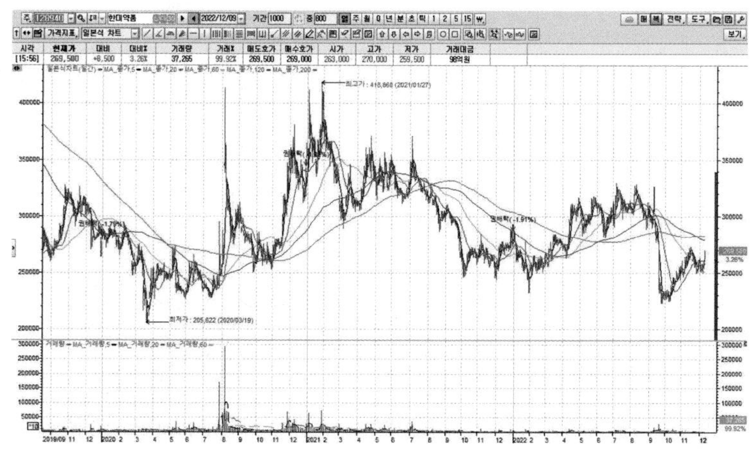

한미의 2022년 3분기 실적은 전년 동기 대비 24% 증가한 936억 원의 매출과 26% 늘어난 244억 원의 영업이익을 기록할 것으로 추정됩니다. 위안화의 상승과 유아용 정장제 마미아이, 성인용 정장제 매창안, 변비약 리똥의 성장이 실적 개선을 이끌었으며 조만간 아모잘탄의 중국 출시를 앞두고 있어 추가적인 성장이 기대되고 있는 상황입니다.

한미약품의 주가가 코로나19팬데믹 이후 20만 원대에서 40만 원대의 좁은 박스권에 갇혀 있는 것은 경영권 승계라는 특수한 경영상황과 라이선스 아웃한 신약후보물질들의 반환으로 실적에 대한 우려가 커졌기 때문입니다. 한미약품이 초기 라이선스 아웃에는 기술이전료를 적게 받고 마일스톤을 키우는 쪽으로 계약을 맺었고, 중간에 기술을 반환하면 기술이전료와 마일스톤을 일부를 반환하는 독소조항들이 있어 시장에 혼란을 주었습니다. 대규모 라이선스 아웃에 대한 경험 미숙에서 발생한 혼란으로 이후 체결한 라이선스 아웃에는 기존에 받은 기술이전료와 마일스톤의 반환의무가 삭제되어 있어 시장혼란을 최소화하고 있습니다.

한미약품은 대규모 라이선스 아웃에 대한 경험과 무형자산을 국내 제약업계와 바이오벤처기업들과 공유하며, 바이오신약 개발과 제약업의 동반 성장을 견인하는 명실상부한 대장주로 거듭나고 있습니다. 우리나라 제약업계의 성장을 대표하는 기업으로 한미약품과 한미사이언스의 성장은 투자자들에게 좋은 투자기회를 제공하고 있습니다. 바이오신약 개발사들에게 금리인상으로 약세장이 펼쳐지는 것은 경기방어주 성격의 매수세가 유입될 수 있는 호기로 금리인상으로 가장 먼저 주가조정을 받아 바닥을 먼저 찍고 저가매수세가 유입되는 섹터이기 때문입니다.

| 신풍제약 - 기대감이 만든 사상누각 |

2020년을 핫하게 불태운 '신풍제약'의 경우 특별한 상황에서 발생한 기대감만으로 주가가 치솟아 버린 사례라 할 수 있습니다. 2020년 초반 신풍제약은 코로나19 치료제로 자체 보유 항말라리아 치료제 피라맥스 성분이 사용될 수 있다는 사실을 확인하고 임상 실험에 들어갔습니다. 이미 임상을 마치고 치료제로 개발된 약물들이라 안전성을 테스트할 필요 없이 임상 단계로 바로 들어갈 수 있었고 신풍제약은 적극적으로 자사의 항말라리아 치료제 피라맥스의 임상 사실을 시장에 알렸습니다. 이에 따라 투자자들은 묻지마 매수에 나서면서 주가가 급등했고, 거기에 가짜 뉴스까지 퍼지면서 더욱 상승세는 더욱 가속화되었습니다.

투자자는 항상 자신에게 주어진 뉴스에 객관적 사실과 주관적 가치판단이 혼재되어 있음을 의심해 봐야 하는데, 신풍제약의 경우는 온라인을 통한 가짜 뉴스의 확산과 개인투자자들의 헛된 신념에 의한 묻지 마 매수가 유입되어 황당할 만큼의 주가급등을 가져온 사례라 할 수 있습니다.

2020년 2월 3일 6,290원에서 주가가 상승세를 타기 시작해 2020년 9월 25일 214,000원 최고가를 찍으면서 3,200%라는 경이로운 수익률의 주가 흐름을 보여주었습니다. 3,449억 원에 불과하던 시가총액 규모도 11조 원대까지 급증하였습니다. 신풍제약은 주가가 급등한 이후 꾸준히 자사주와 최대주주 지분을 매각하여 차익실현에 나서고 있는데 투자자들은 이들 물량으로 주가가 흘러내려 손실을 보고 있는 상황입니다. 상장사가 주가가 올랐을 때 자사주를 매도하거나 최대주주가 지분을 매각해 차익실현 하는 것을 나쁘다고만 할 수 없습니다. 일반적인 재무활동이고 투자자로서 할 수 있는 행동이지만, 코로나19 치료제 개발 재료로 주가가 급등한 이후 집중적으로 대규모 주식매도가 이뤄졌다는 점은 도덕적으로 비난받을 수 있는 일입니다.

특히 회사가 항말라리아 치료제인 피라맥스의 약물 재창출을 통한 코로나19 치료제 개발 사실을 적극적으로 시장에 알려왔다는 측면에서 뒤늦게 주식매수에 뛰어든 투자자들이 고점에 물려 손실을 본 것은 주지의 사실이기 때문입니다. 재작년에 자사주 매각도 전격적으로 이뤄졌고 지난해 상반기에 최대주주 지분의 블록딜도 전격적으로 이뤄져 이를 모르고 투자한 투자자들은 단기간에 큰 손실을 볼 수밖에 없습니다.

임상 2상에서 유효한 데이터를 얻지 못했지만 자금을 들여 대규모 임상 3상을 진행하겠다고 신풍제약 측은 발표했지만 한국식품의약품안전

신풍제약 2020년 주가차트 대신증권 HTS 갈무리

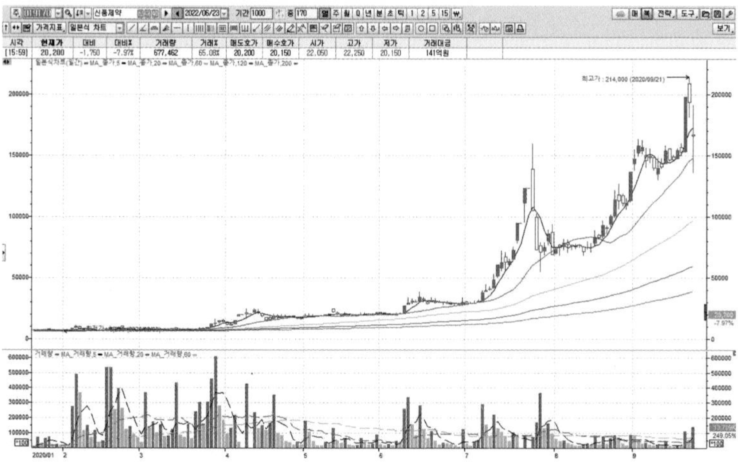

처KFDA에서 승인을 해 줄지는 여전히 의문이며 피라맥스의 이후 임상은 해외에서 진행되고 있는 것으로 알려졌습니다. 여기에 더해 2021년 11월 24일 동아일보 기사를 통해 수백억 원의 비자금 조성 혐의로 경찰의 압수수색을 받은 사실이 알려지면서 관련 공시도 하게 되었는데, 부인을 하고 있지만 경찰이 근거도 없이 압수수색 하지는 않았을 것 같습니다.

신풍제약은 회사와 최대주주는 이익을 보는데 주식투자자들은 오히려 손해를 보는, 주가 급등은 단기간에 나타나고 주가 하락은 이후 장기간에 걸쳐 나타나는 전형적인 개미지옥의 형태를 보여주고 있습니다. 개인투자자들은 주가 급등을 확인하고 뒤늦게 뛰어들어, 세력들이 고가에 차익실현 하고 빠져나갈 수 있는 유동성을 공급해 주는 총알받이가 된 꼴입니다. 최근 온라인을 통해 투자정보를 많이 얻는 젊은 주식투자자들이 대거 상투를 잡는 상황이 발생한 것입니다.

신풍제약 2021년 이후 주가차트 대신증권 HTS 갈무리

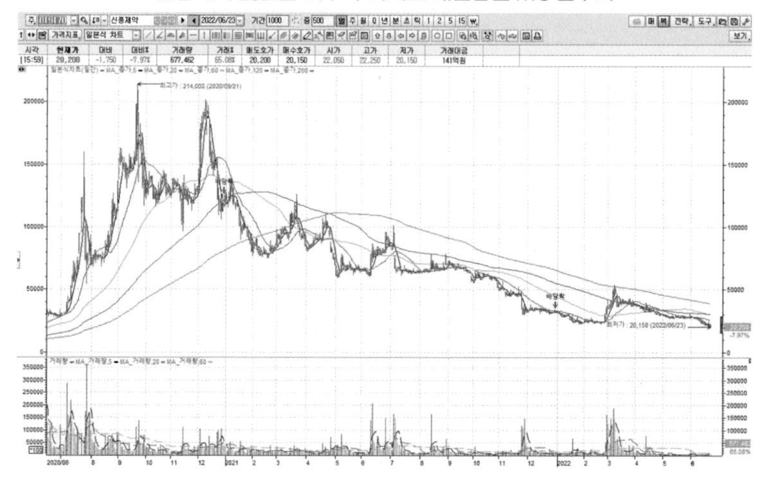

신풍제약의 사례는 온라인상의 뜬소문들이 투자자들을 어떻게 흥분시켜서 이성을 잃고 투기에 동참하게 만드는지 그리고 이 과정에서 최대주주와 상장사가 도덕적 비난을 무릅쓰고 주식을 매각하여 차익을 챙겨가는지 잘 보여준 사례라 생각합니다. 이는 주가 급등 과정에 최대주주가 연루된 주가 작전과는 또 다른 양상을 보여준 것이지만, 최대주주 지분이 교환사채의 대상이 되었다는 점에서 '작전에 대한 의구심'도 남아 있습니다.

코로나19치료제 개발을 빌미로 주가조작을 한 상장사에 대해 금융감독원과 경찰에서 조사를 진행하겠다고 밝히고 나서 관련 상장사들과 투자자들이 긴장하고 있는데, 가뜩이나 주가가 폭락한 상황에서 주가조작 혐의까지 발생한다면 주가 폭락이 발생할 수 있습니다. 일양약품은 2020년 3월 회사가 보유한 백혈병 치료제가 코로나19치료제로 효과가 있다는 보도자료를 배포했는데 이것이 허위자료라는 혐의로 경찰의 수사를 받고 있습니다. 일양약품은 2만 원 주가가 발표 이후 10만 원대로 급등했고 이후 최대주주인 정도언 회장 일가친인척들이 대거 주식을 매도하여 차익을 본 혐의를 받고 있습니다.

신풍제약도 수사 대상이 될 수 있기에 투자자들이 우려하고 있는데, 코로나19 치료제 개발에 뛰어든 대부분의 기업들이 임상 도중에 포기하거나 최대주주와 경영진의 주식매도가 있어 주가조작 논란은 한동안 투자자들을 힘들게 할 가능성이 커 보입니다. 주가급등의 후유증은 항상 개인투자자들의 몫이라는 사실을 명심해야 합니다.

69.8112
+11,00

CHAPTER 3

자동차주

| 대한민국 자동차 산업의 핵심 - 현대차와 기아 |

국내 자동차 제조업은 현대차와 기아 그리고 KG모빌리티(구 쌍용차)의 한국기업들과 르노삼성차와 미국GM의 해외브랜드가 있고 그 외에는 대부분 수입차들로 구성되어 있는데, 그나마도 내수시장은 현대차와 기아가 약 70%를 차지하는 독과점 시장을 구성하고 있습니다. 부품업체들의 경우 현대차와 기아를 정점으로 수직계열화 되거나 일관 생산체제를 갖추고 있어, 이 시스템 안에 들어가야 규모의 경제를 달성하고 수익성도 개선할 수 있습니다. 이렇게 단순한 시장구조 때문에 현대차와 기아의 경영목표가 이들 부품사들의 경영목표가 될 수밖에 없고, 현대차와 기아의 경영이 2차, 3차 밴더인 중소업체에게까지 영향을 미칠 수밖에 없는 구조입니다.

자동차 시장은 전통적인 내연기관 자동차에서 전기모터를 중심을 한 친환경차 시장으로 빠르게 전환되고 있는데, 이런 변화에 잘 적응한 기업은 미래를 약속받은 것이고 이 기회를 놓친 기업은 시대의 무대 뒤로 퇴장하는 절체절명의 시대를 살아가고 있습니다. 친환경차는 하이브리드라는 내연기관과 모터를 모두 장착한 전환기적인 자동차 모습에서 완전한 전기차와 수소전기차의 시대로 옮겨가고 있는데, 각국 정부의 친환경정책이 이런 전환을 가속화하고 있습니다. 벌써 시장에서는 디젤게이트 이후 환경오염의 주범으로 지적을 받아온 디젤차 모델들을 단종시키고 있습니다. 힘은 좋지만 오염물질을 더 많이 배출하는 디젤엔진은 이제 시대적 사명을 다했다고 보기 때문입니다. 아울러 EU와 미국, 일본 등 선진국을 중심으로 교토의정서와 파리기후협약을 통해 탄소제로를 추구하는 국제협약에 따라 친환경차는 이제 대세로 자리 잡고 있는 상황입니다.

국내 자동차 시장을 독과점하고 있는 현대차와 기아는 정몽구 명예회장 시대를 지나 그 외아들인 정의선 회장 시대를 맞아 자동차회사에서 모빌리티 회사로 진화하고 있는 상황입니다. 현대차와 기아는 정몽구 명예회장 시대에 글로벌 5위 자동차 완성차 업체로 성장했지만 그 이상 성장하는 데 한계를 노출하고 있었습니다. 정의선 회장 시대에 들어와 전동화를 조기에 달성하고 모빌리티 회사로의 전환을 서두르면서, 글로벌 TOP3 모빌리티회사로 성장할 가능성을 키워가고 있습니다.

정의선 회장 시대를 상징하는 현대차의 전기차 전용플랫폼 모델인 '아이오닉5'와 기아의 'EV6' 전기차 모델은 국내뿐 아니라 해외에서도 선풍적인 인기를 끌며 현대차와 기아의 글로벌 전기차시장 점유율을 비약적으로 끌어올리고 있습니다. 2022년 상반기 현대차 아이오닉5와 기아EV6 모델의 북미 전기차시장 점유율은 약 9%에 달하는데 70% 점유율의 테슬라의 뒤를 이어 2위를 차지할 정도로 빠르게 성장하고 있고 이는 일론 머스크 테슬라 CEO도 놀랍다고 할 정도의 속도입니다.

2022년 5월 조 바이든 미국 대통령의 방한에서 현대차그룹 정의선 회장은 북미 지역에 총 105억 달러를 투자해 전기차 신공장과 자율주행, UAM(도심항공교통), 로보틱스 등의 일자리 창출을 하겠다는 약속을 하였고 바이든도 실망시키지 않겠다고 화답했습니다. 하지만 미국의회에서 인플레이션감축법(IRA)의 통과는, 당장은 미국 내 전기차 생산라인을 갖고 있지 않은 현대차와 기아에게 북미 전기차 시장에서 보조금을 받지 않고 경쟁해야 하는 난감한 상황을 만들고 말았습니다. 인플레이션감축법은 미국 내 생산품에 미국 정부 보조금을 지원하는 것으로 미국 내 공장을 갖고 생산하거나 미국과 FTA를 체결한 국가의 소재를 일정비율 사용해야만 미국 내 판매에서 정부 보조금을 받을 수 있는 것으로 중국을 견제하려는 의도를 노골화한 보호무역주의 법안이라고 볼 수 있습니다. 우리 정부는 뒤늦게 현대차와 기아의 보조금 배제에 대해 항의했지만 2024년 연말이나 돼야 미국 조지아 공장에 전기차 생산라인이 갖춰지기 때문에 잘 키운 북미 전기차 시장점유율을 내주게 생겼습니다.

인플레이션감축법이 미 의회를 통과했을 때 현대차그룹 정의선 회장은 전용기를 타고 미국으로 날아가 워싱턴과 뉴욕 그리고 미국 공장이 있는 조지아주를 찾아 적극적으로 설득에 나서, 조지아주 출신 민주당 상원의원이 현대차와 기아에 대한 보조금 조항에 대한 일정기간 유예법안을 내는 데 성공하기도 했습니다. 하지만 통상의 문제는 개별 민간기업이 푸는 데 한계가 있는 것으로 정부가 나서야 할 일을 민간기업에게 떠맡긴 꼴이라 투자자 입장에서는 정부의 능력에 대해 불신만 키우는 상황입니다.

자동차 산업은 수많은 일자리와 부가가치를 창출하는, 국민경제에 미치는 영향력이 큰 산업입니다. 당연히 각국 정부는 자동차 산업 육성을 위해 미국처럼 혈세를 쏟아붓기도 하는데 이번 미국 인플레이션감축법에 대한 우리 정부의 대응은 아쉬움이 많이 남는 결과를 가져왔습니다. 잘 키운 북미 전기차시장을 경쟁자인 일본차와 독일차에 내주게 된다면 다시금 후발주자의 위치에서 시작하는 상황이 벌어질 수 있습니다. 이럴 경우 국내 울산공장에서 생산되는 현대차 아이오닉5와 기아EV6의 미국시장 접근에 제한이 발생해 재고가 쌓이고 일자리가 감소하는 등 현대차와 기아의 실적에도 부정적인 상황이 생길 수 있습니다. 이는 곧 부품업체들의 실적 부진으로 이어져 자동차 부품주 전반에 악영향을 미칠 수 있습니다.

세계에서 가장 빠르게 전기차 시장이 성장 중인 중국시장에서 중국 정부의 보호무역주의 정책으로 시장점유율이 줄고 있는 상황에서, 세계에서 가장 큰 전기차 시장 중 한 곳인 미국 전기차 시장에서 1년여 간 퇴출되는 것은 돌이킬 수 없을 만큼 큰 피해를 불러올 것입니다. 인플레이션감축법에서 예외를 인정받기 위해 미 의회를 상대로 정부가 나서서 로비를 해야 할 이유가 분명히 있습니다.

자동차부품 기업 입장에서 모델 수명 10년짜리 자동차 하나가 성공하면, 10년간 그 모델에 대한 부품 납품 기회가 생기는 것이고 이는 곧 안정적인 생산과 수익이 발생해 다음 모델을 위한 R&D와 고용을 보장할 수 있다는 뜻이기도 합니다. 현대차가 제시한 친환경차 기술 로드맵을 보면 하이브리드차 개발에서 순수 전기차와 이후 수소전기차 시대로의 전환을 예고하고 있습니다. 이런 현대차와 기아의 기술 로드맵에 따라 관련 부품사들을 찾아내고 육성해 이제는 제법 친환경차 모델들이 늘어나고 있는데 인플레이션감축법에 의해 미국 전기차 시장에서 보조금을 받지 못한다면 치명적인 타격이 예상됩니다.

현대 기아차 친환경차 전략 로드맵 1

현대차 제공

현대 기아차 친환경차 전략 로드맵 2

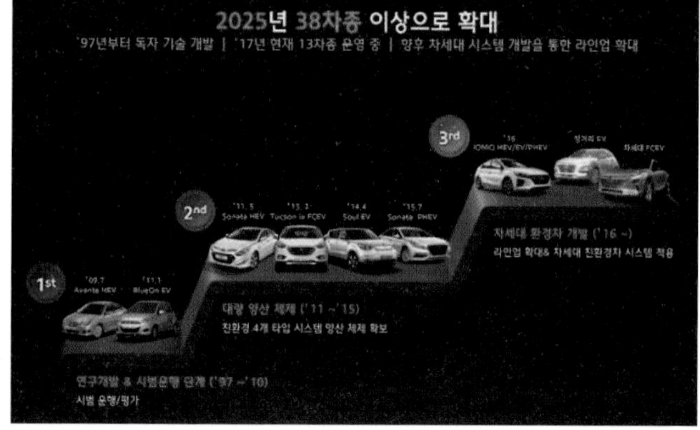

현대차 제공

2017년 한국자동차기자협회 주최로 열린 '친환경차 개발 현황 및 방향' 세미나에서 현대차는 "2025년까지 사업계획을 확정 지으면서 친환경차 라인업을 총 38개 차종으로 확대한다는 새로운 전략을 세웠다"라고 공개했습니다. 당시에 발표한 계획을 보면 지금의 현대차와 기아에서 나오고 있는 친환경차 모델들이 계획대로 진행되고 있음을 확인할 수 있습니다.

하지만 이번 미국 인플레이션감축법은 현대차와 기아의 이런 전동화 전환 노력에 찬물을 끼얹는 것으로, 특히 생산보다 소비시장에 대한 우려를 키울 수밖에 없습니다. 중국 시장은 당국의 노골적 보호무역주의로 어려움을 겪고 있고, 미국 시장은 인플레이션감축법으로 공급망 문제에 발목이 잡히며 EU시장은 러시아-우크라이나 전쟁으로 경기침체에 빠져들고 있어 소비가 최악으로 치닫고 있습니다. 화석연료에서 친환경 전기에너지로 대전환이 이뤄지는 과도기적 단계에서 내연기관의 기술적 한계를 뛰어넘어 글로벌 친환경차 TOP3 안에 들어가려던 현대차그룹의 웅대한 꿈이 벽에 부딪혔는데, 이는 자동차부품사들에게도 시련이라 할 수 있습니다.

다만 국내 자동차부품사들 중 현대차와 기아가 아닌 미국GM과 테슬라에 납품관계를 갖고 있는 기업들에게는 새로운 기회가 될 수도 있습니다. 현대차와 기아의 줄어든 미국 시장 시장점유율은 고스란히 미국 자동차 업체들과 수입차 브랜드의 차지가 될 것으로 보이기 때문입니다. 미중 패권전쟁으로 중국시장에서 어려움이 가중되고 있는 테슬라는 미 정부의 인플레이션감축법을 적극적으로 이용해 미국 시장 점유율 수성을 노리고 있는데 우리 증시에서도 테슬라 부품사에 대한 관심이 증가하는 이유이기도 합니다.

전기차는 기존 내연기관차에 비해 1만여 개 이상 부품이 덜 들어가기 때문에 기존 부품사들은 전기차 부품사로 변신을 시도하고 있습니다. 또한 전기차에서는 원가비중의 약 40%를 배터리가 차지하기 때문에 한 번 충전에 더 먼 거리를 달릴 수 있는, 안전하면서 효율이 좋은 배터리에 대한 수요가 늘어나고 있습니다. 아울러 배터리가 여전히 무거운 만큼 필연적으로 차량 경량화에 대한 필요성이 대두되면서 관련 기술에 대한 관심과 수요도 높아지고 있습니다.

이외에도 전기차에 들어가는 부품에 대한 개발수요가 있어 현대차와 기아는 아직 규모의 경제를 달성하지 못한 전기차 부품사에 지원금을 지불하면서 육성하고 있습니다. 이들 전기차 부품사들은 국내뿐 아니라 해외시장도 함께 진출하여 중견기업으로 성장할 수 있는 발판을 마련하고 있는데, 전기차 부품사로 합류하는 기업들은 빠른 성장과 실적호전에 대한 기대감이 커지고 있는 상황입니다. 친환경 전기차 시장은 정부 정책 지원과 대기업의 투자를 함께 받는 산업으로 금리인상기에도 성장을 이어갈 시장으로 주목을 받고 있습니다.

| 현대차와 수소전기차 시장 |

수소차는 수소를 에너지원으로 전기를 생산해 모터를 구동하는 친환경차로, 오염물질 배출 없이 부산물로 순수한 물만 나오기 때문에 한 발 더 진보된 친환경차라 할 수 있습니다. 수소 전기차는 우리나라 현대차와 일본 도요타가 주도하고 있는 분야로 아직까지 글로벌 완성차 업체에서 이렇다 할 모델을 내놓지 못하고 있고 전기차 시장처럼 스타트업도 많지 않은 분야입니다.

기본적으로 수소차는 수소스테이션이라는 충전소가 필요한데 기존 주유소보다 엄격한 안전관리 속에 설치되고 운영되어야만 하기 때문에 비용이 많이 드는 SoC 시설로 알려져 있습니다. 전기차의 경우 누구나 전기차 배터리와 전기모터만 있으면 개발하고 생산하여 시장에 뛰어들 수 있고 소비자도 가정용 전기를 충전에 사용할 수 있을 만큼 대중적인 면이 있지만, 수소차는 청정수소의 생산과 운반, 보관에 많은 비용이 들고 있어 일반 전기차보다 발전이 더디게 이뤄지고 있습니다.

우리나라 현대차는 일찍부터 수소차 개발에 투자를 하고 있어 일본 도요타와 치열한 경쟁을 벌이고 있는데 수소 트럭의 경우 한 발 앞서 상용화에 성공해 글로벌 기술력을 자랑하기도 했습니다. 2020년 미국 나스닥에 상장한 미국수소트럭 스타트업 니콜라가 여러 차례 현대차와 협업을 제안한 것은 현대차의 기술력이 앞서 있기 때문입니다. 미국 수소 트럭 스타트업 니콜라는 우리나라 한화그룹에서 초기투자를 한 기업으로, 나스닥에 상장할 때만 해도 한화그룹의 투자 성공 사례로 많이 언급되었고 이때 투자된 자금은 한화그룹의 경영권승계 자금으로 활용될 수 있을 것이라 여겨졌지만 이후 니콜라 수소 트럭 기술의 완성도가 떨어지고 급기야 기술 자체가 없다는 극단적인 보도가 쏟아지면서 일종의 금융 사기라는 말까지 나오고 있는 지경입니다.

한화그룹의 니콜라 투자는 니콜라 주가 폭락으로 하마터면 수익은 고사하고 손실을 볼 뻔한 사례로 기억됩니다. 나중에 니콜라 투자 실패는 한화종합화학의 기업공개IPO 포기로까지 연결되어 한화그룹이 삼성그룹에 약 1조 원대 한화종합화학 잔여 지분 인수자금을 추가로 지급하고 인수 딜을 종료하기로 한 결과로까지 나비효과가 발생하기도 했습니다

2020년 기준 수소 전기차 글로벌 판매량을 보면 절대 숫자에서 아직은 미미한 수준이지만 그래도 현대차가 일본 도요타를 추월해 수소전기차 분야 글로벌 1위 기업으로 성장하고 있음을 확인할 수 있습니다. 현대차 수소차 모델인 넥쏘는 출시 첫해인 2018년 949대, 2019년 4,987대가 팔린데 이어 2020년 6,781대를 판매하여 일본 도요타 미라이와 혼다 클래리티를 제치고 수소연료전지차 글로벌 판매량 1위를 달성하고 있고 2021

현대차 이동형 수소연료전지 발전기, 현대차 홈페이지

년 11월까지 8,900대를 판매하여 1만대를 눈앞에 두고 있습니다

현대차의 친환경차에 대한 투자는 수소연료전지시스템 브랜드 '에이치투HTWO'로 구체화되고 있는데, 수소 전기차 넥쏘의 수소연료시스템 2기에 해당하는 160kw급 발전모듈로 다양한 분야에서 수소에너지를 활용할 수 있게 설계된 모듈입니다. 현대차에서 개발한 수소연료전지 발전기는 수소차뿐 아니라 디젤발전기를 대체하여 다양한 분야에서 전기 발전기 역할을 수행할 것으로 기대되고 있습니다.

현대차그룹의 수소에너지 전략은 수소를 넘어 선박, 기차, 트럭, 도심항공모빌리티UAM까지 확장한다는 '뉴2025전략'으로 구체화되고 있어 수소경제에서 현대차그룹이 가지는 위상이 기대감을 불러일으키고 있습니다.

| 전기차배터리 - LG에너지솔루션, 삼성SDI |

친환경차인 전기차와 수소전기차는 기존에 들어 있던 축전기보다 크기도 크고 무게도 훨씬 많이 나가는 전기차배터리를 포함하고 있어 한 번 충전에 더 멀리 가고 안전한 배터리에 대한 수요가 늘고 있습니다. 우리나라는 LG에너지솔루션과 SK온, 삼성SDI 같은 대기업 계열사들이 전기차배터리 사업을 하고 있는데 초기부터 글로벌 시장을 염두에 두고 사업을 진행하고 있습니다. 초기 시장은 일본기업들의 독무대였으나 현재에는 중국 기업과 우리나라 기업들의 경쟁이 치열한 상황입니다.

2021년 글로벌 전기차배터리 1위 업체는 중국 CALT로 중국 전기차 브랜드의 일방적인 수주와 저가의 리튬인산철LFP배터리로 글로벌 시장 점

2022년 상반기 글로벌 전기차용배터리 판매 및 매출액

	매출액		판매량	
	M$	M/S	MWh	M/S
CATL	13,000	30%	104,000	39%
LGES	5,840	14%	38,900	14%
BYD	3,836	9%	28,700	11%
SDI	2,980	7%	16,300	6%
Panasonic	2,150	5%	19,200	7%
SK On	2,070	5%	17,400	6%
Guoxuan	1,130	3%	6,700	2%
CALB	1,520	4%	9,500	4%
EVE	520	1%	3,100	1%
SVOLT	420	1%	3,100	1%
Others	9,264	22%	21,800	8%
시장수요(팩기준)	42,730	100%	268,700	100%
Top 10 매출액	33,466	78%	246,900	92%

출처: SNE리서치

유율 확대에 성공하고 있는데, 성능은 떨어지더라도 가격 면에서 경쟁력이 있는 LFP배터리를 채용한 전기차 브랜드들이 늘고 있는 추세입니다. 최근에는 중국 배터리 업체들이 중국 내수시장에서 벗어나 북미·유럽 시장까지 진출하고 있는데 글로벌 1위 전기차 업체 테슬라는 미국에서 판매되는 모델3 저가형에 중국산 LFP 배터리를 탑재하기도 했습니다.

국내 배터리 3사는 2021년 글로벌 완성차 업체들과 파트너쉽을 형성하고 전기차 모델들에 배터리를 납품하고 있는데 LG에너지솔루션은 주로 테슬라 모델Y(중국산), 폭스바겐 ID.4, 포드 머스탱 마하-E 등의 판매 호조가 성장 요인으로 작용했고 SK온은 현대 아이오닉 5와 기아 니로 EV, EV6 등의 판매 증가가 급성장세로 이어졌으며 삼성SDI는 피아트 500과 지프 랭글러 PHEV 등의 판매 증가에 힘입어 TOP10에 이름을 올리고 있습니다.

전기차 배터리 시장은 상대적으로 가격이 저렴하지만 성능이 떨어지는 중국산 LFP배터리를 채용한 전기차 브랜드들과 독일 폭스바겐처럼 전기차 배터리를 내재화하는 추세로 변하고 있어 삼원계 배터리인 NCA(니켈·코발트·알루미늄)배터리와 NCM(니켈·코발트·망간) 등 리튬이온 배터리를 주로 생산하는 국내 배터리 3사에게는 불리한 여건이 조성되고 있습니다. LFP 배터리는 중국 CATL과 BYD 등이 주로 생산하고 있는데, 테슬라는 이미 중국 및 아시아 태평양 일부 지역에서 LFP 배터리를 탑재한 스탠다드 레인지 모델을 판매하고 있습니다. 글로벌 전기차 시장점유율 1위인 테슬라가 성능이 떨어지는 LFP배터리를 채용하는 것은 전기차 가격을 낮추기 위한 고육지책이면서, 차량 화재에 보다 안전하기 때문입니다.

삼원계 NCM배터리는 성능에서 앞서고 있지만 전기차에서 가장 큰 문제로 지적되는 화재에 취약하여 안전을 생각한 전기차 업체들이 LFP배터리를 선호하는 이유가 되기도 합니다. 아울러 니켈과 망간의 가격이 불안하게 움직여 배터리 가격이 상승하는 문제도 있어 LFP배터리를 채용하는 전기차 모델들을 점점 늘고 있는 상황입니다.

전기차를 선택하는 소비자의 주요 선택포인트가 주행거리입니다. 삼원계(NCM, NCA)배터리는 고급차 브랜드에 주로 채택되고 있어 국내 배터리 3사의 해외 브랜드 합작이 증가할수록 규모의 경제를 달성해 실적이 빠르게 개선되고 있는 상황입니다. 다만 전기차 대중화를 위해 전기차배터리 가격 인하가 필요한 상황인데 LFP배터리는 중저가 전기차에 더 많이 채용될 것으로 예상됩니다.

LG에너지솔루션 주가차트 대신증권 HTS 갈무리

LG에너지솔루션과 삼성SDI의 2022년 3분기 실적 발표에서 두 회사 모두 어닝서프라이즈의 실적을 공개했는데 전기차 배터리 시장의 가파른 성장세와 원달러환율이 수출기업에 유리하게 작용한 것도 어닝서프라이즈의 한 원인이 되고 있습니다.

LG에너지솔루션은 공모가 30만원에 상장해 아직까지 공모가 이상에 머물고 있는데 이번에 영업이익이 흑자로 돌아서면서 주가도 IPO 초기 가격대로 복귀하는 모습입니다. PER가 200이 넘는 고PER 주라 현재의 주가를 설명하기에 무리가 있다는 생각이 듭니다. 2022년 7월 4일 기록한 최저가 352,000원을 바닥가격으로 하고 2022년 11월 11일 기록한 최고가 629,000원을 박스권 상단으로 하는 흐름이 나타나고 있습니다. 일시적으로 박스권 상단을 돌파하고 60만 원을 돌파할 수는 있어도 이를 뒷받침하는 실적이 따르지 않으면 주가를 유지하기 어려워 보입니다.

삼성SDI는 국내 현대차와 기아에 전기차배터리 파트너로 참여하지 못

삼성SDI 주가차트 대신증권 HTS 갈무리

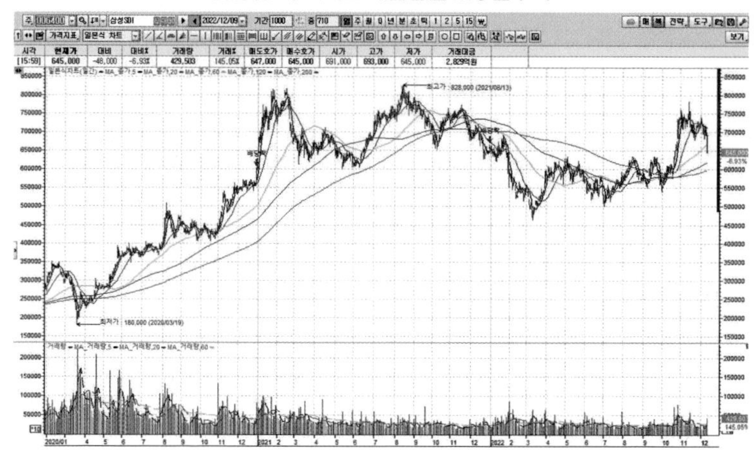

하는 가운데 달성한 어닝서프라이즈라 더 의미가 있습니다. 다만 고 이건희 회장의 완성차 시장(구 삼성자동차) 진출로 현대차그룹과는 척을 지고 있는 사이라 아직까지 현대차와 기아에 전기차배터리를 납품하지 못하고 있습니다. 그럼에도 꾸준히 실적을 늘려가고 있는 것은 전기차 스타트업까지 파트너사로 확보하는 저인망식 고객확보가 먹히고 있기 때문입니다. 특히 삼성SDI가 삼원계(NCA)배터리 소재 중 가격등락이 큰 망간 대신 알루미늄을 사용하여 상대적으로 안정적인 공급망을 갖고 있는 것이 특징입니다.

LG에너지솔루션과 SK온, 삼성SDI 모두 미국에 진출해 현지 공장을 설립하는 투자를 단행하고 있는데 미국GM과 미국포드 등을 파트너사로 맞아 공동투자에 나선 것이라 안정적인 거래처를 확보하고 있어 공장 가동이 본격화되는 2024년 이후 실적 호전이 더 가팔라 질 수 있습니다. LG에너지솔루션은 미국GM과 미국 현지 합작 공장을 2022년 하반기 가

전기차배터리 구성요소

구분	정의
배터리 셀(Cell)	전기에너지를 충전, 방전해 사용할 수 있는 리튬이온 배터리의 기본 단위. 양극, 음극, 분리막, 전해액을 사각형의 알루미늄 케이스에 넣어 만듦.
배터리 모듈(Module)	배터리 셀(Cell)을 외부충격과 열, 진동 등으로부터 보호하기 위해 일정한 개수로 묶어 프레임에 넣은 배터리 조립체(Assembly).
배터리 팩(Pack)	전기차에 장착되는 배터리 시스템의 최종형태. 배터리 모듈에 BMS(Battery Management System), 냉각시스템 등 각종 제어 및 보호 시스템을 장착하여 완성됨. ex) BMW i3의 배터리 팩은 8개 모듈(모듈당 12개 셀)이 들어감.

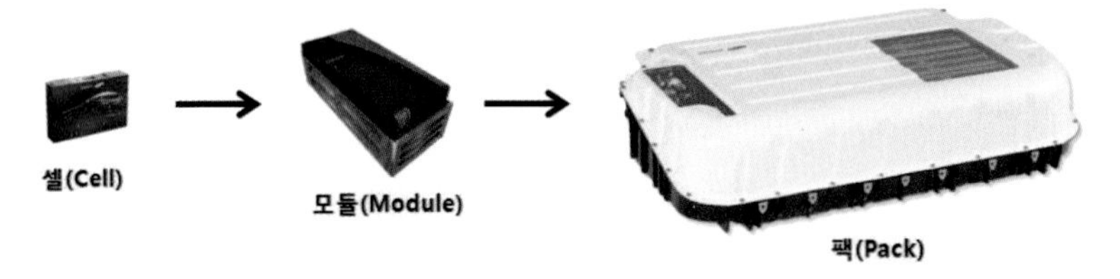

출처: 삼성SDI 홈페이지

동하기 때문에 4분기 실적에 대한 기대감이 큰 상황입니다. 미국의 인플레이션감축법은 전기차 보조금 지원을 받고자 한다면 미국 내 생산된 전기차배터리의 소재와 원재료 중, 미국과 FTA를 맺은 국가에서 생산된 원재료를 일정비율 사용할 것을 요구하고 있습니다. 이는 미국 현지공장은 미국 전기차시장에 접근하기 위한 필요충분조건임을 의미합니다.

전기차배터리 관련주는 완성품을 만드는 LG에너지솔루션과 SK온, 삼성SDI에 대한 박스권 투자전략과 배터리 소재 관련 포스코케미칼과 SKC, 알루코 등에 대한 투자 그리고 전기차배터리 부품 관련주에 대한 투자로 대변해 볼 수 있습니다.

| 전기차배터리 소재 - 포스코케미칼 |

포스코케미칼은 전기차 배터리의 핵심소재인 양극재와 음극재를 제조

포스코케미칼 2022년 3분기 잠정실적발표(공정공시)

구분	매출	영업이익	영업이익률	당기순이익
2022 3Q	1조533억	818억	7.8%	656억
2021 3Q	5050억	315억	6.2%	409억

하는 회사로 모회사 POSCO홀딩스의 사업다각화의 대표회사로 알려져 있습니다. 전기차의 핵심 구성요소인 전기차배터리의 원가 중 약 40%를 차지하는 양극재와 음극재를 공급하고 있습니다.

포스코케미칼은 2022년 3분기 사상 최초로 분기 매출 1조 원을 돌파했는데 전기차 시장의 호황에 힘입은 바 커 보입니다. 2022년 3분기 연결 기준으로 매출액 1조533억 원, 영업이익 818억 원을 각각 기록했다고 공시했는데 이는 전년 동기 대비 매출은 108.6%, 영업이익은 159.9% 증가한 수준으로 분기 기준 사상 최대 실적으로 이를 통해 직전 2분기에 세웠던 역대 최대 실적(매출 8032억 원·영업이익 552억 원)도 다시금 갈아치웠습니다.

사업부문별로 보면 배터리소재 사업은 3분기 7,267억 원의 매출을 올렸는데 양·음극재 판매량 확대와 판매단가 상승으로 매출이 전년 동기 대비 238.9%, 전 분기 대비 56.3% 증가하며 가파른 실적 성장을 견인했고 전체 매출액에서 차지하는 비중도 2021년 3분기 42.5%에서 1년만에 69%로 높아졌습니다.

포스코케미칼의 주가는 지난 2022년 11월 15일 사상 최고가 239,000원을 기록하기도 했는데 외국인투자자들의 연속 순매수에 주가 급등이 나오는 모습입니다. 포스코케미칼의 주가가 신고가 영역에 들어가면서도 차익실현 매물이 아직 등장하고 있지 않은데 2024년과 2025년 국내외 공장의 완공으로 생산량이 급증하여 실적호전으로 이어질 가능성이 크기 때문입니다. 2022년 3분기 실적 기준 29만 원대가 적정주가로 평가되기 때문에 실적에 따른 추가적인 주가 상승이 나타날 가능성이 커 보입니다.

전기차배터리 분야는 금리인상이라는 통화긴축의 시기에도 내연기관차에서 친환경 전기차로 에너지 대전환의 시대를 맞아 성장을 이어갈 것으로 기대되는 시장입니다. 포스코케미칼은 튼튼한 모회사인 POSCO홀딩스의 지원 아래 배터리 양극재를 차근차근 키우고 있는데 국내 공장 증설 뿐 아니라 해외공장 건설도 파트너사와 함께 진출하고 있어 재고를 걱정할 필요가 없는 매출외형 성장과 수익성이 함께 늘어가는 모습으로 주가도 동반 강세를 나타내고 있습니다. 금리인상기에도 전기차시장의

포스코케미칼 주가차트 대신증권 HTS 갈무리

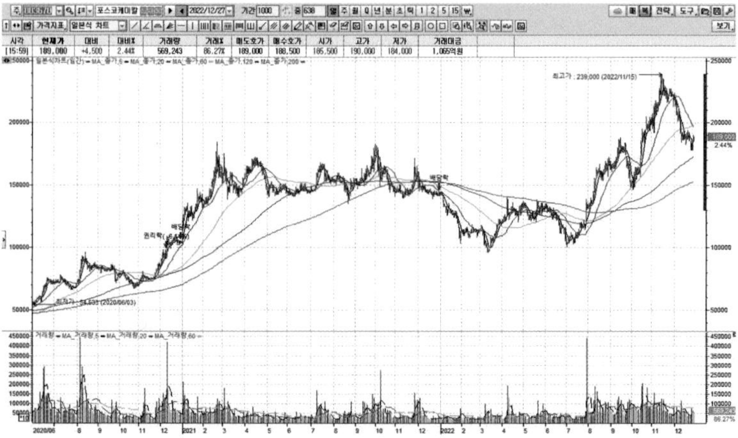

성장과 함께 빠르게 성장하고 있고 투자도 늘고 있어 실적과 주가도 함께 증가할 가능성이 큰 시장구조를 갖고 있어 경기침체에도 경기방어주 역할을 해 줄 것으로 기대하고 있습니다.

| 전기차배터리 - 제조장비 |

전기차배터리 제조 3사인 LG에너지솔루션과 SK온, 삼성SDI는 국내뿐 아니라 미국시장에서 생산CAPA를 늘리기 위한 투자를 서두르고 있는데, 이는 전기차 모델을 제조하는 완성차 업체와 합작형태로 진출하기 때문에 고객을 잡아놓고 투자를 하는 것이라 안전성과 수익성을 미리 확보하는 투자라고 할 수 있습니다. 공장의 형태가 갖춰질 때쯤 전기차배터리 제조장비에 대한 발주가 본격적으로 이뤄지는데, 이는 고객사의 상황에 맞게 제조장비를 셋팅하는 데 최소 3개월에서 6개월의 기간이 걸리기 때문입니다.

이때 수율을 맞추기 위한 예비시험생산도 이뤄지는데, 제조장비 업체들은 장비납품으로 수익을 낼 뿐 아니라 수율을 잡을 때까지 관련 직원이 상주하며 생산을 도와주기 때문에 유지보수에 대한 수익도 꾸준히 발생하게 됩니다. 전기차배터리 공장들에 향후 몇 년 사이에 대규모 투자가 이뤄지기 때문에 제조장비주들에게는 큰 장이 선 것이라 할 수 있습니다.

제조장비주들은 고객사인 전기차배터리 3사의 주문에 실적이 크게 휘둘리는데 일종의 천수답 형태의 수익구조라는 한계를 갖고 있습니다. 고객사가 다변화되어 있으면 투자스케줄이 분산되어 꾸준한 수익을 얻을 수 있지만 산업 사이클 상 투자가 비슷한 시기에 이뤄지기 때문에 전형적인 천수답 형태의 수익성을 어떻게 고르게 분산할 것인가 하는 문제에 봉착해 있습니다. 현재는 전기차배터리의 빠른 성장으로 관련 생산CAPA를 늘리기 위한 투자가 대규모로 이뤄지고 있어 제조장비주들에게도 물량이 꾸준히 늘어나고 있지만 투자가 어느 정도 이뤄지는 시점에서는 생산CAPA가 피크를 치기 때문에 생산능력과 실제 수요가 맞지 않아 실적둔화를 겪을 수밖에 없는 구조입니다.

완성차업체들이 전기차배터리 내재화를 통해 전기차 가격 인하를 시도하고 있어 고객사의 다변화가 이뤄질 수 있는 여건은 형성되어 있는데 실제로 어느 정도 빨리 이뤄질 것인가는 아직 불확실한 측면이 있습니다. 특정 고객사에 대한 의존도가 높은 것도 기회이자 위험이지만 천수답 형태의 수익구조가 고정화되는 것은 더 큰 위험으로 반도체 제조장비주와 디스플레이 제조장비주들의 형태를 그대로 답습할 가능성이 있습니다. 전기차배터리 제조장비주들은 고객사가 생산CAPA를 늘리는 시기에는 수익이 동반해 늘어날 수 있지만 증설이 중단될 경우 실적이 고꾸라질 수 있다는 위험을 기억해야 합니다.

| 전기차배터리 제조장비 - 씨아이에스 |

씨아이에스는 리튬 2차전지 생산을 위한 전극 제조관련 장비를 생산하는 전문기업으로 2020년 7월 SBI인베스트먼트가 경영권 프리미엄 100%를 주고 인수했는데, 이후 시가총액이 5배나 성장하면서 경영권 재매각에 착수하여 2022년 12월 23일 상장사인 “에스에프에이”에 매각되었습니다. 특히 씨아이에스는 전고체배터리 제조장비 분야에도 진출했는데 전고체배터리는 높은 에너지밀도를 가지면서도 화재의 위험이 없어 전기차용 최적의 기술로 평가받고 있습니다. 1회 충전에 주행거리를 획기적으로 늘리면서 화재위험이 없는 안전성으로 꿈의 배터리라 불리고 있어 전기차 배터리 업체들의 연구가 진행되고 있습니다.

씨아이에스는 삼성SDI와 협력해 전고체배터리 제조장비를 개발하고 있는데 현재 씨아이에스의 주요 고객사는 LG에너지솔루션으로 향후 일부 지분투자도 기대하고 있는 상황입니다. 2차전지 제조장비주들은 전기차배터리 제조업체들의 발주가 있어야 실적이 늘어나는 구조라 북미지역 공장 건설로 2023년 본격적인 매출 증가를 기대하고 있지만 금리인상에 따른 투자지연 우려에 실제 실적은 불확실성이 큰 상황입니다. 씨아이에스의 경영권매각 공시가 나고 주가가 급락하는 것은 애초에 시장

씨아이에스 주가차트 대신증권 HTS 갈무리

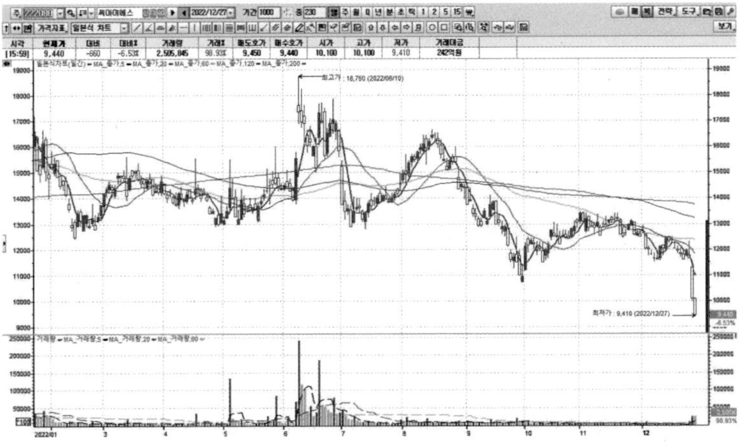

이 기대한 가격에 훨씬 못 미치는 가격에 매각이 이뤄졌기 때문에 실망 매물이 쏟아지고 있는 모습입니다. 2차전지 제조장비주들은 반도체제조장비와 디스플레이제조장비주들과 마찬가지로 천수답 형태의 시장구조를 갖고 있음을 기억해야 합니다.

| 전기차부품주 - 아모그린텍 |

아모그린텍은 전기차 핵심 부품소재인 '자성부품'을 제조해 납품하는 회사로 전기차에 없어서는 안 될 핵심 부품입니다. 아모그린텍은 전기차 세계 1위 시장점유율 업체인 테슬라에 자성부품을 공급하고 있고 미국 전기차 스타트업 리비안에도 납품하고 있어 성장성이 큰 부품업체로 평가되고 있습니다. 아울러 에너지저장장치(ESS) 제조사업도 하고 있어 관련시장의 성장에 따른 수혜가 예상되고 있으며, 미국과 호주에서 추진되고 있는 전기기관차용 배터리 사업에도 자성부품을 납품하고 있어 더욱

아모그린텍 주가차트 대신증권 HTS 갈무리

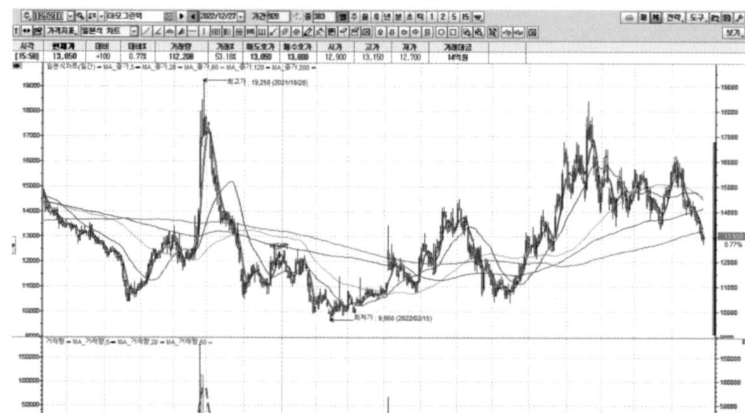

기대감을 높이고 있습니다.

현재주가는 1만 원에서 2만 원의 좁은 박스권 흐름을 보이고 있는데 2023년 매출액 2,276억 원과 영업이익 273억 원을 전망하고 있어 실적에 따른 주가 우상향이 나타날 가능성이 커 보이는 업체입니다. 다만, 미국 시장에서 인플레이션감축법(IRA)의 영향으로 주요 거래처인 테슬라와 리비안 등의 실적호전이 기대되었지만 미중패권전쟁 영향으로 중국 내 테슬라 판매량이 급감하고 있어 실적에 대한 우려에 주가는 하락세를 나타내고 있습니다. 박스권 주가를 위든 아래든 깨고 내려가거나 깨고 오른다면 바닥을 확인하고 신고가를 경신할 가능성이 크기 때문에 주의 깊게 살펴볼 필요가 있습니다.

| 차량경량화 - 전기차 주행거리 경쟁 |

앞에서 언급했듯이 전기차는 내연기관에 없던 무거운 배터리를 내장해야 하기 때문에 자체 무게가 많이 나가 1회 충전 대비 주행거리가 영향을 받을 수밖에 없습니다. 화재위험으로 완충하지 못하고 약 10%의 여유공간을 전기차배터리 충전에 둬야 하는 것은 주행거리를 줄이는 결과를 가져왔습니다. 현대차의 전기차전용플랫폼 모델 1호인 아이오닉5도 화재위험으로 배터리용량의 약 90% 충전 제한이 걸려 있는데 이 때문에 1회 충전에 429km밖에 주행이 안 된다는 것이 약점으로 지적되고 있습니다.

자동차 부품업체들은 전기차 1회 충전 시 주행거리를 늘리기 위해 경량화 부품 개발에 사활을 걸고 있습니다. 대기업 계열사인 코오롱플라스틱과 효성첨단소재 등도 차체를 가볍게 하기 위한 소재 개발에 나서고 있고, 구영테크와 덕양산업 같은 기존의 자동차 부품사들도 기존 부품의 경량화에 연구를 집중하고 있습니다. 나노메딕스와 화신테크 같은 경우 차량 경량화를 위한 소재 개발에 나서고 있는데 1회 충전 시 주행거리를 늘리기 위한 노력이라 할 수 있습니다.

자동차 경량화 연구는 차체뿐 아니라 차량 내 부속품까지 전 분야에서 화두가 되고 있고 현대차와 기아도 계열 부품사들의 연구에 전폭적으로 지원을 하고 있습니다. 정부도 자동차 부품업체를 정책적으로 지원하고 있어 정부 정책 수혜주이자 대기업 투자 수혜주로 자동차 부품업체들은 실적 호전의 호기를 맞고 있습니다.

경량화는 개별 부품사들의 노력만으로 이뤄질 수 없기 때문에 신차 모델 개발부터 부품사가 함께 참여하여 전기차 모델 전반에 걸쳐 경량화를 추진하고 있는 상황입니다. 특히 전기차의 차체를 강화플라스틱으로 만들려는 노력이 일찍부터 있어 왔는데 이는 가장 큰 부피를 차지하는 것

효성첨단소재 주가차트 대신증권 HTS 갈무리

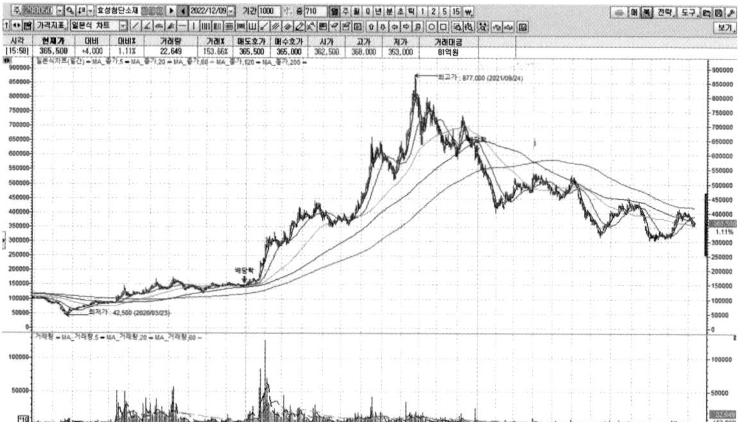

이 차량 케이스이기 때문이고 강화 플라스틱의 안전성이 강화되면서 차량 추돌 시에도 차량 내부의 안전을 보장할 만큼 강도가 발전했기 때문입니다. 전기차의 출현은 자동차 산업 자체의 큰 변화를 가져왔을 뿐 아니라 개별 소재와 부품에도 큰 변화를 가져오고 있음을 주목하고 투자종목을 선정해야 합니다.

효성그룹 계열사인 효성첨단소재의 경우 탄소섬유 국산화 이후 현대차 넥쏘 모델을 비롯해 친환경차 경량화와 안전도 강화를 위해 탄소섬유 소재를 채택하려는 움직임에 상당한 주가 상승을 실현하고 있습니다. 2020년 3월 23일 42,500원에서 출발한 주가는 2021년 9월 24일 877,000원 최고가를 찍을 동안 쉼 없이 오름세를 이어갔는데, 1년 9개월여 만에 약 1,964%의 놀라운 상승률을 보여주었습니다.

효성첨단소재의 주가상승은 2020년 코로나19팬데믹의 기저효과를 누리고 있는 모습인데 효성첨단소재는 일본수출규제 정책에 탄소섬유가 들어가면서 내수시장에서 호황을 누린 측면이 있습니다. 일본 기업이 주름잡던 탄소섬유 시장에서 경쟁자인 일본 기업의 손발이 묶이면서 반사

효성첨단소재 2022년 반기보고서 발췌

	2022년 1~6월	2021년 1~12월	2020년 1~12월
매출액	436,619,911,398	963,266,179,554	722,533,748,065
매출총이익	84,502,326,305	133,864,905,862	79,879,899,746
영업이익	55,981,437,907	78,620,941,766	8,158,505,289
법인세비용차감전이익(손실)	257,179,272,667	170,154,142,105	41,775,350,182
당기순이익(손실)	213,988,020,274	152,230,830,867	47,577,841,295
총포괄이익(손실)	213,569,401,788	150,212,413,380	46,942,224,346
주당순이익(손실)	47,893	34,071	10,649

※ 요약재무정보는 K-IFRS 별도재무제표 기준으로 작성하였습니다.

효과를 누린 것인데, 일본우익 아베정부의 대표적인 자해공갈단 사태를 오히려 전화위복으로 누린 기업이라 할 수 있습니다.

2021년 9월 24일 최고가 877,000원을 기록한 것이 실적호전을 반영한 주가 흐름이었다는 사실을 실적에서 확인할 수 있는데 철보다 인장강도가 6.4GPa(기가파스칼), 탄성률 295GPa 이상 수준의 'H3065(T-1000급)' 초고강도 탄소섬유 개발에 성공하는 등 기술발전으로 실적이 뒷받침되고 있는 모습입니다. 초고강도 탄소섬유는 향후 차량경량화에 사용될 뿐 아니라 차량부품, 항공기동체와 부품 그리고 인공위성과 같은 우수산업에도 활용될 수 있는 소재로 평가받고 있습니다. 아울러 효성첨단소재 에어백 자회사 GST글로벌이 2022년부터 아마존의 자율주행차 스타트업 죽스Zoox에 에어백을 공급하기로 해 자동차 부품주로도 성장의 발판을 마련하게 되었습니다.

최대주주와 특수관계인 주식 지분이 44.41%에 달해 총 발행 주식 수 4,479,948주와 비교해 보면 1,989,685주의 최대주주 측 지분이 잠겨 있기 때문에 실제 유통 가능 주식 수는 약 55%밖에 안 되고 그나마도 기관투자자와 외국인투자자들이 대부분 싹쓸이해 가 주가가 고가에서 안정적인 흐름을 보이고 있습니다. 2022년 들어 주가가 흘러내린 것은 실적을 반영한 주가 흐름의 전형적인 모습으로 금리인상에 따른 소비둔화가 실제로 실적에 부정적인 영향을 미치고 있는 모습입니다.

거래량에서 확인할 수 있듯이 하루 거래량이 미미하기 때문에 개인투자자들이 쉽게 뛰어들기 어렵지만 그만큼 기관투자자와 외국인투자자들이 많이 매매에 참여하는 종목이라 안정적인 주가 흐름을 보여주고 있어 장기투자종목으로 안성맞춤인 종목임을 알 수 있습니다. 이런 종목은 정부의 정책 수혜주이자 대기업의 투자 수혜를 보고 있고 최대주주 보유 지분 비율이 높아 고배당주이면서 높은 가격을 유지해 오너일가의 경영권 유지에도 좋은 종목임을 알 수 있습니다.

기본적 분석을 통해 충분히 사전에 찾아낼 수 있었던 종목이며, 기본적 분석을 통한 장기투자로 큰 수익을 낼 수 있는 대표적인 사례라 할 수 있습니다. 현대차가 효성첨단소재의 탄소섬유로 수소 전기차 넥쏘의 차체를 개발한다면 현재 실적에서 한 단계 점프하는 모습을 볼 수도 있을 것입니다. 차량 경량화와 함께 전기차와 수소차 부품주들이 현대차와 기아의 친환경차 정책에 수혜를 받으며 빠르게 실적 호전을 만들어 낼 수 있을 겁니다.

현재의 주가 약세는 2021년 실적을 반영한 주가가 오버슈팅한 부분이 제자리로 돌아오고 있는 장면이며 문재인 정부의 '한국형 그린뉴딜' 정책의 수혜를 받다 윤석열 정부에 들어와 기존 정책을 중단하거나 과거로 되돌리면서 '한국형 그린뉴딜'의 기대감이 주가에서 빠져나가고 있는 과정이라고 볼 수 있습니다.

소재산업과 같이 산업의 기본이 되는 부분은 정부 정책에 민감할 수 밖에 없는데 효성첨단소재의 주가도 정부정책의 변화와 금리인상에 따른 소비둔화 등을 주가에 반영하는 흐름을 보여주고 있습니다. 유동성 장세가 휩쓸고 지난 자리에 주가버블은 불가피한 측면이 있고 효성첨단소재와 같은 품절주들은 더 쉽게 주가버블이 낄 수 있다는 측면에서 이후 주가조정이 장기화될 수 있는 위험도 있습니다.

| 자율주행 - 전기차의 미래 |

최근 자동차업계의 화두는 '자율주행'이라 할 수 있는데 전기차시장의 성장과 함께 자율주행 기술도 빠르게 발전하고 있기 때문입니다. 완전한 자율주행을 위한 5단계 진입이 몇 년 안으로 달성될 가능성이 높아지고 있는데 이를 위한 6G통신망 투자도 이뤄지고 있어 자율주행차를 상업화하는 것은 먼 미래가 아님을 알 수 있습니다.

현대차 홈페이지 발췌

미국자동차공학회(SAE) 기준 자율주행차 발전 단계

단계 (Level)	정의	주행 제어 주체	주행 중 변수 감지	차량 운행 주체
00 No Automation	**전통적 주행** 운전자가 모든 것을 통제. 시스템은 경고와 일시적인 개입만	인간	인간	인간
01 Driver Assistance	**부분 보조 주행** 속도 및 차간거리 유지, 차선 유지 등 시스템이 일정 부분 개입	인간 및 시스템	인간	인간
02 Partial Automation	**보조 주행** 특정 상황에서 일정 시간동안 보조 주행. 필요시 운전자가 즉시 개입	시스템	인간	인간
03 Conditional Automation	**부분 자율주행** 고속도로와 같은 조건에서 자율 주행. 필요시 운전자가 즉시 개입	시스템	시스템	인간
04 High Automation	**고도 자율주행** 제한 상황을 제외한 대부분의 도로에서 자율주행	시스템	시스템	시스템
05 Full Automation	**완전 자율주행** 탑승자는 목적지만 입력. 운전대와 페달 제거 가능	시스템	시스템	시스템

미국자동차공학원SAE에서 제시한 자율주행 5단계 중 지금 나와 있는 최신 자동차들은 3단계 기술을 구현하고 있는데 자동차 내부에 갖춰야 할 기술들도 빠르게 개발되어 적용되고 있지만, 자동차 외부 사회간접자본SoC에 대한 투자도 국가 단위에서 많이 이뤄지고 있는 상황입니다

이전 문재인 정부의 '한국판 뉴딜정책' 속 자율주행은 노인복지, 일자리 문제와 엮어서 중요한 투자 부문으로 인식되고 있는데 산업통상자원부, 과학기술정보통신부, 국토교통부, 경찰청 4개 부처가 공동 기획하고 수행하는 융합형 4단계 자율주행 기술 상용화 목표의 '자율주행 기술 개발 혁신사업'도 국책과제로 국민 세금이 들어가고 있습니다. 여기에 더해 삼성전자와 SK텔레콤 같은 기존 기술 기업들과 네이버와 카카오 같은 대형 IT 플랫폼업체들도 매년 막대한 자금을 R&D에 쏟아붓고 있습니다. 이런 대규모 자금이 쏟아져 들어가는 이유는 바로 소비 여력을 갖춘 노인 인구가 선진국에서 점점 늘어나고 있기 때문입니다. 신생아가 줄어들면서 젊은 인력이 만들어내는 시장 내 부가가치보다 기존에 사회에 나와 노인으로 은퇴한 세대의 소비 여력이 뛰어나기 때문입니다.

이와 함께 생겨난 공유경제 개념은 소비 여력이 부족한 젊은 층의 소비를 자극하기 위해 합리적인 비용으로 소비 효율을 올린 방식이라면, 부를 소유한 노인들에게 공유경제는 거주 이전의 자유를 보장받고 소비를 지속할 수 있는 자율주행 형태로 나타나고 있습니다. 자율주행과 공유경제의 개념이 점차 실생활에 침투하며 자동차의 소유형태도 변화하고 있는데 최근에 상장에 성공한 '쏘카'도 공유경제를 배경으로 상업화에 성공한 케이스입니다.

기본적으로 자율주행은 전기차를 전제하고 성장하고 있는데 자동차의 전장화 추세를 대변하는 흐름이라 할 수 있습니다. 현대차와 기아가 단순 자동차 제조회사에서 벗어나 모빌리티Mobility 회사로 변신을 선언한 이유도 여기에 있습니다. 자동차 자율주행은 전동화가 가져온 변화의 핵심입니다. 기존 완성차 업체들뿐 아니라 애플이 자율주행 전기차 시장에 뛰어들겠다고 하고, 구글이 자율주행에 엄청난 투자를 늘리고 있는 것도 따지고 보면 기존 시장이 전장화되고 인공지능AI 기술과 같은 4차 산업혁명 기술로 융복합되고 있기 때문입니다. 일본의 대표적인 전자회사인 소니가 전기차를 개발해 발표한 것은 대표적인 융복합 사례이면서 업종간 진입장벽이 사라졌다는 신호이기도 합니다. 현대차그룹이 LG에너지솔루션, SK온과 협력하면서도 삼성SDI와 협력을 망설이는 이유도 삼성자동차에 대한 우려가 아직도 남아 있기 때문일 겁니다.

첨단운전자보조기술ADAS과 전방표시장치HUD 등 다양한 기술들이 개발되면서 완전자율주행에 한 발 한 발 다가가고 있는데, 관련 기술을 보유하고 있는 코스닥 기업들도 현대차와 기아가 관련 기술을 채용한 모델들을 내놓으면서 빠르게 수익성이 개선되고 있습니다. 자율주행 기술은 자동차 뿐아니라 로봇분야에도 적용되고 있는데 움직일 수 있는 모든 사물에 인공지능AI의 통제 아래 자율주행 기능을 부여함으로써 인간의 노동을 대신할 수 있게 만들고 있습니다. 자율주행으로 빅데이타가 생성되면 이것이 다시 인공지능AI의 딥런닝의 재료가 되어 보다 안전하고 편안한 자율주행을 완성할 수 있게 만들 것입니다.

현재 자율주행은 4차 산업혁명의 다양한 기술들이 모두 모이는 총아가 되고 있는데 미국 테슬라는 전기차에 자율주행을 적용할 뿐 아니라 서비스로봇 개발에 자율주행 기술을 적용하고 있습니다. 자율주행 기술 안에서 산업간 장벽은 이미 무너진 지 오래고 완전경쟁시장에서 기존의 전기차 스타트업과, 자동차 완성차 업체 새롭게 시장에 뛰어든 전기전자 업체들과, 대형IT회사들 간에 합종연횡이 벌어지고 있습니다.

애플은 전기차를 넘어 완전자율주행전기차의 생산을 계획하고 있고 기존에 시장에 나와 있는 전기차를 뛰어넘는 혁신적 상품을 내놓기 위해 여러 위탁제조업체들을 만나고 있습니다. LG전자도 그 후보 중 한 곳이라 2020년 12월 23일 상한가를 기록하기도 했습니다. 지금 시장에 상장해 있는 자율주행 관련 기술기업들은 아직 실적이 아닌 기대감으로 주가를 평가받고 있어 향후 완전자율주행전기차가 시장에 나올 때는 실적으로 주가가 재평가받을 수 있어 지금보다 나은 대우를 받을 것으로 기대되고 있습니다. 기술발전이 상장사의 주가를 발목부터 상투까지 밀어올리는 대표적인 분야가 4차 산업혁명의 총아인 자율주행 분야라고 평가할 수 있습니다.

| 자율주행 관련주 - 앤씨앤, 넥스트칩 |

코스닥 상장사인 앤씨앤은 일본향 블랙박스를 주력사업으로 하고 있고 100% 자회사인 넥스트칩이라는 영상기술 관련 반도체칩 회사를 갖고 있어 최근 자율주행 분야에서 주목받고 있는 종목입니다. 넥스트칩은 앤씨앤에서 물적분할하여 2022년 상반기 코스닥 시장에 상장한 차량용반도체 영산처리기술 보유회사로 비상장으로 있을 때 PreIPO로 이미 창투사들로부터 총 560억 원 규모의 투자금을 유치하기도 한, 유망한 자율주행 관련주입니다.

앤씨앤은 물적분할을 통해 차량용반도체 영상처리전문업체인 '넥스트칩'을 100%로 자회사로 만들었고 2022년 7월 1일 코스닥시장 상장에 성공하는데, 넥스트칩 상장 첫날 주가가 폭락하는 상황을 맞게 됩니다. 한국은행이 금리인상을 2021년 8월부터 시작했고 1년 여가 지난 후 넥스트칩을 상장시킨 것은 자율주행에 대한 기대감도 있었지만 넥스트칩을 투자하기 위해 앤씨앤에 투자할 필요가 없어진 것을 의미하기 때문에 앤씨앤에서 이탈한 자금들이 넥스트칩으로 갈아타는 현상이 나타났기 때문입니다.

2022년 반기보고서 상 앤씨앤은 적자전환을 보여주고 있는데 적자 자회사인 NCBIT의 실적과 넥스트칩의 적자가 여전히 앤씨앤의 실적에 발목을 잡고 있는 형국입니다. 앤씨앤의 주력사업인 일본향 블랙박스 수출은 일본 블랙박스 시장이 본격적으로 성장하며 양호한 실적을 내고 있어

앤씨앤 주가차트 대신증권 HTS 갈무리

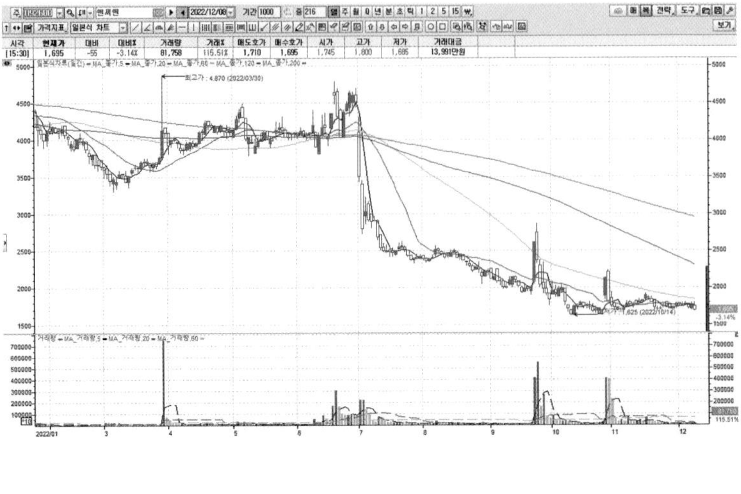

넥스트칩 주가차트 대신증권 HTS 갈무리

	2022년 1월~6월	2021년 1월~12월	2020년 1월~12월
매출액	41,616	89,907	80,886
영업이익	12	2,362	5,079
법인세차감전순이익	Δ4,109	3,083	Δ3,886
당기순이익	Δ4,109	1,222	Δ1,483
총포괄손익	Δ4,109	1,222	Δ1,483
기본주당순이익(원)	Δ174	57	Δ71
희석주당순이익(원)	Δ174	32	Δ71

[Δ는 음(-)의 수치임]

아쉬움이 남고 있는 주가입니다.

자율주행차용 시스템 반도체 기업인 넥스트칩은 자동차용 카메라에 탑재되는 이미지 처리 프로세서(ISP) 기술, HD 영상을 아날로그 방식으로 전송할 수 있는 기술 등을 자체 개발, 보유하고 있고 또한 첨단운전자보조시스템(ADAS)과 자율주행 차량에 필수적인 영상 인식용 시스템온칩(SoC)도 출시하고 있으며, 이들 제품을 자동차 제조사 및 부품사에 공급하고 있습니다.

넥스트칩의 수요예측은 공모희망 밴드가격 상당인 11,600원을 뛰어넘어 13,000원에 결정될 만큼 인기 있는 상장사였는데 상장 후 주가 흐름은 기대에 못 미치는 모습을 보여주고 있습니다. 차량용 반도체 부족으로 주요 고객사인 완성차 업체의 생산량 자체가 줄면서 넥스트칩의 실적도 적자를 기록하고 있는 것이 주요 원인이 되고 있습니다.

2019년 앤씨앤에서 물적분할 될 때부터 2년간 매출외형을 100% 이상 키우며 빠르게 성장해 왔는데 상장 후인 2022년 처음으로 매출외형이 쪼그라들 위험이 엿보이고 있기 때문입니다. 넥스트칩은 ARM과 전략적

넥스트칩 주가차트 대신증권 HTS 갈무리

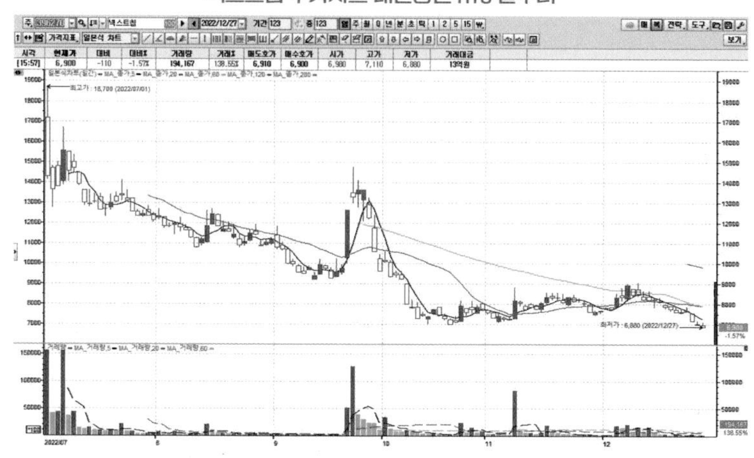

협업을 통해 자동 발렛주차 및 자율주행용 반도체 개발에 나선 바 있기 때문에 시장은 삼성전자의 영국 ARM인수에 넥스트칩의 매수로 대응하는 모습을 보이고 있습니다. 넥스트칩은 삼성전자가 ARM을 인수할 경우 실적을 키울 수 있는 기회로 평가되고 있고 넥스트칩 자체도 완성차 업체의 차량용반도체 내재화 요구에 수혜를 입어 M&A 대상으로 거론되고 있는 상황이라 향후 주가에 기대감을 갖게 하고 있습니다.

우리나라는 현대차와 기아가 자동차 시장을 거의 독과점하고 있기 때문에 현대차와 기아의 경영목표가 자동차 관련주들의 지향점이 되는 경우가 많습니다. 대부분이 현대차와 기아에 납품 관계로 묶여 있는 구조라서 현대차와 기아의 투자 여부가 수익성의 바로미터가 되는 경우가 비일비재합니다. 이런 시장을 움직이는 동인이 어디에 기인하고 있는지를 잘 살펴서 시장에 대응하는 것이 투자자의 수익 면에서 중요한 포인트가

넥스트칩 2022년 반기보고서 발췌

구 분	제4기 반기 (2022.01.01~2022.06.30)	제3기 (2021.01.01~2021.12.31)	제2기 (2020.01.01~2020.12.31)	제1기 (2019.01.02~2019.12.31)
Ⅰ. 매출액	5,553,804	24,469,249	10,382,892	3,689,088
Ⅱ. 영업손실	(16,476,009)	(13,472,882)	(13,521,889)	(13,408,408)
Ⅲ. 당기순손실	(16,503,066)	(21,607,666)	(13,495,869)	(13,316,320)
Ⅳ. 주당이익				
기본주당손실(단위 : 원)	(1,114)	(2,071)	(1,621)	(2,658)
희석주당손실(단위 : 원)	(1,114)	(2,071)	(1,621)	(2,658)

될 것입니다. 아직 완성되지 않은 '5단계 완전자율주행 기술'은 우리 벤처기업들에게 기회이자 위기로 작용하고 있는데 기술 개발에 게을리한 회사는 장기적으로 이 레이스에서 탈락할 수밖에 없고 이런 회사의 주주는 미래가 없다고 봐도 맞을 것입니다. 시장의 큰 흐름을 보고 투자를 결정해야 수익을 가져갈 수 있습니다.

자동차시장은 화석연료를 사용하던 내연기관에서 청정에너지인 친환경 전기차로 전환되고 있는 에너지 대변혁의 시기를 상징하는 산업이 되고 있습니다. 이런 거대한 변화는 투자자에게 새로운 기회이자 위기로, 그 변화에 맞춰 새롭게 떠오르는 성장주를 미리 알아볼 수 있어야만 장기간 우상향하는 차트를 내 것으로 만들어 수익을 가져갈 수 있을 겁니다.

지금은 누가 '기본적 분석을 열심히 해서 미래성장성이 큰 진흙 속의 진주를 찾아내느냐'의 싸움입니다. 기술의 변화가 시장의 변화를 가져오는 시기에 투자자들 스스로가 능동적으로 개별기업의 보유기술과 영업망 등을 조사하고 시장의 변화에 얼마나 능동적으로 대응하고 있는지를 조사하고 확인하는 것은 수익을 위해 반드시 해야 할 기본적 분석이라 생각됩니다. 대공황의 경기침체기에도 내일을 위한 투자는 이뤄지고 있었고 그런 과정을 거쳐 지금의 주가지수가 만들어졌다는 사실을 잊지 말아야 합니다.

CHAPTER 4

전기전자주

32
4.72
69.178
4.91

| 우리나라 전기전자 산업의 현재 |

우리나라 수출을 이끄는 분야가 전기전자라 해도 과언이 아닌데, 반도체를 위시해서 스마트폰, 생활가전, 자동차 전장 부품 등 빠르게 변화하고 있는 4차 산업혁명의 핵심 기술이자 현대기술의 총아라 할 수 있습니다. 디지털경제를 이루는 핵심 코어이며, 예전 아날로그 기술 시절에 독일과 일본이 선도하던 분야를 이제는 우리나라의 전자대기업들이 선도하고 있습니다. 이 중 반도체 분야는 삼성전자와 SK하이닉스 중심의 메모리 반도체가 핵심으로 글로벌 시장을 우리 기업들이 주도한다고 해도 과언이 아닌 시장입니다.

반도체시장에서 메모리반도체 시장은 비메모리반도체보다 규모는 작지만, 삼성전자와 SK하이닉스, 미국의 마이크론테크놀로지가 독과점하고 있는 시장이라 비메모리반도체와는 다른 시장 구조를 갖고 있습니다. 물론 대만 TSMC가 비메모리반도체 시장을 석권하면서 삼성전자를 능가하는 반도체기업으로 성장하고 있지만 뒤늦게 비메모리반도체 분야를 키우고 있는 삼성전자의 추격에 TSMC의 자리가 위협받고 있는 것도 사실입니다.

전기전자의 핵심분야인 생활가전은 우리나라 삼성전자와 LG전자가 독과점하며 시장을 주도한다고 해도 과언이 아닌데, 매 분기마다 삼성전자와 LG전자의 실적발표와 전망에 대해 미국 월가도 관심을 두고 지켜보고 있는 것은 디지털가전시장에서 우리나라 기업의 위상이 어떤지 잘 보여주는 사례라 할 수 있습니다.

스마트폰 분야는 미국 애플과 구글의 안드로이드OS가 양분하고 있는 시장으로, 수익성은 미국 애플이 iOS라는 독자적인 OS를 기반으로 그들만의 아이폰 생태계를 만들었기 때문에 월등히 앞서가고 있고, 구글 안드로이드 OS 아래 삼성전자와 중국의 스마트폰 업체들이 모여 있는 형국입니다. 프리미엄스마트폰 시장은 애플 아이폰과 삼성전자 갤럭시폰이 양분하고 있고, 중저가 브랜드로 중국산 스마트폰이 기세를 올리며 중국과 인도, 동유럽 시장 등 저소득 후진국 시장에서 빠르게 성장하고 있습니다. 중국시장에서 LG전자가 퇴출되면서 규모의 경제를 달성하는데 실패한 LG전자는 적자를 이어가다 2021년 마침내 스마트폰 사업에서 철수하였고, 이는 중국의 중저가 브랜드들이 프리미엄시장을 넘볼 수 있는 기회로 작용하고 있어 삼성전자에게는 위기라고 할 수 있습니다.

스마트폰과 생활가전은 모두 일반 소비자를 대상으로 하고 있으면서 프리미엄시장과 중저가시장이 확실하게 양분되어 있는 시장으로 삼성전자와 LG전자는 프리미엄시장을 수성하며 글로벌 시장을 대상으로 수출을 늘리고 있지만 중국의 중저가브랜드가 규모의 경제를 달성하며 해외브랜드를 인수해 프리미엄 시장을 넘보는 상황이 이어지고 있습니다.

기존 주류 전자시장이 프리미엄시장과 중저가시장으로 양분되어 우리나라 기업과 중국 기업이 경쟁하고 있다면, 새롭게 4차 산업혁명과 함께 등장한 전기차배터리와 차량용 전장시장은 전기전자 업체들에게 새로운 기회의 땅이자 블루오션으로 매년 막대한 투자비가 들어가며 시장을 키우고 있는 상황입니다. 특히 전기차 시장은 빠르게 성장하고 있는데, 4차 산업혁명 중 가장 먼저 상업화가 이뤄졌으며 이를 기반으로 자율주행시장이 성장하고 있어 미래먹거리로 기업들의 관심이 많은 시장입니다. 중국은 아날로그 시장을 뛰어넘어 곧바로 디지털시장에 뛰어들어 4차 산업혁명과 함께 새롭게 만들어지고 성장하고 있는 전기차와 자동차 전장 분야의 투자를 늘리고 있어 우리 기업들에게 강력한 경쟁자로 대두되고 있습니다.

전기차 배터리 분야는 중국 정부의 지원을 받는 중국 전기차배터리 업체들이 전기차 시장까지 넘보는 규모의 경제를 달성하고 있으며, 기술력이 부족해도 가격 경쟁력이 있고 안전성이 보장되기 때문에 빠르게 시장을 넓혀가고 있는데 우리나라 대기업인 LG에너지솔루션과 SK온 그리고 삼성SDI도 중국기업들과 경쟁하며 빠르게 성장하고 있는 상황입니다.

전기전자 업종은 지금도 성장을 이어가고 있는 시장을 배경으로 하고 있어 성장주이자 가치주로 부각되는 중소형주들이 많이 탄생하는 시장이라 투자자에게 기회의 땅이라 할 수 있습니다. 주식투자에 있어 수익을 주는 것은 개별종목이지만 그 개별종목이 속한 시장을 넘어설 수는 없다는 사실을 기억하며 기본적분석을 통한 종목 찾기와 기술적분석을 통한 투자 타이밍을 잘 잡아야 합니다.

우리나라 전기전자 시장은 삼성과 LG, SK 같은 대기업이 최상단에 자리하고, 그 밑으로 주요 핵심 부품업체들과 중견기업들이 납품관계로 줄을 서고 있으며, 2차와 3차 벤더로 중소벤처기업들이 그 밑을 떠받치는 피라미드 구조를 완성하고 있습니다. 이런 납품관계에 들어간 기업은 규모의 경제를 조기에 달성해 꾸준히 수익을 내며 대기업의 실적과 연동되어 성장을 이어갈 수 있어 안정적이기는 하나 대기업의 실적에 연동되어 실적 성장이 제한되기 때문에 성장성에는 한계를 갖고 있다고 볼 수 있습니다.

소재와 부품, 장비로 대변되는 소부장 업체들이 갖고 있는 태생적 한계로 반도체 분야는 이런 천수답 형태가 고정되어 있어 삼성전자와 SK하이닉스의 투자에 장비주와 소재주의 실적이 연동되고 스마트폰 부품사들은 삼성전자 갤럭시 신모델의 글로벌 흥행 여부에 실적이 연동되는 상황이 이어지고 있습니다. 이런 시장구조를 이해하고 개별종목에 접근할 때 수익을 가져가는 투자를 할 수 있습니다.

| 반도체와 디스플레이 시장 |

우리나라 반도체 시장은 삼성전자와 SK하이닉스 중심의 독과점시장 형태를 취하고 있어 이들 두 기업이 투자를 늘리면 관련 소부장업체들의 수익이 늘어나고 이들 두 대기업이 투자를 줄이면 실적이 둔화되는 천수답 형태입니다. 반도체 제조장비주들은 중국 반도체 굴기에 기대감을 갖고 중국에 납품할 기회를 엿보거나 실제로 납품에 성공하기도 하지만, 삼성전자와 SK하이닉스의 중국공장에 납품하는 것이기 때문에 중국기업에 납품한다고 보기도 무리가 있어 보입니다.

반도체는 크게 전공정과 후공정으로 나눌 수 있는데 전공정은 반도체 웨이퍼 위에 회로를 만드는 과정이고, 후공정은 만들어진 회로를 하나하나 잘라 외부와 접속한 선을 연결하는 패키지 과정이라 할 수 있습니다. 우리나라는 삼성전자와 SK하이닉스 중심의 메모리반도체가 주력이다 보니 두 대기업이 전공정과 후공정을 모두 함께하기 때문에 후공정 기업이 성장하기 어려운 토대가 만들어졌습니다. 후공정을 뜻하는 반도체 조립 테스트 아웃소싱OSAT 기업으로 국내에는 하나마이크론과 SFA반도체, 엘비세미콘, 네패스, 시그네틱 등이 유명한데 이들 기업은 삼성전자와 SK하이닉스의 발주를 받지 못하고 팹니스 회사들과 함께 성장했다고 봐도 무방할 것입니다.

최근에 삼성전자가 파운드리반도체 분야인 시스템반도체 분야의 투자를 늘리면서 일감이 늘고 있는데 뒤늦은 성장이지만 새로운 기회를 주고 있다고 볼 수 있습니다. 미중패권 전쟁이 반도체 분야에 집중되면서 우리나라 반도체 관련 기업들에게는 위기이자 기회가 만들어지고 있는 형국입니다. 특히나 메모리반도체 분야에서 일어났던 일들이 동일하게 파운드리반도체 분야에도 반복되고 있는데 삼성전자의 초격차 성장 전략이 동일하게 적용되고 있기 때문입니다. 물론 메모리반도체 시장과 파운드리반도체 시장은 근본부터가 다르기 때문에 동일한 전략이 통할 수는 없겠지만 삼성전자의 성공 전략을 파운드리 분야에 맞춰 어떻게 잘 적용할 것인가가 이들 후공정 업체들에게는 위기이자 기회가 되고 있습니다.

미국의 인플레이션감축법이 전기차와 전기차배터리에만 영향을 미치는 것이 아니라 반도체 분야에도 영향을 미치고 있기 때문에 우리나라와 대만 기업들에게는 분명 기회로 작용하는 측면이 있습니다. 미국 입장에서는 공급망 분야를 칩4(미국, 일본, 한국, 대만)라는 서방기업들 중심으로 재편하면서 자연스럽게 중국을 견제할 수 있기 때문인데 우리나라 기업들이 중국시장을 배경으로 빠르게 성장해 왔다는 측면에서 중국을 배제하고 성장구조를 새롭게 짜야 하는 것은 분명 위기로 작용하는 것으로 우리가 잃어버리게 될 중국시장을 미국이 대신해 주지 못하기 때문입니다.

우리는 2019년 7월 일본우익 아베수상의 수출규제정책으로 큰 피해를 보게 되었는데 이때 문재인 전 대통령이 언론의 설레발에 일본에 저자세로 나갔다면 영원히 일본 반도체 소재와 부품, 장비의 의존도를 낮추지 못하고 끌려다니게 되었을 겁니다. 당시 우리나라 30대 재벌 오너회장들이 대거 청와대에 모여 일본우익 아베정부와 무역전쟁에서 지지 않겠다고 선언하였는데 당시 청와대 회동에 빠진 일본 롯데 신동빈 회장과 삼성 이재용 부회장이 도쿄에 머물렀다는 사실은 시사하는 바가 커 보입니다.

2019년까지만 해도 매년 200억 달러 규모의 대일무역적자를 보고 있었는데 이는 소재와 부품, 장비를 넘어 소비재까지 일본상품이 국내에 수입되어 시장을 넘보고 있었기 때문입니다. 문재인 정부가 내세운 '소부장 국산화 정책'은 일본에 대한 의존도를 낮추는 계기가 되었는데 애초에 일본 소재와 부품, 장비 업체들은 우리나라 대기업인 삼성전자와 SK하이닉스, LG디스플레이 등에 납품하는 하청업체들로 우리나라 기업들이 글로벌 시장을 독과점하고 있는 상황에서 우리 기업에 납품하지 않으면 그들의 실적도 꼬꾸라지는 구조를 갖고 있었습니다.

이때까지만 해도 일본의 소부장 업체들의 납품 실적으로 삼성전자와 SK하이닉스의 실적 추정이 가능하다고 할 정도로 일본 소부장업체의 가격결정권이나 납품권이 납품을 받는 우리나라 대기업보다 우위에 있었다고 할 수 있었습니다. 하지만 2019년 7월 한일무역전쟁 이후로 소부장 국산화에 따라 일본 기업들의 가격결정권, 납품권이 부정되어 일반 하도급업체와 같은 처지로 전락하고 말았습니다.

일본우익 아베정부의 반도체 수출규제로 시작된 한일무역전쟁은 우리나라를 일본이 화이트리스트에서 배제하는 것에서 정점을 이루었는데 전략물자를 우리나라가 적성국인 북한이나 중국에 판매하여 일본의 안보를 위협한다는 논리인데 사실은 일본기업들이 전략물자를 북한에 수출해 우리나라의 안보를 위협하고 있었습니다. 일본우익 아베정부의 적반하장에 우리 정부와 국민들의 저항은 시장의 구조를 바꿔버릴 만큼 큰 지각변동을 가져왔는데, 특히 소비재 품목의 경우 재벌오너일가가 직접 수입해와 손쉽게 돈을 버는 구조가 자리 잡고 있었습니다.

하지만 2019년 7월 이후 반일정서의 확산으로 롯데와 일본아사히맥주의 합작으로 수입되어 수입맥주 시장 1위를 달리던 일본맥주들이 자취를 감추게 되었습니다. 대표적인 소비재 SPA브랜드인 '유니클로'도 롯데그룹과의 합작으로 국내에 진출했는데 오프라인 영업망을 줄이고 온라인으로 판매망을 돌리는 전략으로 바꿀 수밖에 없을 정도로 타격을 받게 되었습니다. 이는 국민들의 자발적인 일본소비재 거부 운동으로 국민 자존심이 걸린 문제였고, 저비용항공사(LCC)들의 알짜배기 노선인 일본노선이 동남아 노선에 비해 수익성이 밀리는 계기가 되기도 했습니다. 당시 일본 반도체소재 기업들은 중국공장으로 재고를 밀어내기 하고 이를 중국 삼성전자 공장과 SK하이닉스 공장을 통해 국내로 역수출하는 방식으로 우리 공장이 멈추는 일이 발생하지 않도록 노력했고 급기야 국내에 공장을 지어 직접 진출하는 방식으로 대응하게 되었습니다. 이는 삼성전자와 SK하이닉스 등이 소재 국산화에 나서면서 일본 소재업체들의 주요 고객을 잃게 생긴 상황에서 일본 기업들의 고육지책이라고 할 수 있습니다. 이는 국내 기업이 소부장 중소기업에 투자를 늘리는 계기가 되기도 했는데 안정적인 공급망 구축을 위해 국산화에 대기업도 나선 것으로 볼 수 있습니다.

반도체와 디스플레이 분야에서 전 공정 분야는 일본의 수출규제가 소재국산화에 기폭제가 되어 관련 기업의 성장을 가져온 측면이 있습니다. 증시에 상장되어 있는 대표적인 소재업체인 SK(합병 전 SK머티리얼즈)와 한솔케미칼, 솔브레인 등은 일본소재수출규제가 하나의 터닝포인트가 된 기업들인데 소재산업 특성상 한번 양산 공정에 투입된 소재는 공정 전환이 이뤄지기 전에는 바뀌지 않는다는 사실에서 일본 소재업체들이 지난 몇 십 년 동안 독과점 하던 시장이었습니다. 일본 기업들은 소재공급 업체이면서 하청 업체였지만 소재공급 독과점에 납품가격 결정권도 갖고 있을 만큼 강력한 시장지배력을 갖고 있어 국내 소재 업체들의 신규시장 진출이 어려웠습니다.

소재 국산화는 최고경영권자가 책임을 져야 할 만큼 공정 변화와 생산성과 관련된 사안이기 때문에 쉽게 착수하지 못했었는데 일본우익 아베 정부의 일본소재수출규제는 소재 국산화의 호기를 만들어준 꼴이 되었습니다. 이런 시장 변화에 개별 소재기업들은 소재국산화에 나설 수 있었는데 이는 삼성전자와 SK하이닉스가 소재공급망에 불안을 느끼고 국산 소재의 필요성을 인식하는 계기가 되었습니다. 투자자라면 이런 시장의 변화에 기반해 종목 찾기를 했어야 했고 그랬다면 SK머티리얼즈와 한솔케미칼, 솔브레인 같은 수혜주들을 조기에 매수하여 상당한 수익을 볼 수 있었을 것입니다.

SK머티리얼즈와 함께 SK그룹의 대표적인 소재업체인 SK케미칼의 주가 변화는 2019년에 드라마틱하게 움직여 주었습니다. 일본의 반도체 소재 수출규제가 발표된 2019년 7월에 이미 9만 원대 주가로 올라 있었는데 2019년 3월 13일 연 저점 32,760원에서부터 오르기 시작해 이미 한 분기 만에 200% 가까운 상승세를 나타내기도 했지만, 일본수출규제 이후 주가가 본격적으로 시세분출하는 모습을 보이며 급등해 8월 14일 최고

SK케미칼 주가차트 대신증권 HTS갈무리

가 310,915원을 기록하기도 했습니다.

투자자라면 1년 사이 1000%의 주가상승을 기록한 종목에 투자하기를 희망하는 경우가 많은데 이런 종목을 찾기 위해 기본적 분석으로 거시경제의 변동에 주목했어야 합니다. 그 당시 문재인 정부의 대일의존도를 낮추려는 움직임은 다방면에서 나타나고 있었는데, 대일의존도를 낮추는 소재국산화는 이미 연초부터 있어 왔고 이런 움직임이 SK케미칼의 주가를 일 년 내내 끌어올리고 있었다고 봐도 무방할 것입니다.

한솔케미칼은 라텍스, 과산화수소 등 정밀화학 제품과 전자·2차전지 소재 제품을 만드는 기업으로 주요 종속회사로 테이팩스를, 계열회사로 한솔머티리얼즈, 에이치에스머티리얼스, 삼영순화 등 소재 생산 회사들을 두고 있습니다. 한솔케미칼은 한솔홀딩스 지분 4.31%를, 조동길 회장은 한솔케미칼 지분 0.31%를 보유 중이지만 형제 간의 독자경영 체제는 어느 정도 자리를 잡은 모습으로 조동길 회장의 아들 조성민 한솔제지 상무가 경영수업 중이고, 조동혁 회장의 딸 조연주 한솔케미칼 부회장이 회사를 이끌며 3세 승계 작업에 박차를 가하고 있습니다.

한솔케미칼의 주가상승은 소재산업의 성장과 궤를 같이하고 있는데, 특히 2차전지 소재의 성장은 한솔케미칼 주가 상승의 원동력이 되고 있습니다. 2020년부터 2021년 9월까지 2년간 한솔케미칼은 약 500%대의 주가 상승률을 보여주었는데 이는 유동성 장세의 영향도 있기에 주가가 자기 실적을 넘어 오버슈팅한 것으로 볼 수 있습니다. 이후 금리 인상기에 주가는 흘러내리며 주가버블을 빼는 단계에 진입합니다.

2020년 문재인 정부의 정책적 지원으로 소재와 부품, 장비주들의 실적

한솔케미칼 주가차트 대신증권HTS갈무리

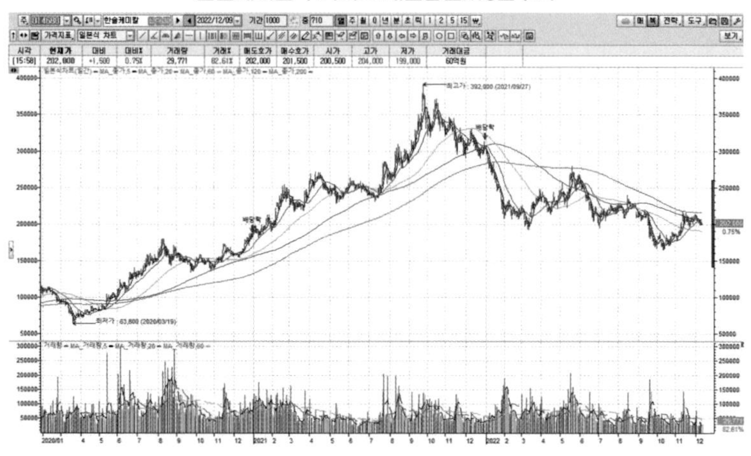

개선이 이뤄졌지만 2021년 8월부터 한국은행의 금리인상이 시작되면서 주가에 낀 버블이 빠지기 시작했습니다. 여기다 2022년 3월 윤석열 대통령 당선은 문재인 정부 정책의 철회와 맞물려 소부장 관련주는 정부 정책수혜를 더이상 받지 못할 것이라는 불확실성이 제기되어 주가가 흘러내리고 있습니다. 또 일본소부장 기업들의 국내 직접 진출은 국산화에 대한 의지를 약화시키고 있습니다.

다이킨공업은 대표적인 전범 기업으로 현재 "일제 강제 징용 피해자 손해 배상" 소송 결과 재산의 압류 위험에도 국내 진출해 생산에 나설 만큼 시장점유율을 지키는 데 절박한 상황입니다. 이런 일본 기업들의 움직임은 국내 상장된 대표적인 소재주들의 주가 움직임만 봐도 이해할 수 있습니다. 일본우익 아베정부의 뒤를 이은 스가정부와 기시다정부도 일본수출규제 정책을 그대로 계승해 가자 더 이상 일본정부의 전향적인 태도를 기다리지 못하고 국내에 직접 진출해 생산하는 방식으로 대응전략을 바꾸고 있습니다.

반도체 후공정은 삼성전자의 파운드리반도체 분야 진출과 궤를 같이하고 있는데 하나마이크론의 실적 성장을 보게 되면 이런 상황을 쉽게 이해할 수 있습니다.

하나마이크론도 코로나19팬데믹 영향으로 2020년 3월 19일 최저가 2,392원을 찍었는데 이후 주가는 2년 동안 꾸준히 상승해 2021년 11월 15일 최고가 22,354원을 기록해 약 1000%의 주가상승세를 보여주었습니다. 유동성장세의 영향을 받은 것도 있지만 삼성전자가 파운드리 분야를 키우면서 실적이 좋아진 영향이 큰 것으로 2021년 8월 한국은행의 금리 인상에도 최고가를 그해 11월에 기록했다는 것이 이를 반증하고 있습니다.

반도체 기업들의 초미세화 경쟁이 심화하면서 후공정(패키징·테스트) 시

하나마이크론 주가차트 대신증권 HTS 갈무리

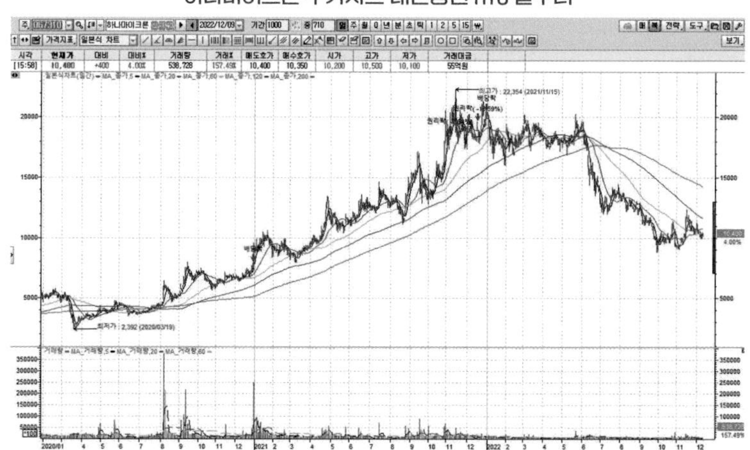

장 규모는 점차 확대될 것으로 전망되는데 시장조사기관 트렌드포스는 올해 반도체 후공정 매출 규모가 1,011억 8,500만 달러(한화 144조 9,475억 원)로 전년 대비 23.19% 증가할 것으로 예상하고 있습니다.

시장 성장과 맞물려 하나마이크론의 비메모리 테스트 매출 비중은 2022년 2분기 53%를 기록하며 지난 2021년 말 대비 14%p 증가했는데 4차 산업혁명인 사물인터넷IoT, 빅데이터, 인공지능AI 등 기술의 발전으로 비메모리(시스템) 반도체 수요가 급증한 것에 수혜를 보고 있는 것입니다.

금리 인상으로 소비가 둔화될 위험이 커지면서 고객사들의 발주가 줄어들어 실적 둔화 우려도 커지고 있어 주가도 유동성장세의 버블을 빼며 하락하고 있습니다. 바닥을 확인하는 실적 둔화를 마무리하면 주가도 반등세를 탈 것으로 예상됩니다. 금리 인상으로 소비가 둔화되고 경기가 침체한 영향을 피해갈 수는 없지만 자기만의 시장을 기술력으로 진입 장벽을 갖고 있어 실적 둔화도 제한될 가능성이 크기 때문에 주가반등도 다른 업종에 비해 먼저 나올 가능성이 커 보입니다.

삼성전자가 소부장 기업에 직접 투자하는 것은 공급망 안정을 위한 조치이자 장기적으로 관련 기업의 성장과실을 함께하려는 것으로 배당을 통해 삼성전자는 일부 수익을 되돌려 받을 수 있습니다. 삼성전자의 투자는 안정적인 거래선의 확보라는 측면에서 긍정적일 뿐 아니라 납품가격 후려치기와 같은 나쁜 관행에서도 한발 비껴갈 수 있는 길이라 삼성전자도 납품하는 소부장 업체도 모두 윈윈할 수 있는 좋은 방법이라 생각합니다.

"소부장 국산화"와 함께 2020년 7월 일본우익 아베정부의 수출규제로 촉발된 한일무역전쟁에 대해 국내 언론의 호들갑은 투자자들에게 막연한 불안감을 안겨주었는데 결과는 반대로 나타나고 있어 언론의 호들갑에 놀아난 투자자들이 큰 손해를 보았다는 사실을 알 수 있습니다.

2021년 3월의 코로나19팬데믹 상황을 제외하고 이전과 이후 반도체와 디스플레이소재 분야에서 일어난 개별종목들의 주가상승은 일반적인 주가 급등과는 패턴을 달리하고 있는데 유동성 장세의 영향으로 대부분의 종목들이 실적 그 이상의 오버슈팅 구간으로 주가가 날라간 측면이 있습니다. 언론에서 일본우익 아베정부의 수출규제로 손해를 보는 것은 물건을 못 팔아먹는 일본기업도 마찬가지인데 납품을 받는 발주처인 우리나라 기업만 큰 손해를 본다는 황당한 보도에 상식을 갖고 있는 투자자라면 발주처에 손해를 입힌 납품회사가 그 시장에서 살아남을 수 있다고 생각하는 것이 오히려 이상한 논리였다는 사실을 깨달아야 했습니다.

한마디로 2019년 7월 일본우익 아베정부의 수출규제를 보도하는 국내 언론의 보도 행태는 객관성을 잃어버리고 일본우익의 이익을 대변하는 보도로 현실을 왜곡했던 전형적인 사례였다는 사실을 기억해야 합니다. 합리적인 투자자라면 팩트 체크를 통해 사실에 기반한 투자 판단을 할 수 있어야 했습니다.

디스플레이 분야에서 LG디스플레이의 주가는 최종 완성품인 LG전자의 대형TV와 애플 아이폰의 판매량에 영향을 받고 있는데, 삼성디스플레이가 LCD패널시장을 포기하고 철수하면서 LG디스플레이가 대형 OLED패널을 삼성전자에 납품하는 새로운 시장에 대한 기대감이 커지고 있는 상황입니다. 디스플레이 패널을 제조해 납품하는 LG디스플레이로서는 어떤 고객사를 만나느냐에 따라 실적이 달라질 수 있어 꾸준히 수익을 내는 대형사와 안정적인 거래관계를 가져가는 것이 중요합니다.

LG디스플레이에게 2021년은 LG전자의 스마트폰사업 철수로 타격이 클 수밖에 없었는데 애플 아이폰과 아이패드에 대한 의존도를 늘릴 수 있어 일부 충격을 완화할 수 있었습니다. 여기다 삼성디스플레이의 LCD 사업 철수는 삼성전자 중대형TV에 LG디스플레이의 OLED 납품 가능성을 높여주고 있는데 삼성디스플레이가 밀고 있는 QDOLED패널의 수율이 좋지 않기 때문에 당장 이를 대체할 수 있는 양산이 가능한 곳은 LG디스플레이 만한 곳이 없는 상황입니다.

삼성전자와 LG디스플레이의 전략적 동반 관계를 상상할 수 있는 것이 전기전자 시장에 영원한 적도 영원한 동지도 없다는 비정한 사실을 보여주는 것 같습니다.

LG디스플레이는 중소형 OLED에서는 애플에 대한 의존도가 높고 중

LG디스플레이 주가차트 대신증권 HTS갈무리

대형 OLED에서는 LG전자에 대한 의존도가 높기 때문에 이들 기업의 실적에 연동된 측면이 있습니다. 특히 중국산 중저가 LCD와 경쟁해야 하는 OLED 입장에서는 LCD 가격에 민감할 수밖에 없습니다. LG디스플레이 주가가 25,000원과 10,000원의 좁은 박스권에 갇혀 움직일 수밖에 없는 것이 바로 이런 천수답 형태의 시장구조에서 기인합니다. 엔드유저인 애플과 LG전자의 생산량에 실적이 연동되기 때문으로 애플의 경우 삼성디스플레이를 주요 벤더로 활용하고 있어 LG디스플레이 생산량에 직접적인 영향을 미치고 있는 상황입니다. LG디스플레이 주가가 10,000원에 가까이 갈 때는 실적이 적자를 기록할 때이고 25,000원을 향해 갈 때는 흑자로 돌아서는 때라고 보면 거의 맞는 것으로 LG디스플레이의 수익구조가 철저하게 엔드유저의 실적에 연동되고 있어 나타나는 현상입니다.

지금 디스플레이 시장은 삼성전자와 LG디스플레이가 속한 프리미엄 시장과 중국산 중저가 LCD업체들이 난립한 시장으로 양분되어 있는데 삼성전자가 밀고 있는 QDOLED와 LG디스플레이가 밀고 있는 OLED가 프리미엄시장을 놓고 경쟁하고 있는 상황으로 향후 승자가 중대형TV패널 시장을 독과점할 가능성이 커 보입니다.

삼성전자도 LG디스플레이도 물러설 수 없는 상황으로 디스플레이 전쟁이라 부를 만한데 중국산 중저가 LCD패널의 가격 급등락은 중국의 봉쇄정책으로 공급망에 문제가 생기기 때문이라 경제외적인 요인이 작용하고 있는 일시적인 현상으로 시진핑 중국국가주석의 3연임이 결정된 이후 코로나봉쇄정책이 철회되면 또다시 LCD가격 폭락이 나타날 수 있는 위험이 있습니다.

중국산 중저가 LCD가 낮은 가격을 무기로 디스플레이 시장 가격을 급락시키는 주범이 되고 있는데 중국기업은 중국 은행들의 부채로 버틸 수 있지만 LG디스플레이는 LCD로 가격 폭락이 나타날 경우 버티기 어려운 구조를 갖고 있어 프리미엄 시장만으로 버티는 데 한계를 갖고 있다는 평가가 나오고 있습니다. 즉 중국 LCD 가격 동향이 LG디스플레이의 실적과 민감하게 연관되어 있음을 알 수 있는데, 2020년 이후 OLED 매출이 LCD 매출을 넘어서고 있다고 해도 낮은 가격을 무기로 덤핑 판매하는 중국 기업들의 공세에 LG디스플레이의 실적이 출렁일 수밖에 없습니다.

중국의 코로나봉쇄정책은 중저가 LCD 생산량을 낮춰 가격 상승의 주요 요인이 되었는데 이는 상대적으로 고가인 OLED 패널의 경쟁력을 높여주는 요인으로 작용하였고 LG디스플레이 실적 호전에 기여한 요인이 되었습니다. OLED와 LCD가 제로섬 게임을 하듯이 디스플레이 시장을 양분하고 있는 상황에서 기술력이 달리는 중국 디스플레이 업체들은 중저가 LCD 생산에 사활을 걸고 있고 중국산 중저가TV와 모니터, 스마트폰의 LCD가 경쟁력이 있기 때문에 중국은 LCD 천국이라 불릴 만큼 시장이 편중되어 있었습니다.

하지만 LCD 가격이 오르면서 OLED의 경쟁력이 높아지고 선진국을 중심으로 LCD와 OLED의 화질 차이를 인식하는 소비자들이 늘면서 중대형TV시장은 OLED 패널 중심의 시장으로 빠르게 발전하고 있고 오히려 가격이 싼 대신에 화질이 떨어지는 LCD는 프리미엄 시장으로 넘어가지 못하고 퇴출되는 상황이 만들어지고 있습니다. 삼성디스플레이가 LCD 사업을 조기에 포기하고 철수한 것이 이런 저간의 시장상황을 대변

LG디스플레이 2022년 3분기 실적발표 발췌

매출 및 손익

LG Display

매출

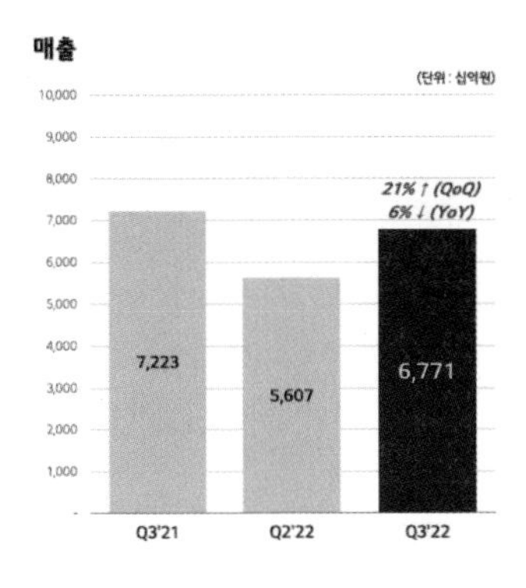

손익

(단위 : 십억원, %)

	Q3'21	Q2'22	Q3'22	QoQ	YoY
영업이익	529 7%	-488 -9%	-759 -11%	N/A	N/A
EBITDA*	1,696 23%	662 12%	391 6%	-41%	-77%
법인세차감전 순이익	609	-512	-1,099	N/A	N/A
당기순이익	464	-382	-774	N/A	N/A

* EBITDA = 영업이익 + 감가상각비 + 무형자산상각비

한다고 할 수 있습니다.

이런 거시경제 시장의 변화를 감안하여 LG디스플레이의 실적 추이를 지켜봐야 하는데 유동성 장세를 넘어 통화긴축 시대로 접어들면서 경기 침체마저 우려해야 할 상황이 만들어지면서 소비 둔화는 프리미엄 시장에도 영향을 미치고 있어 LG디스플레이 실적을 악화시키고 있습니다.

LG디스플레이의 실적이 더 악화되면 LG전자가 합병하여 내재화할 가능성이 있다는 사실을 염두에 두고 지켜봐야 하는데 주가 1만 원은 그럴 가능성이 높은 주가라는 사실을 알아야 합니다.

| 스마트폰 시장 |

국내 스마트폰 시장의 경쟁은 2021년 초 LG전자가 전격적으로 스마트폰 시장에서 철수하면서 삼성전자 안드로이드폰과 미국 애플 아이폰의 경쟁 구도로 좁혀지고 있습니다. 하지만 글로벌 시장은 프리미엄 스마트폰 시장에서 삼성전자와 애플의 경쟁에 중국산 중저가 브랜드인 샤오미가 도전장을 내놓고 있고 중국 스마트폰 시장은 애플 아이폰과 중국산 브랜드의 각축장으로 변해 버린 상황입니다. 특히 중국 다음으로 성장성이 큰 시장으로 평가되는 인도시장은 중국 샤오미가 분기 기준 삼성전자의 매출액을 넘어설 만큼 빠르게 성장하고 있어 삼성전자에게는 좋지 않은 상황이라 할 수 있습니다.

2021년 초에 LG전자의 스마트폰 사업 철수는 이미 몇 년 전에 예고된 것으로 2010년 초반에 중국으로 출장을 갔을 때 중국의 전자상가에서 삼성전자와 LG전자 스마트폰은 애플과 함께 진열대 가장 앞에 전시되어 중국인 고객들을 맞았었고 뒤쪽 진열대에 중국산 스마트폰인 화웨이와 비보, 오포 등이 전시되어 있었습니다. 그런데 몇 년 지나 진열대 일선에 애플과 삼성전자는 그대로 전시되는데 반해 LG전자의 자리는 중국 화웨이와 바뀌어 있어 LG전자가 뒤쪽 진열대에서 중국 오포, 비보와 나란히 전시되는 것을 보고 하드웨어 잘 만드는 제조업의 한계를 실감하게 되었습니다. 중국시장에서 LG전자가 퇴출된 이후 삼성전자도 1% 미만의 미미한 시장점유율로 실질적으로 중국시장에서 퇴출되었다고 봐도 무방할 정도인데 폴더블폰 정도만 삼성전자가 명맥을 유지할 뿐 기존 프리미엄폰에서도 중국시장에서는 밀리는 형국입니다.

이는 하드웨어 잘 만드는 제조업의 한계를 드러낸 것으로 자체 OS를 갖고 있는 애플은 아이폰의 생태계를 만들어내 수익성을 늘려갈 수 있지만 삼성전자와 LG전자는 구글안드로이드 OS에 속한 하드웨어 잘 만드는 제조업체에 불과해 중국 제조업체들과 차별성을 가져가는 데 한계를 갖고 있기 때문입니다. 여기다 삼성전자가 애플이 진출하지 못한 폴더블폰 시장을 선점하기 위해 대중화를 모토로 가격 인하 정책을 내놓고 있지만 판매량이 일 년에 1천 만대에 머물고 있어 아직 대중화라 부르기에는 한계를 갖고 있고, 이마저도 중국 브랜드의 시장 진출로 조만간 미국 애플도 중국에서 폴더블폰을 제조해 내놓을 것이라는 점 때문에 삼성전자의 독주에 한계를 드러내고 있습니다. 즉 삼성전자도 스마트폰 분야에서 LG전자의 뒤를 따를 가능성이 높다는 사실을 인지하고 시장을 보아야 하고, 삼성전자에 납품하는 부품사들은 애플과 중국 스마트폰 업체의 부품사로 재편될 가능성도 높아지고 있는 상황입니다.

코로나19팬데믹 상황인 2020년과 2021년 애플과 중국 브랜드들은 스마트폰 시장점유율을 넓히는 기회로 작용했지만 삼성전자는 LG전자가 철수한 자리마저 중국 브랜드에 빼앗길 만큼 글로벌 스마트폰 시장점유율을 늘리는 데 실패하고 있습니다.

중국 스마트폰 업체들의 기술력과 디자인이 삼성전자를 빠르게 추격하고 있어 가성비에서 밀리는 삼성전자의 스마트폰 입지를 좁히고 있습니다. 스마트폰 부품사들도 좀처럼 히트작을 내놓지 못하는 삼성전자 대신에 중국 스마트폰 제조업체에 부품을 납품하기 위해 노력하고 있습니다. 폴더블폰 시장에서 삼성전자의 독주는 연간 1천만 대에 못 미치는 판매량으로 한계를 갖고 있어 애플이 진출할 경우 폴더블폰 시장을 잠식당할 수 있어 호재보다 악재가 많은 상황입니다.

결국 삼성전자도 LG전자의 뒤를 따라 스마트폰 사업을 포기할 가능성이 점점 커지고 있고 유지한다 해도 명맥을 이어가는 수준에서 사업을 지속할 것이라 부품사들의 미래는 암담하다고 할 수 있습니다.

| 세경하이테크 |

세경하이테크는 삼성디스플레이에 폴더블폰의 특수필름을 독점 납품하는 회사로 폴더블폰 소재기업으로 유망한 성장성에 기대감이 큰 회사입니다.

주요 사업 부문은 스마트 기기 제품 표면에 적용되는 데코필름, 디스플레이에 적용되는 광학필름, 스마트폰 내부 모듈 부분에 적용되는 보호필름 사업으로 구분됩니다. 데코필름의 주요 고객사는 삼성전자, 오포OPPO, 샤오미, 리얼미Realme 등이고 광학필름은 삼성디스플레이, 보호필름은 삼성전자가 주요 고객입니다. 2022년 2분기 기준 데코필름 매출액이 181억 원(16.55%), 광학필름 534억 원(48.81%), 보호필름 351억 원(32.1%) 규모로 폴더블 디스플레이에 사용되는 광학필름 매출액 비중이 절반 이상입니다.

사업장은 경기도 수원에 있는 국내 사업장 1공장(본사), 2공장(연구소)을 보유하고 있으며 2013년 베트남에 자회사(세경비나)를 설립했고 일본 법인(SGJ)과 중국 법인(동관 디자인센터)도 운영 중에 있습니다. 이 회사는 꾸준한 설비투자를 진행하고 있는데 2019년 581억 원, 2020년 385억 원, 2021년 294억 원의 설비투자가 집행됐고 2018년 하반기 데코필름 사업 확장을 목적으로 베트남 제1공장에 C동을 건설했고, 2019년 상반기에는 폴더블 등 신규 사업 진행을 위한 생산능력 확보를 목적으로 베트남에

제2공장 부지(약 2만 평)를 매입, 같은 해 12월 세경비나 2공장을 완공했습니다.

세경하이테크는 최근 3년간 2,200억~2,800억 원가량의 매출을 꾸준히 기록해 왔는데 전망치는 2022년 2800억 원, 2023년 3300억 원 규모로 지속 성장이 예상되는 기업으로 영업이익의 경우 2019년 234억 원에서 2020년 20억 원대로 급감했지만 2021년 174억 원을 기록하며 회복세를 보이고 있습니다.

세경하이테크의 실적이 롤러코스터를 타는 이유는 주력 거래처인 삼성전자의 폴더블폰 실적이 1,000만 대의 벽에 걸려 좀처럼 늘지 못하고 있기 때문입니다. 2022년 들어서 분기별로 적자를 이어가면서 연간 실적 기준 대규모 영업적자를 기록할 가능성이 높아졌고 이에 따라 최대주주가 경영권 매각을 위해 사모펀드와 접촉한다는 소문이 시장에 퍼지게 되었습니다.

세경하이테크 최대주주는 이영민 대표이사로 375만 주, 31.82%의 지분을 보유하고 있고 특수관계인 지분까지 합하면 34.9%로 이번에 매각 대상이 되는 경영권 지분입니다. 2022년 상반기 실적이 부진한 가운데 주거래처인 삼성전자의 폴더블폰 신모델인 '갤럭시 Z 폴더4'와 '갤럭시 Z 플립4'에 대한 기대감이 있었지만 금리 인상으로 인한 경기 위축은 소비 둔화를 가져오고 있어 목표했던 1,000만 대 벽을 넘기에 힘겨운 모습입니다.

세경하이테크는 실적을 주가에 반영하는 차트를 보여주고 있는데 2022년 상반기 실적 부진으로 주가가 흘러내리는 모습을 보였고 이후 삼성전자 폴더블폰 신모델의 기대감으로 7월 반짝 반등했지만 '갤럭시 Z 폴더4'와 '갤럭시 Z 플립4'의 판매량이 기대에 못 미치면서 주가는 2차 폭락세를 나타냈습니다. 이런 상황에서 경영권 매각 이야기가 나오는 것은 매도자인 최대주주에게 불리한 일이지만 인수자인 사모펀드에게는 큰 수익을 낼 수 있는 기회이기에 적극적으로 M&A 협상이 이뤄지고 있는 것 같습니다.

2022년 11월 25일 세경하이테크는 최대주주 이영민 대표의 243만 7500주(지분율 20.68%)를 이상파트너스 컴소시엄에 경영권과 함께 매각하기로 공시했습니다. 매각총액은 약 804억 원이며 주당 가격은 33,000원으로 현재 주가와 큰 차이를 보이고 있어 경영권 프리미엄을 충분히 보장해 준 딜이라 할 수 있습니다. 특히 이영민 대표가 잔여지분을 갖고 있다는 측면에서 향후 주가 상승을 기대할 수 있는 부분이 있습니다. 새

세경하이테크 주가차트 대신증권 HTS 갈무리

로 경영권을 갖게 된 사모펀드 측에서 어떤 경영을 할지 지켜보며 포트폴리오를 재정비해야 할 시기라고 생각합니다.

| 생활가전 |

글로벌 생활가전 분야도 스마트폰과 같이 프리미엄급 브랜드와 중저가 브랜드의 경쟁 구도로 발전하고 있는데 우리나라 삼성전자와 LG전자는 디지털가전에 있어 프리미엄 시장을 석권한다고 해도 과언이 아닐 정도로 독과점하고 있는 상황입니다.

글로벌 TV시장을 놓고 보았을 때 삼성전자와 LG전자가 프리미엄급 TV시장을 독과점하고 있고 그 뒤를 중국 TCL이 중저가 브랜드로 추격하고 있는 양상입니다. 중국 브랜드들은 중국시장을 배경으로 빠르게 글로벌 시장점유율을 늘려가고 있는데 아직은 중국 브랜드의 싸구려 이미지 때문에 선진국에서 시장을 늘려가는 데 한계를 보여주고 있습니다.

중국은 저가 이미지를 벗기 위해 선진국 가전브랜드 인수에 나서고 있는데 120년 역사를 가진 가정용 전자제품의 유럽 명가 필립스는 주방가전과 다리미, 청소기 등 소형가전제품을 담당하던 "더메스틱 어플라이언스" 사업부를 중국업체에 매각하기도 했습니다. 2021년 3월 필립스는 소형가전 분야를 중국 사모펀드 힐하우스캐피탈에 37억 유로(약 4조 9,600억 원)에 매각했는데 힐하우스캐피탈은 중국 최대 가전회사인 거리전기(格力電器)의 최대주주로 이번 인수로 향후 15년간 필립스 브랜드를 사용할 수 있는 권리를 7억 유로를 지불하고 확보하게 된 것입니다. 필립스는 소형가전 매각 이전에 1891년부터 그룹의 모태였던 조명 분야를 분사하여 LED와 자동차조명 자회사 루미네즈를 만들었고 이 지분 80.1%를 약 28억 달러(약 3조 800억 원)에 고우스케일캐피탈이라는 사모펀드에 매각한 바 있습니다. 이로써 필립스는 전구 사업과 소형생활가전 사업에서 모두 철수해 완전한 의료기기, 헬스케어 업체로 변신하게 되었습니다.

또 중국 레노버는 미국 IBM PC사업부를 인수해 글로벌 PC제조사로 거듭나고 있는데 싸구려 중국산이라는 이미지를 세탁하기 위해 선진국 브랜드를 인수하는 전략을 구사하고 있습니다.

중국 중저가 브랜드의 추격에 삼성전자와 LG전자는 프리미엄 시장을 수성하는 데 주력하고 있는데 중저가 브랜드에서 제 살 깎아 먹기 경쟁을 하기보다는 마진이 보장되는 프리미엄 시장을 지키는 쪽으로 전략을 구사하고 있습니다.

삼성전자와 LG전자는 K컬처인 K무비와 K드라마, Kpop을 적극적으로 활용해 중국 중저가 브랜드가 결코 가질 수 없는 문화파워를 기반으로 브랜드 이미지를 쌓고 있는데 한국산은 세련되고 쿨하다는 이미지는 중국산 중저가 브랜드가 싼 가격으로 넘볼 수 없는 무역장벽을 쌓아주고 있습니다. 즉 삼성전자와 LG전자는 글로벌 시장에 신규 제품을 런칭할 때, 헐리웃 블록버스터 영화와 K드라마에 적극적으로 제품을 협찬하여 세련미와 앞선 디자인을 선보이며 세계인들의 눈을 사로잡고 있고, Kpop 스타들과의 콜라보를 통해 신제품 홍보에 나서면서 젊은 세대부터 나이 든 세대까지 폭 넓게 제품 이미지를 고급화하는 데 성공하고 있습니다.

이는 중국 중저가 브랜드와 달리 우리나라 삼성전자와 LG전자가 적극적인 M&A에 인색한 이유가 되기도 하는데 디지털기술에서 우리 기업들이 가장 앞서 있는 상황이고, 디자인과 인지도 면에서 TV와 냉장고, 에어컨, 세탁기 등 생활가전 거의 전 분야에서 고급 이미지를 갖고 있기 때문에 굳이 노쇠한 브랜드를 인수할 필요를 못 느끼고 있기 때문입니다. 이를 기반으로 삼성전자와 LG전자의 부품과 하청 업체로 들어간 중소기업과 벤처기업들은 안정적인 일감을 확보하여 수익을 내고 있습니다.

새롭게 생활가전에 들어간 서비스로봇의 경우 테슬라 CEO 일론 머스크가 2023년 서비스로봇을 상용화하겠다고 공개적으로 발표하면서 새로운 가전시장으로 떠오르고 있습니다. 산업용 로봇 시장에서 일본과 중국에 뒤처졌다는 평가를 받고 있는 우리 기업들은 적극적인 M&A를 통해 빠르게 시장 진출을 가속화하고 있는데, 현대차그룹이 보스턴다이내믹스를 일본 손 마사요시 회장의 비전펀드로부터 인수한 것은 이를 대변하는 움직임이라 할 수 있습니다.

| 로봇산업 - 산업용 로봇에서 생활밀착형 서비스로봇으로 성장 |

로봇시장은 삼성전자와 LG전자가 2022년 1월 CES2022에서 미래성장사업으로 전면에 내세웠을 만큼 성장성이 뛰어난 4차산업혁명의 핵심기술로, 인공지능AI와 함께 미래먹거리로 기업들의 관심이 많은 분야입니다.

앞서 생활가전을 설명하며 현대차그룹이 "보스턴다이내믹스"를 1조 원이 넘는 자금을 들여 인수한 것을 언급했는데 가전회사를 넘어 자동차회사도 산업의 융복합 추세에 따라 로봇시장에서는 산업의 벽을 넘어 뛰어들고 있는 시장입니다.

산업용로봇을 통해 인간에게 위험한 작업을 로봇에게 전가하고 있는데, 대규모 공장노동의 형태에서 대규모 자본을 투자한 대규모 로봇노동의 형태로 진화하고 있는 것으로 서구에서는 노동 일자리에서 쫓겨난 인간을 위한 재교육 자금을 마련하기 위해 "로봇세" 도입을 적극적으로 검토하고 있는 상황입니다.

로봇기술의 발전은 노동시장의 변화를 가져왔을 뿐 아니라 소비자시장에도 로봇이 인간의 일을 대신하는 상황이 예고되고 있어 노동으로부터 해방된 인간들이 무엇을 해서 먹고살아야 하는가를 고민해야 하는 진정한 의미의 "노동 해방"을 걱정할 단계까지 다다르고 있습니다.

로봇시장은 일본과 독일, 미국이 한발 앞서 있고 산업용 로봇에서 중국기업들이 경쟁력이 있다고 알려져 있어 우리 기업들은 후발주자에 속한다고 말할 수 있습니다. 제조업에 강점이 있는 우리 기업들은 빠르게 로봇산업에 투자하고 있고 삼성전자와 LG전자, 현대차그룹과 두산그룹 등 주요 대기업이 투자를 늘리고 있어 성장성이 빠른 산업으로 분류되고 있습니다.

증시에 상장되어 있는 로봇 관련 회사는 많지 않지만 대부분 산업용 로봇에 관련되어 있어 시장 자체는 아직 작다는 평가로, 손익 분기점을 넘기지 못하고 적자를 이어가는 기업들이 더 많은 상황입니다. 이는 산업용 로봇이라는 협소한 시장에 적은 고객사를 대상으로 영업을 하고 있는 한계로 대기업이 투자를 늘려 신규 공장을 짓거나 기존 공장을 업그레이드 할 때만 실적이 늘어나는 천수답 형태의 시장구조를 갖고 있기 때문입니다. 하지만 산업용로봇을 넘어 일반 가정에 침투하고 개인맞춤형 생활가전로봇이 등장하면서 점차 판도가 바뀌고 있는데 로봇청소기의 경우 이미 시장 검증이 끝난 상태로 생활가전에서 로봇의 가능성을 확인시켜 주고 있습니다.

LG전자와 유진로봇이 함께 로봇청소기 국가과제를 수행하고 각각 로봇청소기를 내놓고 경쟁하고 있는 것은 서비스로봇시장의 가능성을 확인시켜 주는 사례라 할 수 있는데, 대기업이 상장한 로봇 관련 중소벤처기업을 인수하는 것은 M&A를 통해 빠르게 성장하는 로봇시장에 진출하려는 의도를 갖고 있기 때문입니다.

| 티로보틱스 |

티로보틱스는 국내에서 유일하게 6세대부터 11세대까지 중대형 진공로봇 및 시스템을 주력으로 생산하고 있는데 동사가 납품한 로봇으로 미국 어플라이드머티리얼즈AMAT가 생산장비를 완성한 뒤 삼성전자, LG디스플레이, 중국 BOE 등 글로벌 메이커에 공급하는 구조를 갖고 있습니다. 티로보틱스는 미국이 추진하는 칩4동맹의 수혜주로도 불리는데 미국 AMAT의 실적이 더 좋아질 가능성이 크기 때문에 여기에 납품하는 티로보틱스에게도 수혜가 된다는 논리입니다.

티로보틱스의 실적은 2022년 3분기 기준 어닝서프라이즈를 보여주고 있지만 금리 인상에 따른 경기 둔화에 티로보틱스의 고객사들이 투자 시기를 연기하면서 실적 둔화 우려에 주가는 선반영된 하락 후 횡보세를 나타내고 있습니다.

티로보틱스는 산업용 진공로봇뿐 아니라 재활로봇 분야도 미래먹거리로 투자를 하고 있는데 이 부분은 윤석열 대통령의 대선공약 중 한 가지로 재활로봇의 의료보험 적용이 기대되고 있어 본격적인 성장세를 탈 것으로 기대되고 있습니다. 티로보틱스는 기존 주력사업인 산업용 진공로봇과 물류시스템을 넘어 재활의료로봇을 개발하고 있어 전문서비스 분야 로봇회사로 성장하고 있는데 재활의료용 로봇인 Healbot-G를 착용하기 전 중증뇌졸중 환자의 초기 재활훈련을 돕기 위한 Tread mill 기반의 Healbot-T를 개발 중에 있어 노인성 질환과 연결된 시장을 목표로 하고 있습니다.

티로보틱스의 기존 주력시장인 진공로봇은 대기업인 삼성전자, LG디스플레이, 중국 BOE 등이 투자를 결정해야 미국 어플라이드머티리얼즈 AMAT가 발주를 내주는 천수답 형태를 갖고 있어 성장에 한계를 보여주고 있는데 티로보틱스의 기술력이 아무리 뛰어나도 엔드유저의 발주가 없으면 손가락을 빨고 있어야 하는 한계를 갖고 있습니다.

반도체 장비와 디스플레이 장비주와 다를 바 없는 상황이 산업용 로봇시장에도 펼쳐지고 있는데, 서비스로봇의 경우 개인맞춤형으로 발전할 수 있어 스마트폰과 같이 개인별 1대 이상이나 가전과 같이 한 가정당 1대 이상의 로봇이 판매될 수 있어 시장 성장성이 뛰어나다는 기대감이 있는 상황입니다. 재활의료용 로봇은 재활의학과 의사의 처방에 따라 사용되는 의료기기로 판매될 수 있는데 이후 뇌졸중환자의 재활치료를 목적으로 폭 넓게 사용될 수 있어 노인인구가 증가하는 인구구조 속에서 시장 성장성이 기대되는 분야이기도 합니다.

티로보틱스가 삼성전자의 무인스마트팩토리 건설 소식에 수혜주로 각광받는 것은 고객맞춤형 로봇개발과 제조에 이미 경험이 있기 때문인데 삼성전자의 선제적 투자는 이후 다른 대기업 공장으로 확산될 수 있어 앞서 언급했던 "로봇세" 도입 요구를 일으킬 만큼 바로 우리 코앞에 와 있는 일이 될 것입니다.

티로보틱스는 산업용로봇과 재활치료로봇이라는 서비스로봇 분야 모두에 성장 가능성을 갖고 있는 로봇 회사로 장기적으로 자체 성장에 한계가 있다면 삼성전자와 LG전자 등이 인수할 가능성이 있는 로봇기업으

티로보틱스 주가차트 대신증권 HTS갈무리

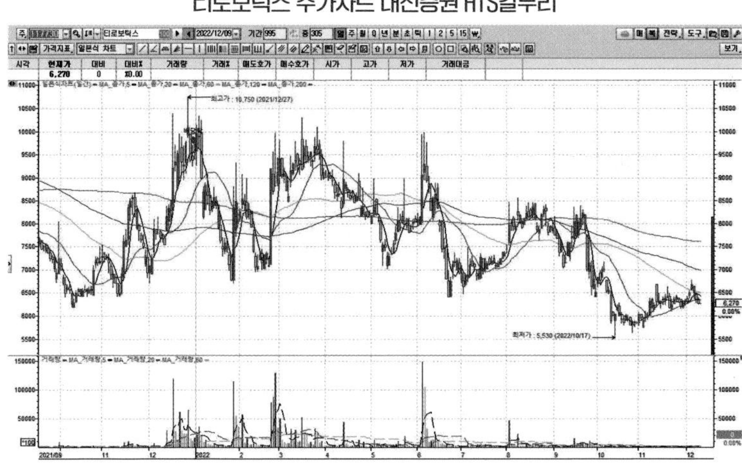

티로보틱스 2022년 3분기보고서 발췌

	2022.01.01~2022.09.30	2021.01.01~2021.12.31	2020.01.01~2020.12.31
매출액	46,210,702,311	44,123,037,871	66,356,725,354
영업이익(손실)	(104,170,547)	(6,569,915,231)	3,490,643,244
당기순이익(손실)	3,930,010,484	(11,253,198,144)	(1,188,895,651)
지배기업주주지분	4,115,654,508	(10,955,957,714)	(1,070,985,771)
비지배주주지분	(185,644,024)	(297,240,430)	(117,909,880)
기본주당순이익	291	(824)	(94)
희석주당순이익	182	(824)	(94)
연결에 포함된 회사수(개)	4	4	3

로도 평가됩니다. 이미 LG전자는 2018년 로보스타를 인수하여 일찌감치 로봇산업을 미래먹거리로 선언하고 투자를 본격화하고 있는데 "티로보틱스"는 대기업이 탐낼 만한 사업성과 성장성을 갖고 있는 로봇회사로 분류되고 있습니다.

로봇시장은 성장성이 빠른 만큼 적극적인 M&A로 투자 타이밍을 앞당기는 모습이 많이 목격될 분야라 성장성 있는 종목을 싼 주가에 선취매할 필요가 있습니다.

| 로보티즈 - 자율주행로봇의 선구자 |

서비스로봇산업의 성장은 삼성전자와 현대차 같은 대기업뿐 아니라 정부의 적극적인 정책지원을 받는 분야로 미래먹거리 산업으로 주목받고 있는 시장입니다. 윤석열 정부가 경제 규제 혁신 태스크포스를 만들어 자율주행 로봇을 활용한 배달 사업 관련 규제도 완화하기로 했는데 국내 로봇 관련 기업들의 관심이 커지는 가운데 K-로봇 1세대로 꼽히는 '로보티

로보티즈 연결 전 실적 요약 2022년 3분기보고서 발췌

	(2022.01.01 ~ 2022.09.30)	(2021.01.01 ~ 2021.12.31)	(2020.01.01 ~ 2020.12.31)
매출액	19,113,521,941	22,358,193,241	19,231,375,419
매출원가	8,863,027,712	10,899,577,634	9,402,738,003
매출총이익	10,250,494,229	11,458,615,607	9,828,637,416
판매비와 관리비	11,896,684,192	12,387,583,237	11,592,975,964
영업이익(손실)	(1,646,189,963)	(928,967,630)	(1,764,338,548)
법인세비용차감전계속사업이익(손실)	(584,620,126)	(291,026,653)	(1,494,126,739)
연결당기순이익	(676,726,501)	728,852,501	(137,893,762)
지배기업의 소유주지분 당기순이익	(710,549,863)	726,833,539	(135,085,450)
기본주당순이익	(60.2)	64.8	(12)
희석주당순이익	(60.0)	64.3	(12)

즈'의 자율주행 로봇 분야 보유 기술이 부각되고 있는 상황입니다.

로보티즈는 지난해만 연구개발비로 매출의 약 23%를 지출했는데, 해당 비용이 영업적자를 기록하는 데 영향을 준 것으로 아직 매출액이 규모의 경제를 달성하지 못하고 있기 때문입니다.

로보티즈는 지난해부터 호텔 로봇 서비스 사업을 본격화하고 이동식 자율주행 로봇 개발에도 박차를 가하고 있는데 감속기(회전운동을 하는 모터에 기어를 연결해 원하는 힘과 속도로 바꾸는 역할을 하는데 산업용 로봇의 관절 역할을 하는 핵심 부품)도 판매하고 있어 매출 외형이 성장하고 있습니다. 코로나19팬데믹 속에 비대면 서비스가 요구되는 곳에 로봇이 인간을 대신해 일할 수 있는 곳이 늘면서 로보티즈의 시장도 늘어나고 있는 모습입니다.

LG전자는 로보티즈 지분 8.5%(96만1550주)를 보유하고 있는데, 현재 LG전자가 스마트폰 사업에서 철수하고 대신 로봇사업에 투자를 늘리면서 로보티즈도 수혜를 입을 것으로 기대되고 있습니다. 로보스타의 사례와 같이 LG전자가 필요에 따라서는 직접 경영권 인수에 나설 가능성도 있어 보입니다.

로보티즈는 2021년 12월 배달로봇의 핵심 경쟁력인 바퀴 관련 특허를 확보하며 글로벌 진출을 위한 시동을 걸었는데 로보티즈는 '자율주행로봇'과 '자율주행로봇의 주행 모듈'에 대한 특허 2건을 등록했다고 공시하며 주가급등이 나타나 최고가 38,450원을 기록하기도 했습니다.

2022년 8월 300억 원대 신규 자금을 유치하는 데 성공하여 규모의 경제를 달성하기 위한 신규투자를 단행하고 있는데 2024년까지 현재 생산

로보티즈 주가차트 대신증권 HTS 갈무리

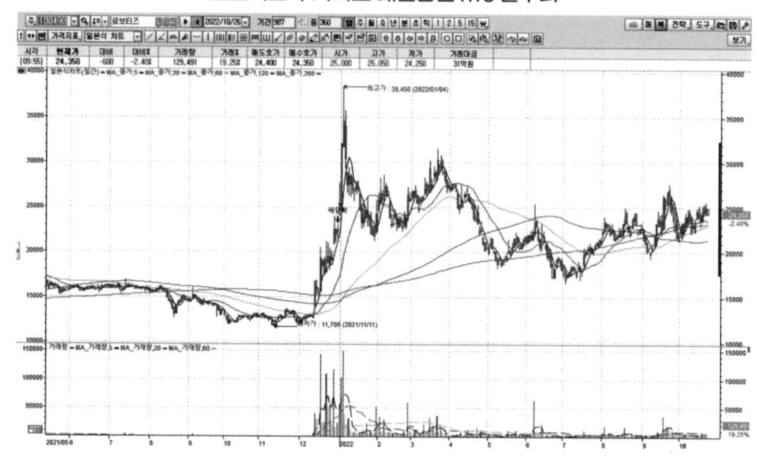

CAPA 대비 200% 증가가 전망되고 있습니다. 로보티즈가 300억 원대 유상증자와 전환사채 발행으로도 주가희석이 이뤄지지 않고 있는 것은 이번 투자로 외형성장을 통해 규모의 경제를 달성하고 실적 호전이 예상되고 있기 때문입니다. 자체 기술로 자율주행로봇 분야 성장뿐 아니라 M&A 호재도 잠재되어 있어 불확실성보다 긍정적인 기대감이 큰 회사라는 점을 기억해 둬야 합니다.

| 자동차전장 - 전기차와 자율주행 기술의 발전 |

삼성전자의 하만 인수는 자동차 전장 시장에 큰 이슈가 되고 있는데, 몇 년 동안 LG전자가 적자를 기록하며 차근차근 키워온 자동차 전장 분야에서 삼성전자는 M&A를 통해 한 방에 역전해버리는 저력을 보여주었기 때문입니다. 삼성전자가 반도체와 가전, 스마트폰 등 주력 분야에서 수익을 내고 있고 풍부한 현금을 확보하고 있어 가능했던 M&A였습니다.

삼성전자의 하만 인수는 이후 하만 실적이 급증해 성공한 M&A로 평가되는데 삼성전자의 브랜드 인지도와 글로벌 마케팅망을 통해 하만의 자동차 전장 제품들이 날개 돋친 듯 팔려나가고 있기 때문입니다. 삼성전자의 하만 인수는 매출 외형뿐 아니라 영업이익 급증에서도 성공한 M&A로 인정받고 있습니다.

LG전자는 일찍부터 자동차 전장 분야에 대한 투자를 늘려 흑자 전환에 성공했는데 미래먹거리로 자동차 전장 분야의 성장성을 확신하고 있기에 스마트폰 사업부까지 포기하면서 이 분야를 강화하고 있습니다. 특히 애플의 자율주행전기차 분야 진출은 LG전자에게 전기차 위탁 생산의 기회가 될 수 있는데 이를 위해 LG전자는 캐나다 자동차부품사 마그나와 합작으로 전기차 파워트레인 자회사를 설립하고, 2018년 오스트리아 자동차조명 업체 ZKW를 인수했으며, 인포테이먼트 플랫폼 사업 강화를 위해 룩소프트와 조인트벤처 설립을 추진하고, 미국 반도체 회사 퀄컴과 자율주행 전기차 반도체 생산 협업을 추진해왔습니다. LG전자의 갑작스러운 스마트폰 사업 철수도 애플의 자율주행전기차 위탁 생산을 받기 위한 포석으로 시장은 받아들이고 있습니다.

자동차 전장 분야는 내연기관차에서 전기모터로 구동되는 전기차와 이를 기반으로 하는 자율주행차를 배경으로 하고 있습니다.

2020년 12월 23일 LG전자가 상한가를 기록하는 진풍경이 발생했는데 LG전자가 애플의 자율주행전기차를 위탁 생산할 가능성이 있다는 뉴스에 매수세가 몰렸기 때문입니다. 이런 매수세는 전기차와 자율주행이라는 4차산업혁명의 기술이 단순히 상상 속에만 존재하는 것이 아니라 현실 생활 속에 구현되고 있으며 상업화가 진행 중인 시장임을 잘 보여준 사례라 할 수 있습니다. 자동차 전장 분야는 전기차와 자율주행을 핵심기술로 빠르게 발전하고 있고 이는 기존 완성차 업체뿐 아니라 전기전자업체의 신규 시장 진입이 가능한 산업융복합 사례의 대표적인 시장으로 성장하고 있음을 잘 보여주고 있습니다.

| 통신장비 - 5G에서 6G로 |

통신장비 시장은 삼성전자가 포기하고 철수했던 시장인데, 미중무역전쟁이 패권전쟁으로 확산되고 있어 정보통신시장에서 미국정부가 중국기업을 견제하면서 삼성전자에게 새로운 기회로 작용하고 있습니다. 통신장비시장을 주름잡던 중국 화웨이와 ZTE는 미국정부가 중국인민해방군과 관련된 보안문제를 이슈화시키면서 통신장비시장에서 퇴출될 위기에 놓였습니다. 미국의 중국 화웨이와 ZTE에 대한 규제로 글로벌 통신장비 시장에서 점유율이 떨어지고 있는데 삼성전자가 빠르게 시장을 잠식하며 5G통신장비 시장의 강자로 대두되고 있습니다.

우리나라는 2019년 4월 3일 전 세계 최초로 5G통신 상업화에 성공해 통신시장의 선도국가가 되었는데 평창올림픽에서 300km로 달리는 KTX 고속열차 안에서 안정적인 인터넷통신망을 구현하여 평창올림픽을 찾은 외국인들에게 깊은 인상을 남기기도 했습니다.

2020년 3월 코로나19팬데믹이 글로벌 경제를 얼어붙게 만들면서 5G통신망에 대한 투자가 대부분 이연되고 있는데 2년이 지난 2022년이 되어서야 5G투자가 본격화되고 있는 상황입니다. 통신장비 관련주들은 국내외 투자가 코로나19팬데믹으로 대거 이연되면서 실적 부진으로 주가하락을 경험하게 되었는데 2020년과 2021년은 어둠의 터널이라 불릴 만큼 일감 부족으로 실적 부진에 시달리며 주가가 줄줄이 흘러내린 시기입니다.

국내 5G통신시장은 민간기업인 SK텔레콤과 KT, LG유플러스가 중심이 되어 투자가 이뤄지고 있고 2022년 이후 6G 통신장비 투자를 준비하고 있습니다. LG유플러스의 경우 중국 화웨이와 전략적 제휴를 맺고 국내 통신망에 중국 화웨이 제품을 채용했는데 주한미군이 이를 보안문제로 트집을 잡아 5G 초기 투자 중 수도권 지역에서만 2019년 2조 6천억 원, 2020년 2조 5천억 원대의 설비투자비를 날려 먹을 위기에 봉착해 있습니다. LG유플러스는 보안 문제가 없음을 여러 차례 확인시켜 주었지만 향후 6G통신망 투자는 삼성전자와 손을 잡을 가능성이 커 보입니다.

통신서비스 시장은 SK텔레콤과 KT, LG유플러스라는 대기업이 독과점하고 있는 시장이면서 정부의 간섭을 받는 규제시장이기도 합니다. 정부는 통신비 인하를 위해 규제를 앞세우고 있고 통신서비스 업체들은 6G 투자를 위해 통신비 인상이 불가피하다는 점을 들고 나오고 있습니다.

통신장비 시장은 이들 통신서비스 업체들의 투자가 결정되어야 수혜를 받는 전형적인 천수답 형태의 투자 구조를 갖고 있는데 통신장비주들이 일감 부족으로 실적이 부진해져 주가도 고점대비 반토막 이상 하락해 있는 상황입니다.

코로나19엔데믹 전환으로 5G통신시장을 넘어 6G통신장비에 대한 투자가 단행될 것으로 보여 통신장비주들의 실적도 점차 회복될 가능성이 커지고 있습니다. 통신장비주들의 주가하락은 실적 부진을 반영한 하락으로 기술력과 시공 능력은 그대로 보존하고 있기 때문에 투자가 늘어나면 실적 회복도 곧바로 나타날 가능성이 큰 상황입니다. 통신장비시장은 전형적인 천수답 수익구조라는 사실을 기억하고 종목을 찾아야 합니다.

| 오이솔루션 - 5G통신장비 투자수혜주 |

통신장비는 통신서비스 업체의 대규모 투자가 일어날 때 실적이 좋아지고 반대로 통신서비스 업체의 투자가 둔화되면 실적이 악화되는 천수답 형태의 수익구조를 갖고 있습니다. 오이솔루션도 5G통신장비의 초고속 통신용 광모듈을 개발해 보유하고 있지만 통신서비스 업체들의 투자 지연으로 실적 악화가 나타나고 이에 따른 주가하락이 장기간 나타나고 있습니다.

이오솔루션의 주가는 2021년 8월 한국은행의 금리인상과 함께 꺾이는 모습을 확인할 수 있는데 한국은행의 통화긴축으로 투자심리가 위축된 측면도 있지만 통신서비스업체들의 투자가 실제로 지연되면서 실적 악화가 나타났고 주가도 이를 고스란히 반영하고 있는 모습입니다.

2021년과 2022년 오이솔루션의 주가 흐름은 통신시장의 투자 부진에 따라 실적이 악화되는 모습을 그대로 담고 있는데 한국은행의 금리 인상이 2021년 8월 시작되면서 국내외 통신서비스 업체들의 5G투자와 6G투자가 이연되고 이것이 이오솔루션의 실적 부진으로 연결되는 흐름을 보여주고 있습니다.

하지만 오이솔루션은 미국 반도체기업 마벨과 손잡고 5G통신기술 기반의 초고속 통신용 광모듈 개발에 성공해 6G투자가 본격화되면 실적 호전을 위한 기술력을 보유하고 있음을 확인시켜주고 있습니다. 통신장비주들은 주가 바닥에 근접한 상황으로 실적 호전이 확인되면 반등을 기대할 수 있습니다.

5G 통신장비주의 대장주 오이솔루션의 실적만 놓고 봐도 참담하다는 말이 나올 수밖에 없는 숫자를 보여주었는데 매출 외형이 반토막 난 것뿐 아니라 2021년 4분기 영업이익은 적자 전환하고 당기순이익은 -71.4%를 기록하며 시장에 어닝쇼크를 주고 말았습니다. 2020년 상반기에 어닝 서프라이즈를 기대하던 때와 완전히 달라진 실적을 공개해 시장에 충격을 준 것인데, 이미 분기별로 오이솔루션의 실적이 공정공시를 통해 공개되면서 이런 숫자가 나올 것은 예상하고 있던 상황입니다.

통신장비주들은 2022년 상반기까지 부진한 실적을 보여주며 투자자들을 실망시키고 있지만, 코로나19팬데믹으로 이연된 5G통신 투자와

오이솔루션 주가차트 대신증권 HTS 갈무리

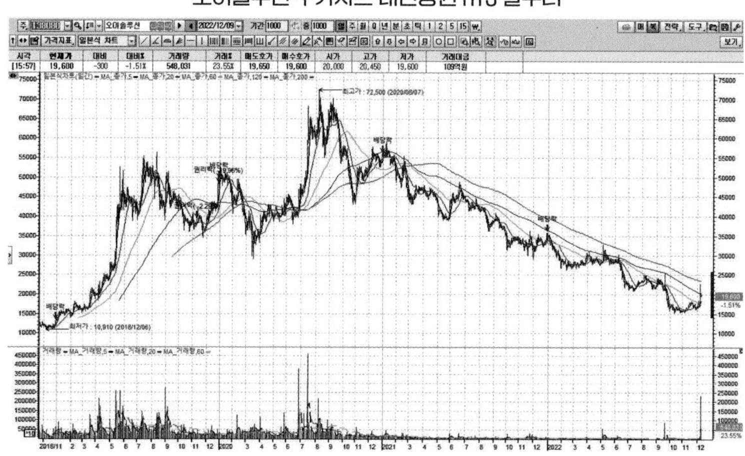

6G통신 투자가 2022년 하반기 리오프닝과 함께 본격화될 것으로 기대되면서 2023년 실적에 기대감을 갖게 하고 있습니다.

미국 연방통신위원회FCC가 중국 통신장비 업체인 화웨이와 ZTE에 대해 미국 내 제품 판매를 전면 금지하기로 했는데 미중패권전쟁이 통신장비 시장에서 삼성전자와 국산 통신장비주들에게 기회를 만들어주고 있습니다. 중국시장은 중국 정부의 보호무역주의에 점점 더 영업하기 어려운 시장이 되고 있는데 미국시장은 자유진영의 블록경제를 만들어 중국을 고립시키는 방향으로 정책을 펴고 있어 우리나라 기업들에게는 기회이자 위기가 되고 있습니다.

중국시장은 우리나라가 무역흑자를 기반으로 경상수지도 흑자를 달성하는 데 큰 기여를 한 시장이지만 중국기업의 성장으로 점차 보호무역주의가 커지며 우리 기업들의 시장 접근에 제한을 두고 있는 상황입니다. 글로벌 통신장비 시장은 중국기업들이 과점을 하던 시장이었으나 미국이 보안이슈로 중국기업의 선진국 시장 진입을 규제하고 있어 중국기업이 물러난 시장을 삼성전자를 위시한 우리 기업들이 차지하고 있는 형국입니다.

향후 5G통신과 6G통신에 대한 투자가 본격화될 경우 국산 통신장비가 삼성전자를 통해 해외 수출도 급증할 것으로 기대되고 있어 코로나19 팬데믹으로 이연된 성장을 조금 늦게 이어갈 가능성이 큽니다.

2023년은 통신장비주들에게 새로운 기회이자 성장의 발판이 놓이는 해가 될 가능성이 커 기대감이 큰 상황입니다. 기술력과 생산 능력을 갖고 있는 통신장비주들은 지난 코로나19팬데믹 상황에서 실적 악화를 겪으며 주가가 바닥을 찍고 있어 금리 인상 국면에서 투자를 하지 않을 수 없는 상황이라 경기방어주라 불리는 통신서비스의 본격적인 5G투자와 6G투자의 수혜를 볼 것으로 기대되고 있습니다. 경기방어주의 의미를 되새겨 보면 통신장비주에 관심을 가져야 하는 이유를 알 수 있을 겁니다.

CHAPTER 5

플랫폼 서비스주

| 카카오 |

오늘날 플랫폼 비즈니스는 디지털기술의 발전과 함께 우리 생활 깊숙이 들어와 있는데 기본적으로 소비시장을 기반으로 한 사업들이 주류이기 때문에 소비와 밀접하게 연결되어 있습니다. 우리 증시에는 카카오와 네이버가 대표적인 플랫폼 기업으로 언급되는데 카카오는 카카오톡 기반으로 서비스를 제공하고 네이버는 인터넷포털을 기반으로 서비스를 제공하고 있습니다. 플랫폼은 소비자와 생산자를 연결해 주는 유통 통로 역할을 하는데 카카오톡과 인터넷포털이 그 역할을 하고 있습니다. 카카오톡과 포털의 이메일과 뉴스를 소비하는 소비자들은 이미 플랫폼 안에 모여 있고 이들 가운데 공급자의 재화를 필요로 하는 소비자를 대상으로 이들의 네트워크를 만들어 주는 것이 플랫폼 서비스의 역할이라 할 수 있습니다.

카카오는 카카오톡을 기반으로 차량여객시장에서 카카오T를 통해 차량을 필요로 하는 사람들에게 차량을 소개해 줍니다. 단기간 이용하는 것은 택시로 연결하고 장기간 이용할 경우 렌터카와 연결하게 되는데 카카오T 안에서 카카오택시와 대리운전, 주차장, 카풀, 셔틀버스까지 다양한 서비스 공급자와 소비자를 연결해 주고 있습니다.

택시의 경우 카카오T 서비스에 가입한 택시기사의 수익과 그렇지 않은 택시기사의 수입이 차이가 나기 때문에 플랫폼 서비스 수수료를 부담하고도 더 큰 수익을 가져갈 수 있어 카카오T는 공급자와 소비자 모두를 만족시킬 수 있는 구조를 갖고 있습니다. 기본적으로 플랫폼 사업자는 택시를 이용하겠다는 소비자와 택시 서비스를 제공하는 공급자들을 대상으로 광고를 노출시키며 광고 수익을 가져갈 수 있고, 플랫폼을 통해 판매되는 서비스 건마다 수수료를 수취할 수 있어 서비스 공급량이 많아질수록 수익이 늘어나는 구조라 조기에 규모의 경제를 달성하고 안정적인 수익을 가져갈 수 있게 됩니다. 플랫폼 사업자는 서비스 공급자나 소비자에 대해서 직접적인 책임을 지지 않지만 서비스 제공에 대한 연결 대가로 수수료를 수취하는, 책임은 적으면서 수익을 키워갈 수 있는 특이한 구조를 갖고 있습니다.

SK판교데이터센터 화재로 카카오 서비스가 며칠간 먹통이 되었을 때 카카오톡에 연결된 다양한 서비스 공급자들은 플랫폼 먹통으로 소비자의 주문을 받지 못했지만 이에 대한 손해배상은 시장의 예상보다 못한 수준에서 결정될 만큼 플랫폼 사업자의 책임은 제한되어 있습니다. 이런 결과는 아직 플랫폼 사업자에 대한 사회적 규범이 형성되지 않은 혁신 사업 초기이기 때문에 발생한 일로 골목상권 문제로 플랫폼 독과점 사업자에 대한 규제 필요성이 대두되는 이유이기도 합니다.

투자자로서 독점사업자에 투자하는 것은 수익 면에서 안정적으로 장

카카오 주가차트 대신증권 HTS 갈무리

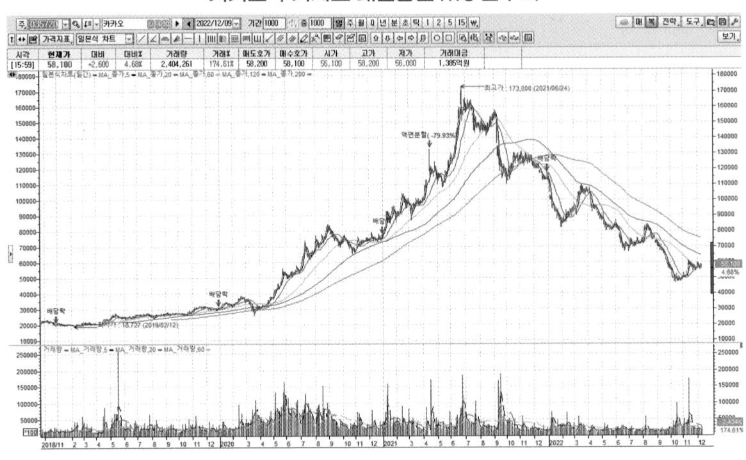

기간 수익이 발생할 수 있는 사업에 투자하는 것이지만, 독과점 사업은 필연적으로 시장참여자 전반의 비용을 가중시키기 때문에 독과점사업으로 수혜를 보는 소수를 제외하고 시장 전체가 손실을 뒤집어쓰게 됩니다. 카카오와 네이버의 플랫폼 사업은 독과점시장을 형성하고 있어 SK 판교데이터센터의 화재에 카카오는 전 국민적 불편을 발생시키고 말았습니다.

안철수 국민의힘 의원은 기업의 시장 독과점이 심할 경우 회사를 쪼갤 수 있는 '기업분할법'을 발의했는데, 이는 카카오와 같은 거대 플랫폼 사업자의 독과점시장을 규제하고 경쟁을 활성화시키기 위한 고육지책이지만 '기업분할법'에 영향을 받을 재벌대기업이 많아서 실제로 법제화되기는 어려워 보입니다.

카카오의 성장은 카카오톡이라는 플랫폼을 기반으로 골목상권의 다

카카오 2022년 3분기보고서 발췌

구분	제 28 기 3분기	제 27 기	제26기
	(22. 1. 1~22.9.30)	(21. 1. 1~21.12.31)	(20. 1. 1~20.12.31)
매출액	5,332,714,665,829	6,136,669,167,665	4,156,816,120,723
영업이익(손실)	480,009,098,456	594,916,913,035	455,855,515,211
당기순이익(손실)	1,560,497,474,410	1,646,153,359,281	173,359,671,915
지배기업의 소유주지분	1,477,084,034,652	1,392,152,236,242	155,623,762,514
비지배지분	83,413,439,758	254,001,123,039	17,735,909,401
당기총포괄이익(손실)	1,426,791,517,338	2,077,954,460,326	333,581,771,987
기본주당이익 (원)	3,394	3,221	368
희석주당이익 (원)	3,335	3,146	360
연결 종속회사의 수	147	153	115

참고: 상기 3개년도의 기본주당이익(원) 및 희석주당이익(원)은 주식분할에 따른 액면가 100원 기준입니다.

양한 사업에 진출한 것으로, 자본력과 기술력에서 앞서 있는 카카오와 골목상권 중소상공인들이 직접 경쟁하는 것은 다윗과 골리앗의 싸움이 될 수밖에 없었습니다. 카카오는 빠르게 골목상권을 잠식해 들어갔고 이는 문재인 정부 시절 중소상공인들에게 카카오의 갑질 논란으로 이슈화되기도 했습니다. 앞 차트에서 보듯이 시장이 빠르게 디지털화되면서 카카오도 빠르게 성장을 이어갔는데 실적뿐 아니라 M&A를 통해 다양한 사업분야로 플랫폼을 확장해 갔습니다.

2020년과 2021년 코로나19팬데믹 상황에서 비대면 문화가 자리 잡으면서 카카오는 더 빠르게 매출과 영업이익을 늘려갔는데 2021년 8월 한국은행의 금리 인상 이전까지 카카오의 주가는 이런 시장의 변화를 고스란히 반영하고 있습니다.

카카오의 주가 급등에는 M&A를 통한 시장 확대가 주요했는데 기존 카카오톡 플랫폼으로 다양한 시장에 진출이 용이할 뿐 아니라 기존 시장

□ 2017.8~2022.10월간 카카오 계열사(취득회사)의 기업결합 신고내역

연도	피취득회사 수	피취득회사 중 계열회사 수	지배관계 형성건수	간이심사 건수	시정조치 건수
2017년	2	2	2	2	0
2018년	12	6	8	12	0
2019년	6	3	6	5	0
2020년	6	3	5	5	0
2021년	21	14	21	14	0
2022년	15	15	15	15	0
계	**62**	**43**	**57**	**53**	**0**

□ 2017.8~2022.10월간 네이버 계열사(취득회사)의 기업결합 신고내역

연도	피취득회사 수	피취득회사 중 계열회사 수	지배관계 형성건수	간이심사 건수	시정조치 건수
2017년	4	3	4	3	0
2018년	2	1	1	2	0
2019년	2	2	2	2	0
2020년	4	3	3	4	0
2021년	5	2	5	2	0
2022년	5	5	3	5	0
계	**22**	**16**	**18**	**18**	**0**

출처: 공정거래위원회 김상훈 의원실 제공

을 갖고 있는 사업자를 인수하여 보다 빠르게 시장 진입을 가속화할 수 있었습니다.

카카오는 2021년 6월 24일 최고가 173,000원을 기록했는데 이후 계열사인 카카오게임즈의 상장과 카카오뱅크, 카카오페이 등의 IPO로 개별 종목에 투자하는 자금들의 이탈이 있었고 골목상권에 대한 논란으로 '플랫폼 규제법'에 대한 다양한 소문으로 불확실성이 커지고 있어서 장기간 하락하는 모양새를 보였습니다. 여기다 한국은행의 금리 인상으로 소비 시장이 위축되면서 플랫폼사업에 서비스를 제공하는 공급자들의 사업이 둔화되고 있어 카카오의 수익 증가도 언제 꺾일지 모른다는 불안감이 점점 커지고 있습니다.

2022년 반기보고서까지 카카오의 실적은 꾸준히 성장하고 있었지만 '플랫폼규제법'이 구체화되면서 급기야 독과점 시장을 가진 대형 플랫폼 기업을 강제 분할하는 법안까지 여당 중진인 안철수 의원에게서 법안발의가 이뤄지면서 향후 사업에 대한 불안감을 더 키우게 되어 카카오를 매도하는 공매도 세력도 증가하고 있는 추세를 만들고 있습니다.

카카오의 주가가 최고가 대비 1/3 토막까지 흘러내리는 동안 카카오게임즈와 카카오페이, 카카오뱅크 등이 IPO를 통해 증시상장에 성공해 카카오 주식의 메리트를 반감시키기도 했습니다. 카카오는 보유 지분으로 계열사들의 지분법 수혜를 입을 뿐 개별 계열사의 분리 상장은 카카오 자체의 주가에는 마이너스 요인으로 작용하고 있는 모습입니다.

2008년 서브프라임 모기지론 부실 사태로 글로벌 유동성 장세가 10여 년 만에 긴축경제로 돌아선 것으로 2021년 8월의 한국은행 금리 인상은 금융시장에 있어 시대의 변화라는 큰 이정표가 되고 있습니다. 시장 내 과잉 유동성을 먹잇감으로 빠르게 성장했던 카카오 플랫폼 사업도 성장에 제동이 걸릴 수 있다는 불안감이 드리운 것으로 정부 규제와 소비 위축이라는 두 가지 악재가 한꺼번에 몰려온 모습입니다.

| NAVER |

카카오가 내수 시장에 중심을 두었다면 NAVER는 해외시장을 타깃으로 사업을 강화했습니다. 카카오는 국내 골목상권을 M&A를 통해 빠르게 잠식해가며 갑질논란을 만든 반면에 NAVER는 인터넷 포털로 일찌감치 해외시장 개척에 나서 국내보다 해외에서 더 빠르게 성장하고 있는 플랫폼 기업이 되었습니다. 네이버와 카카오가 최근 골목상권 논쟁과 SK판교데이터센터 화재로 인한 서비스 불통 사건에서 확실하게 차이를 나타내고 있는 것은 국내 서비스에서 덩치를 키우기에 급급한 카카오와 내실을 다지는 네이버의 차이에서 비롯된 것 같습니다.

2021년 공정거래위원회 자료에 따르면, 카카오의 국내 계열사는 총 118개로 2017년 5월(63개)보다 55개 늘어서 국내 30대 대기업 가운데 SK그룹(148개) 다음으로 많고 자산은 19조 9,520억 원으로 재계 18위에 올라 있습니다.

네이버의 계열사는 같은 기간 71개에서 45개로 줄고 자산 순위는 2017년 20위(6조 6,140억 원)에서 27위(13조 5,840억 원)로 내려앉았는데 자산 총액은 늘었지만 순위는 뒷걸음질했습니다.

NAVER는 2010년대 인터넷 포털의 독과점시장을 기반으로 B2C시장에 먼저 진입했다가 지금 카카오가 혼나고 있는 '갑질 논란'에 먼저 호되

카카오, NAVER 계열사 수 추이, 공정거래위원회 자료 발췌

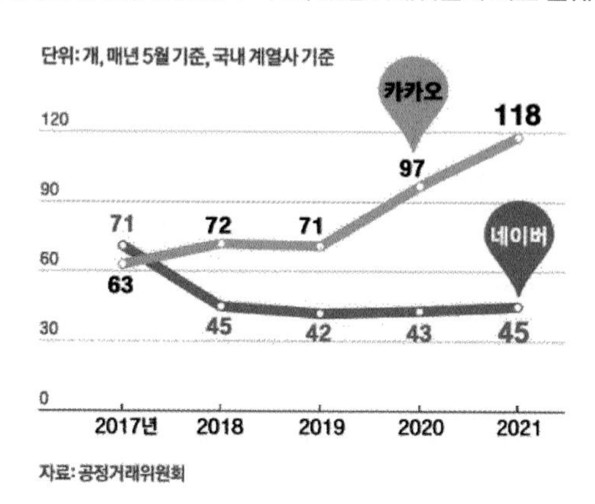

게 당해봤기 때문에 이후 국내 시장에서 B2B시장에 집중하고 해외진출 시 B2C 시장에 집중하고 있는 모습입니다.

이해진 네이버 창업자는 골목상권 논란을 경험하고 나서 국회 국정감사에 증인으로 나와 곤혹을 치뤘는데 이후 국내에서 B2C 사업은 줄이고 해외 B2C 사업에 주력하면서 일본에서 메신저 사업인 'LINE'을 국민 메신저로 만드는 데 성공하고 동남아 시장까지 진출하면서 카카오가 국내에서 듣고 있는 골목상권 논란을 해외에서 듣고 있는 상황입니다.

NAVER도 코로나19팬데믹 상황에서 비대면 문화의 확산 수혜를 보았고 유동성 장세의 수혜로 주가도 2021년 8월 기준금리 인상 전까지 줄곧 우상향하는 차트 모습을 볼 수 있습니다. 하지만 한국은행이 금리 인상에 나서면서 전반적인 소비 위축에 실적 둔화 우려와 함께 유동성 장세의 주가버블이 빠지는 주가흐름이 나타났습니다. NAVER는 2021년 7월 26일 최고가 465,000원을 기록하고 이후 주가가 하락하기 시작해 2022년 10월 13일 155,000원의 52주 신저가를 기록한 상황입니다. 카카오와

NAVER 2022년 3분기보고서 발췌

	(2022년 1월~9월)	(2021년 1월~12월)	(2020년 1월~12월)
영업수익	5,948,336	6,817,600	5,304,146
영업이익	968,182	1,325,478	1,215,342
계속영업순이익	541,427	1,477,731	1,141,024
당기순이익	541,427	16,477,626	844,997
지배회사지분순이익	611,463	16,489,850	1,002,087
비지배지분순이익	-70,036	-12,224	-157,090
기본주당순이익(단위: 원)	4,033	110,854	6,877
희석주당순이익(단위: 원)	4,012	109,860	6,833
연결에 포함된 종속 회사수	96	75	133

※ 종속회사인 LINE과 Z홀딩스의 경영통합에 의해 LINE사업을 중단영업으로 분류함에 따라 제22기부터 이전 3개년의 연결포괄손익계산서를 재작성하였고, 관련 자산부채는 제22기 연결재무상태표 상 유동자산, 유동부채 내 매각예정자산부채로 분류되어 있습니다.

NAVER가 모두 유동성 긴축에 따른 소비 둔화와 코로나19엔데믹에 영향을 받고 있는 모습입니다.

NAVER는 해외시장에서도 성공한 플랫폼 서비스로 인정받고 있는데, 일본의 국민 메신저가 되어 동남아 시장까지 진출한 'LINE'을 통해 웹툰 서비스를 런칭하면서 새로운 수익창출에 나서고 있는 모습입니다. 카카오도 다음포털을 기반으로 웹툰 시장에 진출해 관련 시장을 가진 기업들을 M&A하면서 빠르게 수익을 창출하고 있습니다. 글로벌 만화 시장은 일본과 미국이 선점하고 있었지만 디지털 기반의 웹툰은 국내 기업인 카카오와 NAVER가 시장을 선점하고 육성하며 글로벌 시장을 개척하고 있습니다.

네이버와 카카오의 웹툰 대결이 가장 치열하게 펼쳐지는 시장은 바로 일본으로, 일본은 전 세계 만화 시장(15조 원)의 3분의 1(5조 6,000억 원) 정도를 차지하는 만화 종주국이지만, 웹툰 시장에서는 네이버(라인망가)와

네이버·카카오의 웹툰 전쟁

구분	네이버 웹툰	카카오 웹툰
출범	2004년 6월	2003년 2월
서비스 국가	한국, 미국, 일본, 인도네시아, 태국, 프랑스, 독일, 멕시코 등 100여 개국	일본, 미국, 중국, 스페인, 독일 등 10여 개국 *연내 진출 예정 국가 포함
전략	아마추어 창작 플랫폼 운영, 한국 작품 번역·소개, 현지 작가 발굴로 IP 비즈니스 확장	기다리면 무료 전략, 웹툰, 웹소설 기업 인수로 글로벌 플랫폼 네트워크 구축, 프리미엄 IP 육성
창작자 수	70만여 명	1300여 개의 CP사와 983명의 작가
주요 웹툰·웹소설	재혼황후, 여신강림, 전지적 독자시점	황제의 외동딸, 김비서가 왜 그럴까, 이태원클라쓰
국내외 계열사 인수·제휴	세계 최대 웹소설 플랫폼 왓패드 인수, 스튜디오 드래곤과 지분 교환	웹툰 제작사 디앤씨미디어, 인도네시아 웹툰 업체 네오바자르, 북미 웹툰 플랫폼 타파스, 북미 웹소설 플랫폼 래디쉬 등 인수

자료 : 각 사·'이코노미조선' 정리

카카오재팬(픽코마)에 시장을 내주고 있습니다.

NAVER와 카카오의 웹툰 전쟁은 국내뿐 아니라 해외서도 치열한데, 해외 M&A로 서로 장군 멍군을 하고 있는 상황입니다.

메신저 기반의 카카오가 다음포털을 앞세워 웹툰 시장에 진출하고 있고 NAVER는 메신저 LINE을 통해 웹툰을 유통시키고 있어 서로 닮아간다고 할 수 있을 겁니다. 서로 소비자 시장이 중첩되고 있는 웹툰 시장에서 진검승부를 펼치고 있는데 하나의 웹툰이 성공할 경우 이를 영화와 드라마로 영상 컨텐츠화하고 여기에 OST를 통해 Kpop시장까지 확장하여 광고와 콘텐츠 유통에서 새로운 부가가치를 창출하며 수익을 키우고 있습니다. 국내외에서 성공한 웹툰을 영상 콘텐츠로 개발해 해외에 판매하고 현지화를 통해 개별 국가에서 리메이크를 통해 새로운 부가가치를 창출하고 있습니다. 이는 플랫폼 서비스의 확장성과 글로벌 사업화 가능성을 보여주는 것으로, K콘텐츠가 글로벌 시장에서 인정받는 주류 문화로 성장하는 데 기여하고 있는 모습입니다.

디지털 시장에서 플랫폼 서비스 업체는 다양한 콘텐츠 유통을 통해 새로운 부가가치를 창출할 수 있다는 사실을 검증받아 왔고 이는 국경을 넘어 글로벌 시장에서도 인정받고 있는 상황입니다. 다만 금리 인상으로 유동성장세가 끝나고 통화긴축으로 소비시장이 위축되면서 실적과 성장성에 대한 우려가 주가에 고스란히 반영되고 있는데, 기본적으로 플랫폼 서비스가 소비시장을 배경으로 하고 있기 때문입니다.

최고가 이후 일 년여 만에 16만 원대 주가로 흘러내리면서 주가는 반토막 이상이 빠지고 말았는데 NAVER의 주력 사업인 광고시장이 소비시장과 밀접하게 연결되어 있어 금리 인상에 민감할 수밖에 없기 때문에 실적 둔화에 대한 우려감이 반영된 결과라고 할 수 있습니다.

아무리 우량주라도 투자 시기에 따라 장기투자로 큰 손실을 볼 수 있다는 사실을 다시 한번 확인시켜주는 사례로, 기준금리 인상이 시작되었을 때 유동성 잔치가 끝났다는 사실을 인식하고 차익실현에 나섰어야 했습니다. 이후 공매도 세력의 주요 공격 대상이 될 수밖에 없었는데 앞에서 여러 차례 강조했지만 '플랫폼사업'은 소비시장을 기반으로 하기 때문에 소비 둔화는 실적 둔화로 연결되고, 성장성이 떨어진 성장주는 투자 대상으로 적절하지 않기 때문에 투자자들의 외면을 받게 됩니다.

NAVER와 카카오의 거래량이 2022년 10월을 기점으로 크게 증가한 것은 최고가 대비 낙폭이 큰 상태에서 현재의 실적을 감안할 때 과매도 구간에 들어간 것으로 평가하는 투자자들이 많다는 반증이 되고 있습니다.

NAVER 주가차트 대신증권 HTS 갈무리

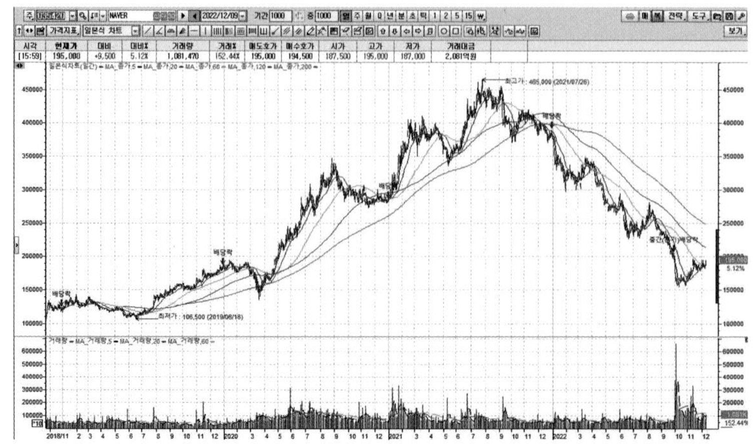

NAVER와 카카오 모두 이전 최고점을 다시 경신하여 주가가 오르기에는 실적의 비약적인 성장 모멘텀이 떨어져 보이기에 박스권 장세의 지루한 횡보장세를 펼칠 가능성이 커 보입니다.

이미 NAVER와 카카오는 플랫폼 기업으로 성장성에 대한 기대감이 꺾이고 있는데, 이는 골목상권 침탈에 대한 정치권의 규제 도입으로 이전과 같은 자유로운 시장 진출에 제한이 되기 때문입니다. 대신 현재의 시장에 대한 독과점기업으로 꾸준한 현금 흐름을 가져갈 수 있어 오히려 고배당주로 각광받을 가능성이 커지고 있습니다. 아울러 카카오의 계열사 IPO와 같이 NAVER도 해외 계열사의 현지 증시 상장을 통해 새로운 성장을 위한 대규모 자금 유입이 가능하기 때문에 관련 이슈가 있을 때 주가상승의 이벤트가 발생할 수 있습니다.

이들 플랫폼 기업의 핵심사업 수익성과 성장성을 뒷받침해주는 산업의 존재 여부를 파악하여 수익성의 미래를 상상해 보는 것은 투자자에게 미래 수익을 유추하는 데 좋은 영감을 선사해 줄 것입니다.

CHAPTER 6

조선주와 해운주

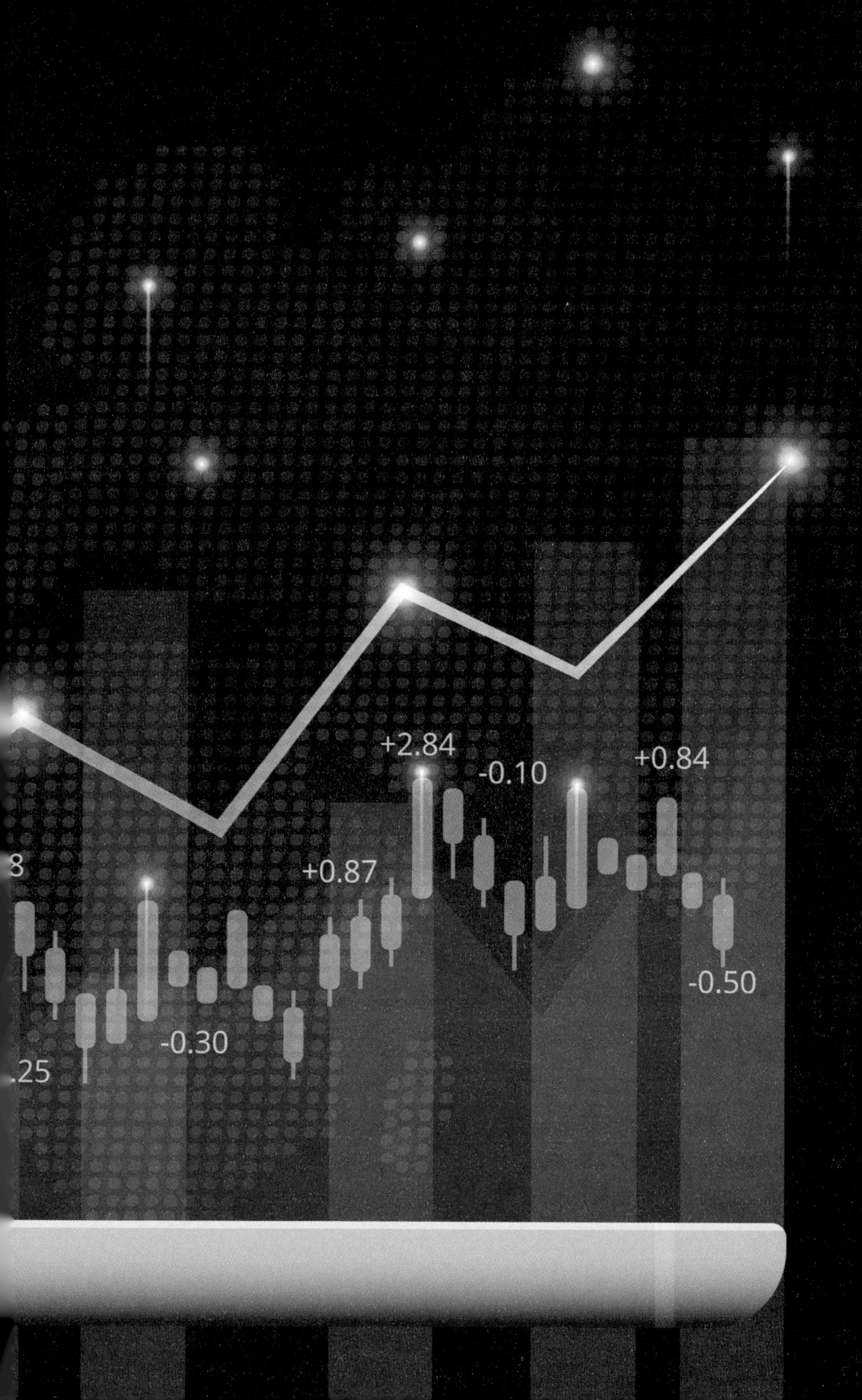
+2.84
-0.10
+0.84
+0.87
-0.30
-0.50

| 언론에서 떠드는 '조선업 위기'의 진실 |

2021년 조선주와 해운주의 드라마틱한 주가 움직임은 위기는 곧 기회라는 말을 실감케 하는 역동적인 모습이었습니다. 또 다른 한편으로 재벌 오너 일가의 경영권 승계가 개별 기업을 넘어 산업 전반에 어떤 영향을 주는지도 잘 보여준 사례라 생각합니다. 특히 이런 상황에서 언론은 진실을 전달하기보다는 광고주의 이익을 위해 투자자를 속이는 짓까지 할 수 있음을 보여주었는데, 기사를 쓴 기자가 보도자료만 받아 쓰는 앵무새라 이런 결과를 가져왔을 수도 있고 의도를 갖고 광고주를 위해 왜곡 기사와 가짜 뉴스를 만들어낸 사례라 의심해 볼 수 있습니다.

2018년 하반기부터 조선업황이 개선되며 점차 수주가 증가하고 실적 개선의 기미가 보였지만 이후 2021년 현대중공업이 지주회사 체제로 거듭날 때까지 우리나라 언론들은 조선업종은 항상 위기였고 불안한 모습을 갖고 있다는 타이틀의 기사들만 쏟아냈습니다. 박근혜 정부에서 석연찮은 이유로 해운업 1위였던 '한진해운'을 하루아침에 파산시키면서 우리나라 조선사들은 하루아침에 1등 고객사를 잃어버리는 참담한 상황을 맞이했습니다. 2위 해운사인 '현대상선'마저 국책은행인 한국산업은행에 경영권이 넘어가 구조조정을 당하고 있어 조선업체들은 국내 시장이 없어졌다고 할 만큼 어려움에 봉착했습니다.

지금도 '한진해운'의 파산은 이해가 안 되는 측면이 있는데 우리 조선업종의 불황은 '해양플랜트'의 대규모 부실뿐 아니라 국내 고객사인 해운사 구조조정으로 더 큰 어려움에 봉착한 측면이 있습니다. 이에 대해 문재인 정부는 '해운 재건'이라는 슬로건으로 해운업에 본격 투자를 재개하는데 이때 주요 투자 건은 '1만 3000TEU급 초대형 컨테이너선'에 대한 발주였습니다. 현대상선이 사명을 바꾸고 새롭게 태어난 'HMM'을 통해 국내 조선사에 대규모 발주가 나간 것이 마중물이 되었습니다.

2017년 하반기 이후부터 지금까지 발주된 선박은 2만TEU 이상 26척, 2만TEU 미만 18척 등 44척인데 프랑스 선사 CMA·CGM은 작년 2만 2000TEU 9척을 발주했고, 중국 선사 COSCO도 2만 1000TEU 6척과 1만 3500TEU 8척을 자국 조선소에 발주했습니다. 스위스 선사 MSC는 삼성중공업, 대우조선해양에 2만 2000TEU 11척을 발주했습니다. 세계 1위 덴마크 선사 머스크는 현대중공업에 1만 5000TEU 선박 2척에 대한 옵션을 행사했고 대만 선사 에버그린은 1만 1000TEU 8척을 삼성중공업에 발주하기도 했습니다.

글로벌 선사들은 여기에 그치지 않고 추가 신조 선박 발주를 준비 중인데 중국 COSCO는 2만TEU 이상 11척, 1만 3800~1만 4500TEU 9척 등 20척을 추가 발주하기 위한 자금 조달 계획을 발표했는데, 국내 최대 원양선사가 된 HMM(전 현대상선)은 정부 지원을 바탕으로 2만 2000TEU 이상 12척, 1만 4000TEU 8척 등 20척 발주를 국내 대형 조선 3사에 낸 상태이고 2018년 4월 출범한 일본 컨테이너 선사 통합법인인 'ONE'도 2만 TEU 6척 발주를 한 것으로 알려졌습니다.

해운업에 친환경 이슈가 발생하면서 기존 벙커C유선들에 대한 교체 수요가 발생하였고 대형선박으로 수익성을 높이려는 경쟁이 발생하면서 대형선박 발주가 줄을 잇고 있는 상황입니다. 초대형 선박에 대한 발주는 이후 시장 판도를 바꾸게 되고 HMM의 부활에도 일조하는데 이런 대형선박을 건조할 수 있는 국가가 우리나라와 중국, 일본 정도라 동북아 3개국의 경쟁이 치열한 부문이 조선업종이라 할 수 있습니다.

2018년의 변화된 시장 기류에도 불구하고 이후 국내 언론들은 지속적으로 조선업종이 불황이고 대규모 구조조정에 봉착해 있다는 기사로 도배질을 하게 되는데, 현대중공업이 지주회사 체제로 개편되면서 정몽준 아산재단 이사장의 장남이자 현대가家 3세인 정기선 현대중공업지주 사장이 경영 전면에 등장할 때까지 이런 언론의 왜곡 보도는 계속되었다고 봐도 무방할 것입니다.

이런 기사에 속은 투자자들은 조선주 투자의 적기를 놓치게 되는데 한진해운의 파산과 저가 수주한 해양플랜트의 부실은 조선주 전반에 저가 매수의 기회를 준 시기였습니다. 여기다가 대우조선해양을 현대중공업그룹이 떠안은 것은 노사분규마저 일으키는 이유가 되었지만 현실적으로 대우조선해양을 주인 없는 회사로 남겨둬 이전처럼 저가 수주의 원흉이 되게 그냥 놔둘 수도 없는 노릇이라 현대중공업지주가 중간 조선지주사인 한국조선해양을 통해 대우조선해양을 인수하는 것은 조선업종 전반에 새로운 활력을 불어넣는 딜이 되기도 했습니다.

다만 현대중공업그룹의 대우조선해양 인수건은 유럽연합EU의 경쟁당국이 액화천연가스LNG 운반선 독과점 우려에 기업결합 거부의사를 밝히면서 2022년 1분기에 사실상 무산되었습니다. 일본 경쟁당국이 일찍부터 반대를 공공연히 표해 왔기 때문에 EU와 일본 어느 쪽에서 반대해도 인수가 무산될 딜이기는 했습니다

대우조선해양은 윤석열 정부에서 2조 원 유상증자라는 파격적 특혜로 한화에 매각이 됩니다. 한국산업은행으로서는 단 한 푼의 공적자금도 회수하지 못하는 일반적이지 않은 이상한 매각을 하게 된 것입니다. 한화그룹은 5년 전 대우조선해양 인수를 시도할 때 약 5조 원대 인수자금을 내야 했지만 이제는 그 반의반 값으로 대우조선해양을 인수해 덩치를 키우고 재계순위를 올릴 수 있게 되었습니다. 대기업 구조조정 과정에서 공적자금 회수가 한 푼도 이뤄지지 않는 특혜성 딜을 통해 한화그룹은 자금 유출도 없이 유상증자로만 대우조선해양을 인수하게 되었으며 이는 대단한 특혜라 할 수 있습니다.

| 현대중공업그룹 |

다시 돌아가 현대중공업그룹주들은 현대중공업지주의 탄생 과정에서 주가가 싸야만 오너 일가의 경영권 승계 비용이 적게 들어가기 때문에 조선지주회사인 한국조선해양과 나머지 바이오와 로봇, 수소에너지 등 미래먹거리 사업들을 아우르는 HD현대(구, 현대중공업지주)로 한 단계 거쳐가는 지주회사 체제를 만들기도 했습니다. 또한 두산인프라코어의

HD현대(구, 현대중공업지주) 주가차트 대신증권 HTS 갈무리

인수는 HD현대의 조선업종에 치우친 수익 구조를 조금은 개선하는 M&A로 미래먹거리에 대한 HD현대의 고민을 엿볼 수 있는 딜이었습니다.

HD현대의 경영권 승계 과정에서 보여준 드라마틱한 주가 하락과 반등은 재벌 오너 일가의 경영권 승계 과정에서 주가가 오를 수 없다는 증시 격언을 다시 한번 확인시켜주었습니다. 오너 일가의 경영권 승계 비용을 줄여주기 위한 궁여지책이라는 생각이 드는데 이는 거의 25년마다 반복되며 최근에는 삼성그룹과 현대기아차그룹, 롯데그룹과 CJ그룹까지 주요 그룹의 경영권 승계가 동시다발적으로 이뤄져 주식시장이 죽을 쒔다고 해도 과언이 아니었습니다.

주요 그룹의 경영권 승계 과정에는 새로 들어서는 경영권 후계자의 승계 정당성을 위해 대규모 M&A를 시도하는 경우가 많습니다. 이는 경영권 승계 전에 경영 능력을 검증하는 것이 아니라 경영권 승계 후에 경영

능력을 검증하는 우리나라 재벌 기업만의 독특한 경영권 승계 방식에 기인한 M&A들입니다. 혈연에 의한 봉건적 경영권 승계는 여러 가지 많은 우려를 낳고 있는데 외국인투자자들은 경영권 승계 시기에 주식을 보유하기보다는 일단 차익실현 하고 경영권 후계자의 경영 비전과 능력을 살펴보며 지분을 조절하는 모습을 보이곤 합니다.

현대중공업그룹도 정기선 사장이 경영 전면에 나서면서 '뉴 현대중공업'이라는 슬로건을 내 걸었는데 기존 조선업종 중심의 굴뚝 산업에서 인공지능(AI)과 바이오, 수소에너지 등 4차 산업혁명의 핵심기술로 사업영역을 확대하고 있습니다.

AI 사업은 로봇 계열사인 현대로보틱스가 중추적인 역할을 할 것으로 보이는데 현대로보틱스는 최근 산업 현장에서의 AI 적용 사례를 적극적으로 발굴하고 그룹사들과 공동으로 맞춤형 기술 개발에 나서고 있으며, 두산인프라코어 인수로 현대건설기계와 함께 로봇산업의 중심축을 이루게 되었습니다.

에너지 계열사인 현대오일뱅크를 단순 정유주에서 수소에너지 관련 '종합에너지충전소'로 전환하는 계획은 기업공개IPO와 묶어 미래 성장성을 제시한 것으로 미래 에너지로 각광받는 수소에너지 분야에 현대중공업의 미래를 담고 있다고 해도 과언이 아닙니다.

HD현대로 재편되면서 현대중공업그룹은 더 이상 조선회사에 머무르지 않고 미래 에너지 회사이자 로봇과 인공지능(AI), 바이오 등에 걸친 첨단이미지를 갖게 되었고, 이런 변화는 경영권 승계자인 정기선 사장의 경영 전면 등장으로 가속화되고 있습니다.

현대중공업그룹이 한국조선해양과 HD현대라는 중간지주회사 형태로 사업 구조조정을 단행한 이유는 오너 일가의 그룹 지배력을 유지하면서 적은 비용으로 경영권 승계를 완성하려는 목적이 숨겨져 있습니다. 정몽준 아산재단 이사장이 보유하고 있는 HD현대 지분을 정기선 사장이 증여나 상속을 받아야 완성되는 것으로 큰 그림은 지주회사 체제로 완성이 되었고 이제는 얼마나 오너 일가의 경영권 승계 비용을 줄일 수 있나가 남아 있는 과제가 되고 있습니다. 현대오일뱅크 기업공개(IPO)와 새로 인수한 두산인프라코어와 현대건설기계의 합병도 따지고 보면 이런 경영권 승계 과정의 일환으로 볼 수 있습니다.

현대중공업그룹은 HD현대로 개편되면서 순환출자 구조를 해소하고 정몽준 정기선 특수관계인들로부터 출발해 자회사와 손자회사로 수직 구조를 완성했는데, 이제는 지주회사 HD현대에 대한 지배권만 확보하면 그룹 전체를 지배할 수 있는 구조를 완성했습니다. 오너 일가가 개별 기업에 대한 지분을 갖고 있지 않기 때문에 배당은 지주회사 HD현대에 집중될 수밖에 없고·이는 지주회사 HD현대가 고배당주로 인식되는 전환점이 되었습니다. 지주회사 HD현대에 대한 외국인투자자들의 비중이 16%대에 머물고 있는 것은 지주회사 HD현대 주가에 대한 기대감을 갖게 하는데, 아직은 경영권 승계가 확실하게 이뤄진 것이 아니기 때문에 외국인투자자들이 불확실성을 관망한다고 보는 것이 맞아 보입니다.

2021년 8월 들어 외국인투자자들의 지주회사 HD현대에 대한 지분율은 꾸준히 증가하고 있는 추세를 보였지만 2022년 들어서 대우조선해양에 대한 기업결합이 EU에 의해 거부되어 좌초되고 3월 미국 중앙은행인

FRB가 금리인상에 나서면서 외국인투자자의 차익실현 매물이 나와 외국인투자자들의 지분율은 하락추세로 전환된 상황입니다.

현대오일뱅크 IPO가 연기되고 정기선 사장이 부친인 정몽준 이사장의 지분을 확보하지 못한 터라 상황에 따라서는 지주회사 HD현대 주가가 추가적으로 더 하락할 가능성도 커보입니다. 여기다 두산인프라코어와 현대건설기계의 합병이 몇 년에 걸친 프로젝트라고 알려져 있어 외국인투자자들은 불확실성이 큰 상황으로 보고 있는 것 같습니다. 아울러 최근 철광석과 후판 같은 조선업 원재료 가격이 급등하면서 기존 수주한 신조에서 대규모 적자가 발생하고 있는 것은 불확실성을 높여주는 요인으로 작용하고 있습니다.

HD현대 2022년 3분기보고서 상 정몽준 이사장이 개인 최대주주로 26.6%의 지분을 보유하고 있고 정기선 사장은 단 5.26%만을 보유하고 있는 상황이라 정몽준 이사장 지분을 증여나 상속을 받아야 경영권 승계

HD현대 2022년 3분기보고서 포괄손익계산서

	(2022년 1월 1일 ~ 2022년 9월 30일)	(2021년 1월 1일 ~ 2021년 12월 31일)	(2020년 1월 1일 ~ 2020년 12월 31일)
매출액	44,337,832,348	28,158,746,399	18,910,981,519
영업이익(손실)	3,112,459,795	1,085,411,576	(597,108,836)
당기순이익(손실)	2,196,194,653	186,012,264	(789,719,525)
지배기업 소유주지분	1,286,182,111	(132,297,229)	(609,172,064)
비지배지분	910,012,542	318,309,493	(180,547,461)
총포괄이익(손실)	2,296,172,827	288,184,949	(515,015,923)
지배기업 소유주지분	1,314,532,072	(129,100,193)	(427,524,439)
비지배지분	981,640,755	417,285,142	(87,491,484)
주당순이익(손실)(원)	18,200	(1,872)	(8,563)
연결에 포함된 종속기업수	83	60	40

【( )는 부(-)의 수치임】 ※ 1)

상기 재무제표는 한국채택국제회계기준 작성기준에 따라 작성되었습니다.

2) 당사는 전기 중 주식분할(액면금액 5,000원에서 1,000원으로 변경)하여 신주기준으로 주당순이익(손실)을 산정하였습니다.

가 완성되는 구조를 갖고 있습니다.

현대중공업그룹의 가장 큰 불확실성은 이런 경영권 승계가 언제 완성될지 모른다는 점으로 오너 일가가 증여세나 상속세에 대해 자금 여유를 확보해야 할 사안입니다. 삼성그룹이나 CJ그룹, 신세계그룹에서 확인할 수 있듯이 이제는 재벌 오너 일가들이 경영권 승계에 있어 편법이나 불법으로 세금을 회피할 수 있는 방법이 없다는 사실을 잘 알고 있습니다. 조선주에 대해 설명하면서 장황하게 지주회사 HD현대의 지배 구조에 대해 설명하는 것은 우리나라 조선업종 특성상 현대중공업그룹(지주)을 빼고 설명할 수 없기 때문입니다. 조선업종은 자동차와 함께 우리나라 산업지형 중 가장 독과점시장이 심화된 부문으로 지주회사 HD현대그룹 안에 한국조선해양이라는 중간지주를 둘 정도로 주요 조선사들을 보유하고 있는 상장사입니다.

영국의 조선·해운 시황전문기관 클락슨리서치에 따르면 2022년 1월에 전 세계 선박 발주는 307만CGT를 기록했는데 전월(178만CGT) 대비 72% 증가한 수치로 지난해 9월 이후 내리막을 걷던 선박 발주량이 4개월 만에 반등하는 모습입니다. 지난해 선박 발주량이 크게 증가했던 탓에 올해는 '역기저 효과'로 발주량 감소에 무게를 두는 관측이 많았지만 LNG 운반선과 컨테이너선 중심으로 수요가 증가하고 있고 1월 전체 발주량 가운데 LNG 운반선은 111만CGT(36%), 대형 컨테이너선이 94만CGT(31%)를 차지하고 있습니다. 환경규제와 러시아 경제제재가 엮이면서 LNG운반선 발주가 이어졌고 기술력의 경쟁 우위로 우리 조선사들이 이들 수주를 싹쓸이한 상황입니다.

특히 중국의 경우 중국 정부 발주 물량으로 중국 조선사들이 연명한다는 말이 나올 정도로 정부 발주 물량이 많아졌는데, 여기에는 군함과 같은 방위사업 물량도 포함되어 있습니다. 정부 지원을 제외하고 순수 민간분야 수주만 따진다면 현대중공업그룹이 글로벌 1위 조선사라고 해도 과언은 아닐 겁니다.

이런 글로벌 조선사에 대해 매년 봄과 가을이 되면 임금인상이나 노사평화 문제로 일방적으로 노동자들을 매도하는 기사들이 쏟아져 나오는데 특히 2018년 하반기 글로벌 조선업황이 살아나고 있을 때부터 지금까지 이런 언론의 보도 태도는 변하지 않고 있습니다. 독과점이 심화된 시

HD현대 2021년 사업계획서 최대주주

당사는 2021년 4월 12일을 효력 발생일로 하여 기명식 보통주(1주당 액면가 5,000원)를 5주(1주당 액면가 1,000원)로 분할하였습니다.

(기준일 : 2022년 09월 30일) (단위 : 주, %)

성 명	관 계	주식의 종류	소유주식수 및 지분율				비고
			기 초		기 말		
			주식수	지분율	주식수	지분율	
정몽준	최대주주	보통주	21,011,330	26.60	21,011,330	26.60	-
정기선	특수관계인	보통주	4,155,485	5.26	4,155,485	5.26	-
(재)아산사회복지재단	특수관계인	보통주	1,520,895	1.93	3,078,300	3.90	-
(재)아산나눔재단	특수관계인	보통주	389,915	0.49	389,915	0.49	-
권오갑	특수관계인	보통주	45,030	0.06	45,030	0.06	-
가삼현	특수관계인	보통주	5,020	0.01	5,020	0.01	-
노진율	특수관계인	보통주	3,528	0.00	3,578	0.00	-
금석호	특수관계인	보통주	3,050	0.00	3,050	0.00	-
송명준	특수관계인	보통주	2,745	0.00	2,745	0.00	-
강달호	특수관계인	보통주	1,620	0.00	1,620	0.00	-
김종철	특수관계인	보통주	1,445	0.00	1,533	0.00	-
김정혁	특수관계인	보통주	2,335	0.00	1,500	0.00	-
손성규(*)	특수관계인	보통주	5,000	0.01	0	0.00	-
계		보통주	27,147,398	34.37	28,699,106	36.33	-
		합 계	27,147,398	34.37	28,699,106	36.33	-

(*) 임원 퇴임으로 인한 특수관계인 제외

※ 회사가 보유하고 있는 자사주(8,324,655주)는 반영하지 않았습니다.

장에 대한 언론의 보도는 광고주인 독과점 기업의 이익을 위해 가짜 뉴스와 왜곡 보도가 이뤄지는 경우가 많기 때문에 언론 보도를 액면 그대로 믿다가는 좋은 투자 기회를 날려버리기 일쑤입니다. 언론은 광고를 더 많이 주는 독과점 회사를 위해 기꺼이 가짜 뉴스와 왜곡 보도를 일삼기 때문에 기사의 행간을 읽을 줄 알아야지 단순 제목만 수박 겉핥기 식으로 읽다 보면 좋은 투자 기회를 투자자 스스로가 걷어차는 결과를 가져올 수 있습니다.

| 한국조선해양 |

한국조선해양은 HD현대의 조선사 관련 중간지주회사로 현대중공업과 현대미포조선, 현대삼호중공업, 현대비나신조선까지 아우르는 명실상부한 국내 조선업종을 대표하는 조선지주회사입니다.

다른 지주회사들과 같이 기업 지배와 투자를 목적으로 설립되었기 때문에 계열사들에 대한 현대브랜드 사용료와 배당으로 수익구조가 짜여 있어 개별 종목들보다는 주가 움직임이 둔할 수밖에 없는 태생적 한계를 갖고 있지만 최대주주의 지분율이 약 33%에 달해 최대주주를 위해 고배당을 할 가능성이 큰 회사이기도 합니다. 지주회사는 지배주주인 오너 일가를 위해 배당을 늘려 이 돈으로 그룹 지배력을 강화해주는 것이 설립 목적이라 고배당주가 될 수밖에 없습니다.

한국조선해양의 단일 최대주주로 HD현대가 2022년 3분기보고서 상 안정적인 경영권 지분이랄 수 있는 약 35.05%를 보유하고 있는 것을 보실 수 있습니다. 그룹 후계자인 정기선 사장은 544주를 보유하고 있어,

지주회사의 지분과 비교하면 의미가 없다고 할 수 있는 수준입니다.

한국조선해양 주가차트를 보면 2020년 3월 19일 코로나19 위기에 주가가 64,200원까지 폭락했는데 이때 개별 종목의 리스크라기보다는 글로벌 위기에 따른 투자자들의 불확실성 회피심리가 대규모 매물을 시장 전반에 불러와 투매가 쏟아져 주가가 폭락한 측면이 있습니다. 이런 비이성적인 매매는 용기 있는 스마트머니들에게 기회로 활용될 수 있는데 "위기는 곧 기회다"라는 증시 격언이 여기서 비롯된 것입니다. 즉 개별 종목의 리스크가 아닌 시장 전체의 리스크로 주가가 폭락하는 것은 반드시 폭락 이전으로 주가를 되돌리려는 저가 매수세가 유입되기 때문에 이런 폭락세를 만난 투자자들은 1차 투매에 동참해 현금을 쥐고 바닥을 기다리든지 아니면 쓰린 속을 부여잡고 그냥 물려버리는 것도 방법이 될 수 있습니다. 망설이다가 뒤늦게 바닥에서 손절매를 하게 될 경우 매도가격으로 회복되는 주가를 추격해 재매수할 수가 없는 경우가 많기 때문

한국조선해양 주가차트 대신증권 HTS 갈무리

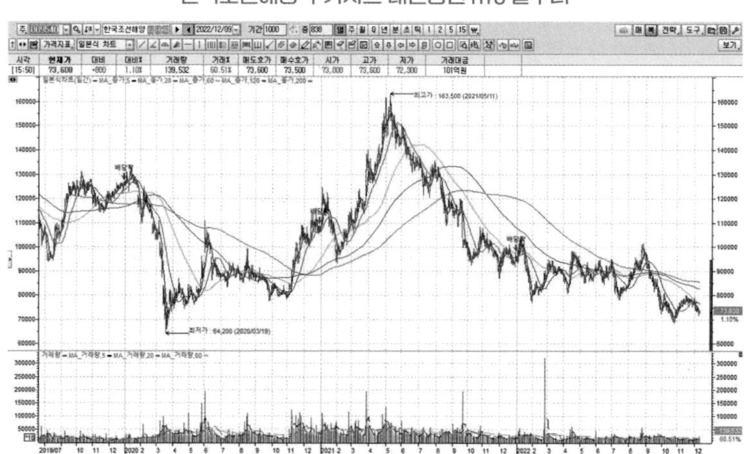

입니다. 시기를 잘못 선택한 손절매는 종목 교체 외에는 답이 없습니다.

주식투자는 심리 게임이라는 말처럼, 손절매 가격에 대한 트라우마가 있어 투자가 조급해지면 실수가 실수를 부르는 불행의 반복이 재현될 수 있습니다.

한국조선해양은 2020년 하반기 코로나19 백신이 가시화되던 2020년 11월 주가가 본격적으로 반등하기 시작합니다. 해운업이 호황이라 발주가 쏟아져 나오기 시작할 때이기도 하고 코로나19 백신 기대감으로 조업 정상화가 기대되었기 때문입니다. 2020년 11월 주가 반등은 2021년 5월 11일까지 이어져 163,500원 52주 신고가를 찍고야 꺾이는 모습을 보여주

한국조선해양 2022년 3분기보고서 발췌

1. 최대주주 및 특수관계인의 주식소유 현황

(기준일 : 2022년 09월 30일) (단위 : 주, %)

성 명	관 계	주식의 종류	소유주식수 및 지분율				비고
			기 초		기 말		
			주식수	지분율	주식수	지분율	
HD현대(주)	최대주주	보통주	21,907,124	30.95	24,807,124	35.05	-
(재)아산사회복지재단	특수관계인	보통주	1,684,436	2.38	694,436	0.98	-
(재)아산나눔재단	특수관계인	보통주	431,844	0.61	431,844	0.61	-
권 오 갑	특수관계인	보통주	101	0.00	101	0.00	-
가 삼 현	특수관계인	보통주	4,255	0.01	4,255	0.01	-
정 기 선	특수관계인	보통주	544	0.00	544	0.00	-
한 영 석	특수관계인	보통주	702	0.00	702	0.00	-
손 성 규	특수관계인	보통주	4,000	0.01	0	0.00	-
김 성 준	특수관계인	보통주	528	0.00	528	0.00	-
신 현 대	특수관계인	보통주	887	0.00	887	0.00	-
김 형 관	특수관계인	보통주	690	0.00	690	0.00	-
이 상 균	특수관계인	보통주	500	0.00	500	0.00	-
계		보통주	24,035,611	33.96	25,941,611	36.65	-
		기타	-	-	-	-	-
		합계	24,035,611	33.96	25,941,611	36.65	-

최대주주명: HD현대(주) 특수관계인의 수: 10

※ 상기 현황은 최대주주등 소유주식 변동신고서 기준으로 작성되었습니다.

는데, 2020년 3월 19일 최저가 64,200원에서 생각해 보면 1년 3개월 만에 155%의 주가 상승률을 보여주고 있습니다.

지주회사처럼 무거운 주식이 이런 주가 상승을 일 년여 만에 보여주는 것은 일반적이지 않은 주가 흐름입니다. 지주회사는 지배 구조와 관련된 종목이라 주가가 안정적으로 관리되고 움직이는 경우가 많은데 이때의 주가 흐름은 개별 종목이라고 해도 믿을 만큼 역동적인 모습을 보여주었습니다. 기업가치를 제대로 반영하지 못하는 주가였기 때문인데, 해운업종 호황은 대규모 발주를 가져오기 때문에 조선사들에게는 기회의 신호로 읽히는 것입니다.

특히 한진해운이 살아 있을 때 태평양 노선 1위를 기록했는데 갑작스러운 파산 이후 태평양 노선을 중국 선사들이 주도하면서 우리나라 해운사들이 해운동맹에서 왕따를 당하고 부채에 허덕일 때 우리 조선사들도 내수시장이 얼어붙어 어려움을 겪었던 것을 기억해야 합니다. 그런데 개별 조선사의 주가는 어떻게 움직이며, 지주회사인 한국조선해양과 비교해 살펴보는 것도 재미있어 보입니다.

| 현대미포조선 |

현대미포조선도 약속이나 한 듯이 2020년 3월 19일 최저점 20,150원을 찍었는데 평소 보기 어려운 주가라 역사적 저점이라 해도 과언이 아닐 수 없는 주가를 기록했습니다. 공포가 부른 투매가 투자자들의 이성을 마비시키고 스스로 무슨 짓을 하고 있는지 느끼지도 못하게 만든 결과입니다. 이후 저가 매수가 유입되며 일부 주가는 회복되었지만 2020년 코로나19 사태로 주가는 지지부진한 흐름을 보였습니다. 2020년 11월 들어 본격적인 주가 상승을 기록하는데 코로나19 백신 기대감이 주가에 선반영되고 LNG운반선과 같은 고부가가치선박 발주가 쏟아져 나왔기 때문입니다.

해운업종이 살아나면서 신규 조선발주가 늘어나고 특히 친환경 선박에 대한 수요는 기술력이 검증된 우리 조선사들에게는 새로운 기회이자 큰 장이 서게 된 것을 뜻합니다. 2020년 4분기부터 2021년 6월 2분기까지 글로벌 친환경 선박 발주는 우리 조선사들이 싹쓸이한다고 해도 과언이 아닐 정도로 일방적인 수주를 하고 있는데, 삼성중공업, 대우조선해양의 수주가 증가하면서 당연히 현대미포조선도 급증하는 양상을 나타냈고 급기야 현대중공업의 베트남 자회사인 현대비나신조선소까지 물량이 넘쳐나는 상황을 맞고 있습니다.

조선 3사의 수주는 연초임을 감안하더라도 연간 목표 달성이 가능하다는 희망을 갖게 하는 수치를 찍고 있습니다. 또한 이 표에서 2021년 1분기 우리 조선사들의 수주량은 중국 정부의 압도적 지원을 받는 중국 조선사들을 앞지르고 있습니다. 이런 수주량 풍년 속에 현대미포조선의 주가도 회복세를 달렸는데 2020년 3월 19일 최저점 20,150원을 찍었던 주가는 2022년 8월 25일 117,500원의 52주 신고가를 기록하기도 했습니다. 이 기간 동안 현대미포조선의 주가 상승률은 약 483%를 기록해 지주회사인 한국조선해양의 주가 상승률을 멀찌감치 따돌리는 모습을 보여주고 있습니다.

현대미포조선의 최대주주는 한국조선해양으로 약 42.40%의 지분을

현대미포조선 주가차트 대신증권 HTS 갈무리

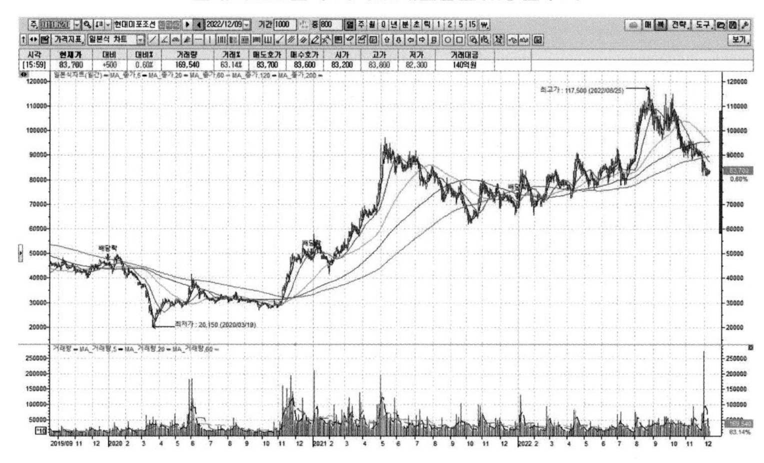

2022년 국내 조선사 수주현황, 조선기계 위클리보고서, 대신증권

단위 : 백만불	19년 (백만불)	20년 (백만불)	21년 총합계	21년 상선	21년 해양	22년 목표 (백만불)	22년 목표 상선	22년 목표 해양	22년 YTD 총합계	22년 YTD 상선	22년 YTD 해양	22년 목표 달성율 전체	22년 목표 달성율 상선	22년 목표 달성율 해양	수주실적 기준일	총수주 척수
한국조선해양 (조선+해양)	6,186	4,352	12,638	10,845	1,793	8,034	6,950	1,084	1,254	806	448	15.6%	11.6%	41.3%	1월	4
(전사업부)	7,772	5,306	14,743			8,888			1,254			14.1%			1월	
삼호중공업	4,167	3,749	5,553	5,469	84	4,605	4,605		2,085	2,085		45.3%			1월	12
삼성중공업	7,100	5,482	12,200	12,200		8,800	7,300	1,500	800	800		9.1%	11.0%	0.0%	2월	4
대우조선해양 본사	6,880	5,640	10,860	7,630	2,270	8,900			2,720	2,160	560	30.6%			1월	12
현대미포조선	2,706	2,316	4,789	4,789		3,600			489	489		13.6%			1월	12
합계 금액	27,039	21,539	46,040	40,933	4,147	33,939	18,855	2,584	7,348	6,340	1,008	21.7%	33.6%	39.0%		32
대형3사합계 금액	20,166	15,474	35,698	30,675	4,063	25,734	14,250	2,584	4,774	3,766	1,008	18.6%	26.4%	39.0%		20

자료: 조선 4사, 대신증권 Research Center
주: 22년 수주는 각 사 IR 자료 수주데이터 기반으로 공시된 수주내역 합산

보유하고 있어 안정적인 경영권을 행사할 수 있는 지분을 갖고 있다고 해도 과언이 아닌데 실제 유통물량이 적기 때문에 주가도 더 역동적으로 상승했음을 알 수 있습니다. 지금까지 주가 상승을 알아봤고, 이제 2021년 2분기 이후 주가 하락에 대해 알아보겠습니다.

| 2021년 하반기 시작된 조선업종 주가 하락의 원인 |

현대미포조선과 현대중공업, 현대삼호조선과 현대비나신조선소 등 계열 조선사들의 실적이 모두 모여 지주회사인 한국조선해양의 실적을 구

HD현대 2022년 3분기보고서 주주에 관한 사항 발췌

1. 최대주주 및 특수관계인의 주식소유 현황

(기준일 : 2022년 09월 30일) (단위 : 주, %)

성 명	관 계	주식의 종류	소유주식수 및 지분율				비고
			기 초		기 말		
			주식수	지분율	주식수	지분율	
한국조선해양(주)	최대주주	보통주	16,936,492	42.40	16,936,492	42.40	-
(주)현대미포조선	본인	보통주	57,851	0.14	57,851	0.14	-
아산사회복지재단	특수관계인	보통주	172,000	0.43	172,000	0.43	-
신현대	특수관계인	보통주	4,160	0.01	4,160	0.01	-
한영석	특수관계인	보통주	3,760	0.01	2,000	0.01	-
가삼현	특수관계인	보통주	2,650	0.01	2,650	0.01	-
윤창준	특수관계인	보통주	1,158	0.00	1,158	0.00	-
계		보통주	17,178,071	43.00	17,176,311	43.00	-
		-	-	-	-	-	-

성하는데 2021년 5월 정점을 찍고 주가가 하락하는 모습을 확인할 수 있습니다. 조선사들의 주가 하락은 사업 특성과 맞물려 예상할 수 있던 것으로 조선업종의 주재료인 후판 가격이 조선업황에 후행한다는 측면에서 조선사들의 수주 증가는 후판 공급량 부족을 유발하고 가격상승을 가져올 수밖에 없습니다. 철강사들은 아직 코로나19 위기에서 벗어나지 못하고 있는 상황으로 조선의 원재료 격인 후판 공급량이 따라주지 못하고 있는데 신조 수주가 급증하면서 후판 공급 부족이 발생했고 이는 광산업에서 철광석 공급 부족도 한몫했습니다.

철강업계에 따르면 2021년 6월 25일 기준 국내 1위 철강사 포스코의 열연강판 1t당 유통가격은 130만 원으로 책정됐는데 2021년 초 88만 원이었던 것과 비교해 48%가량 가격이 급등했습니다. 후판 가격도 상승세를 타고 있는데 포스코는 연초 81만 원이었던 후판 유통가격을 5월 말 60%가량 인상한 130만 원으로 책정했습니다. 열연강판은 자동차나 건축

자재에, 후판(두께 6mm 이상 철판)은 선박 건조에 주로 사용되기 때문에 원가 인상 요인으로 작용하고 있습니다.

2021년 하반기 들어 후판 가격이 60% 이상 상승할 것으로 예상되자 대규모 충당금이 발생해 영업손익에서 조선사들 실적에 반영했는데 대우조선해양의 2분기 영업 손실은 무려 1조 74억 원에 달했으며 상반기에만 174억 달러(약 20조 2,831억 원)를 수주했던 한국조선해양도 영업 손실 8,973억 원이 발생했고 삼성중공업, 현대미포조선도 각각 영업 손실 4,379억 원, 1,922억 원을 기록했습니다. 조선업종 특성상 계약 당시 기준으로 책정된 원가에서 이후 후판 가격 인상분을 기성에 반영하여 가격을 조정할 수 없기 때문에 이후 발주물량에서 신조 가격을 인상해 보상받을 수밖에 없는 구조라 오히려 수주를 많이 한 것이 저가 수주가 되어 버린 양상입니다. 후판 가격의 급등은 조선업종 수익성에 빨간불을 켜는 주요 원인이 되고 있습니다.

제조업은 원재료비와 인건비 등이 원가에서 차지하는 비중이 높기 때문에 이들 비용의 추이를 잘 살펴봐야 수익성을 가늠할 수 있습니다. 결국 주식투자는 회사의 주인이 되는 것이라고 교과서에 나와 있지만 결코 주인이 될 수 없는 것이며, 주주로서 잠시 거쳐 간다고 보는 것이 맞습니다. 주주로서 한배를 타고 갈 때는 그 배가 안전한지 목적지를 잘 찾아가고 있는지 여러 가지 확인해야겠지만 하선하고 나면 그 배와 투자자의 행선지가 다를 수밖에 없기 때문에 한배를 타기 전과 타고 있을 때 꼼꼼하게 살펴봐야 합니다.

조선업종의 주가 하락은 임금 협상 문제나 노사 불안에 기인한 것이 아니라 오히려 후판 가격 상승에 기인한 것으로 우리가 수많은 언론기사에서 보았던 "황제노조" 때문에 주가가 하락한 것이 아님을 알아야 합니다. 오히려 조선사들이 수주 가뭄에 고생할 때 임금을 동결하고 인력 구조조정을 받아들이며 회사가 생존할 수 있게 협조한 것이 조선사 노조이며 노조원들이었습니다. 회사 실적이 좋아지면 이에 대한 보상은 당연한 것으로 주주로서 경영진들이 자신들의 임금만 빠르게 높여가고 힘들 때 고생한 임직원들에게 정당한 보상을 해 주지 않는지 살펴봐야 합니다. 이런 면에서 해운업종에서 벌어지고 있는 HMM의 임금 협상은 시사하는 바가 커 보입니다. 해운업종의 대표주인 HMM의 주가 흐름은 2020년에 드라마틱하다고밖에 할 말이 없을 정도로 극적인 모습을 보여주었습니다. 분명한 것은 조선업종은 앞으로 수주물량을 진수하면서 엄청난 달러가 들어올 것이라는 사실로, 지주회사보다 개별 조선사의 주가가 더 강하게 오르는 이유이기도 합니다.

| HMM의 경이로운 주가 상승의 배경 |

오른쪽 차트에서 보는 바와 같이 HMM 주가는 2020년 3월 23일 2,120원 최저점을 찍고 이후 꾸준히 우상향하는 차트를 그리며 2021년 5월 28일 52주 신고가인 51,100원 찍어 1년 3개월여 만에 2,311%라는 경이적인 상승률을 기록했습니다.

이 기간 HMM에 투자했던 투자자들은 수익을 볼 기회가 많았다는 사실로 이런 경이적인 상승률을 평생 투자 기간 동안 경험하기 쉽지 않은 것도 사실이지만 기본적 분석에 충실한 투자자였다면 충분히 투자 기회를 가질 수 있었을 겁니다. HMM이라는 생소한 이름은 이전에 "현대상선"이라는 현대그룹 계열의 해운업계 2위 기업에서 해운업 구조조정을 통해 채권단인 한국산업은행이 최대주주로 들어가며 바뀐 이름으로, 과거 부실과 절연하고 미래지향적인 의미를 갖기 위해 바꾼 것으로 알려져 있습니다.

한진해운이 퇴출 되기 직전의 상황은 국적 해운사인 한진해운과 현대상선이 부채의 늪에 빠져 허덕이며 적자와 고심하고 있는 가운데 경쟁사들은 대형선박을 통해 규모의 경제를 달성하고 성장을 이어가던 시기입니다.

당시 박근혜 정부는 해운업계 1위인 한진해운을 퇴출시키고 2위인 현대상선 중심으로 해운업종을 재편하려고 시도한 듯하지만 한진해운 퇴출만 성공했을 뿐 이후 사태수습은 할 수 없는 무능력한 모습을 보여주었습니다.

HMM 주가차트 대신증권 HTS 갈무리

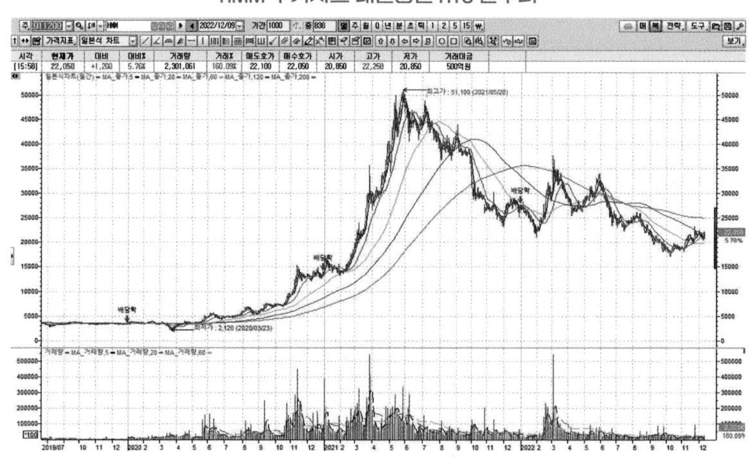

우리나라 양대 국적 해운사가 지리멸렬하면서 한진해운이 갖고 있던 태평양 노선 1위 자리는 중국 해운사에게 빼앗겨 수출에 있어 우리나라와 중국이 경쟁 관계에 놓인 상황에서 국적 해운사의 존재가 약해진 것은 치명적인 상황을 만들었는데, 정작 수출계약을 맺어 놓고도 상품을 실어 나를 배가 없어 납기를 못 맞추는 상황이 벌어졌습니다. 여기다가 한진해운의 갑작스러운 퇴출로 한진해운 소속 배들이 태평양 한가운데 떠 있다가 파산을 당해서 누구도 배의 화물과 배의 안전한 항해를 보장해 주지 못하게 되었습니다. 당시 한진해운 배들이 항구에 억류되거나 오도 가도 못하는 신세가 되어 화주들이 물건을 제때 전달받지 못하는 물류대란이 발생했습니다. 이 사건으로 아마존은 다시는 한국 국적 해운사와 거래하지 않을 것이라고 공공연히 밝히기도 할 정도로 신뢰를 잃는 계기가 되었습니다.

2017년 2월 17일 한진해운의 파산은 누구도 예상하지 못한 상황에서 너무나 갑작스럽게 결정되어 그렇게 급박한 사유가 있었는지 지금도 고개를 갸우뚱하는 상황인데 전후 사정에 대한 여러 가지 소문이 돌아 업계 전반이 흉흉한 상황이었고 투자자들은 대기업 계열사이자 글로벌 해운사의 시장 퇴출이라는 점에서 큰 손실을 보게 되었습니다.

물론 글로벌 해운업종 전반에 불황이 찾아와 물동량이 줄어들고 그나마 있는 물동량도 저가 수주에 나서는 중국 해운사들로 인해 우리나라 국적 해운사인 한진해운과 현대상선은 큰 어려움에 봉착할 수밖에 없었습니다. 한진해운의 파산은 모그룹인 한진그룹 고 조양호 회장의 경영 실패에 주요 원인이 있지만 업계 1위 기업을 하루아침에 파산으로 내몬 것은 정부와 채권단의 책임도 크다고 생각합니다.

한진해운의 파산으로 우리나라 해운사들이 받게 되는 불신과 시장 혼란에 대해 정부도 채권단도 누구 하나 책임지는 이 없었고 한진해운 주주들은 하루아침에 투자금 전부를 날리는 황당한 상황에 내몰리게 되었습니다.

한진해운이 파산하고 잔여 재산에 대한 빚잔치로 해운업종 전반에 큰 혼란이 발생하고 이 과정에 현대상선의 중요도가 올라갔지만 이후 본격적인 해운업 재건의 움직임은 정권이 바뀌고 문재인 정부에 들어서 본격화되었습니다.

2016년 8월 현대상선의 최대주주가 현대그룹에서 한국산업은행으로 바뀌면서 채권단이 주인이 되었는데 한진해운 퇴출 과정의 혼란을 수습하고 현대상선 중심으로 해운업을 재편하려는 움직임에 대규모 자금을 현대상선에 쏟아붓게 됩니다. 처음에 현대상선의 과거 부실을 정리하기 위해 공적자금을 쏟아부을 때는 밑 빠진 독에 물 붓기라고 비난의 소리가 많았는데 한진해운이 퇴출된 마당에 글로벌 경쟁력을 가진 유일한 국적사라는 측면에서 정부도 채권단도 선택지가 없었다고밖에 할 수 없습니다.

우리나라는 수출로 먹고사는 나라인데 우리가 수출할 상품을 실어 나를 해운사를 다른 나라 배들에게 맡길 수는 없는 노릇이기 때문입니다.

현대해상은 컨테이너 화물 운송이 전체 사업에서 약 80%를 차지할 만큼 컨테이너 화물 운송에 특화된 해운사였는데 그만큼 수출기업들의 물류에 중요한 역할을 하는 회사였습니다.

해운선사 글로벌 기업 순위, CEO스코어 김종혁 기자

해운선사 글로벌 기업 순위							
순위	기업	매출		영업이익		증감	
		2012년	2013년	2012년	2013년	매출	영업이익
1	머스크	46,633	43,885	6,459	6,035	-5.9%	-6.6%
2	**한진해운**	**27,220**	**25,253**	**829**	**-196**	**-7.2%**	**적자전환**
3	MOL	18,546	18,349	842	116	-1.1%	-86.2%
4	NYK 라인	14,310	16,137	101	221	12.8%	119.2%
5	CMA CGM 그룹	11,949	11,990	828	852	0.3%	2.9%
6	K 라인	7,931	9,685	-321	599	22.1%	흑자전환
7	하파크로이트	6,971	6,784	1	85	-2.7%	6922.2%
8	**현대상선**	**5,694**	**5,565**	**-334**	**-212**	**-2.3%**	**적자축소**
9	코스코 컨테이너	4,697	5,319	-410	100	13.2%	흑자전환
10	CSCL	4,019	4,055	-178	-306	0.9%	적자확대
자료 : CEO스코어/단위 : 백만 달러 *1~3분기 실적기준							

예전 자료지만 2013년까지만 해도 한진해운이 글로벌 해운사 순위에서 2위까지 오르고 현대상선도 8위에 랭크될 만큼 규모가 있던 해운사였지만 경영실패로 수익성이 악화되면서 한진해운은 퇴출의 비운을 맞이하고 현대상선은 주인이 바뀌어 대규모 구조조정에 봉착하는 상황으로 내몰리게 된 것입니다.

위에서 글로벌 해운선사의 순위를 확인할 수 있듯이 2012년과 2013년 해운업종이 전반적으로 고점을 찍고 내리막길을 걸을 때 한진해운과 현대상선의 경영진들은 시장 대응에 실패해 적자를 기록하고 있을 때이고, 똑같은 시기에 경쟁사들은 구조조정을 통해 흑자 전환하고 수익성을 늘려가며 시장을 빼앗아 가던 시기입니다. 특히 대형선박의 발주와 운용으로 규모의 경제를 키워가던 경쟁사에 비해 한진해운과 현대상선은 부채에 허덕이며 현상 유지도 버거워하던 시기였기 때문에 경쟁에서 밀리는 것은 더욱 당연하다는 생각이 들기도 합니다.

결국 누적된 부채와 기회 상실이 한진해운을 퇴출로 몰아간 것이라 볼 수 있는데, 과연 그 과정에서 정부와 채권단은 구조조정의 기회가 없었을까 의문이 들기도 합니다. 한진해운은 중간에 한진그룹으로 주인이 바뀌면서 대한항공과 다른 계열사들을 통해 2조 원이 넘는 자금을 지원받는데 결국 대한항공마저 부실화에 빠져 버리는 최악의 상황이 발생하게 되었습니다.

지금도 당시 업계 1위인 한진해운을 퇴출시키고 업계 2위이자 규모와 능력에서 차이를 보이는 현대상선 중심으로 해운업을 재편하려던 움직임에 색안경을 끼고 바라보는 시선이 많은 상황입니다. 한진해운 주주들뿐 아니라 물류대란으로 피해를 본 기업인들도 당시 채권단과 정부 결정에 이해가 안 된다는 반응이 더 많았던 것도 사실이며, 언젠가는 당시 상황을 정리해 기록으로 남기고 싶은 심정입니다. 이런 해운업 구조조정은 문재인 정부 들어서 해운재건 5개년 계획으로 정상화 수순을 밟아갔습니다.

정부는 한진해운 퇴출 이후 침체된 해운업을 재건하기 위해 "해운 재건 5개년 계획"을 해양수산부 중심으로 2018년 4월 수립하여 실행했습니다. 지난 2년간 49개 해운기업에 총 4조 2,830억 원을 지원한 결과, 한진해운 사태 이후와 비교해 매출액은 29조 원에서 37조 원, 선복량은 46만 TEU(1TEU는 20피트 컨테이너 1개)에서 65만TEU, 지배선대는 7,994만 톤에서 8,535만 톤으로 각각 회복됐다고 2020년 8월 12일 발표했습니다.

HMM으로 사명을 바꾼 현대상선은 대형컨테이너선 위주로 사업 구조조정을 실시했습니다. 조선업 구조조정과 맞물려 HMM이 발주한 대형

해양수산부 해운재건 5개년계획 2018년 4월 5일 발표 자료 발췌

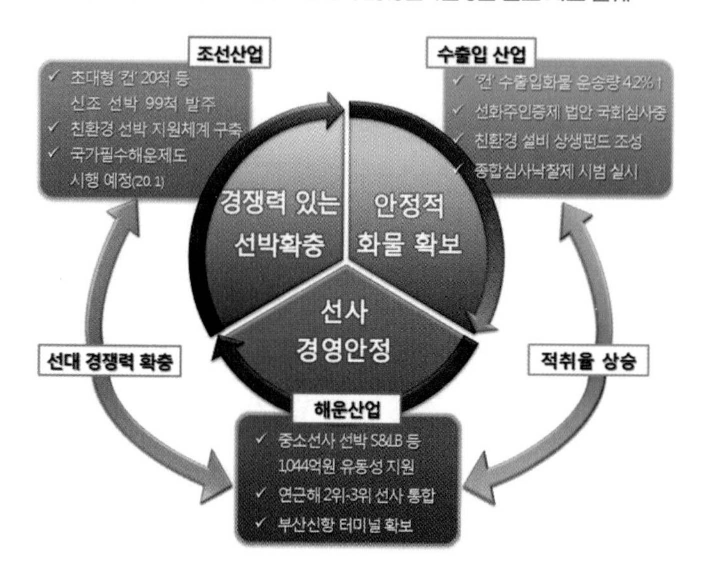

컨테이너선들은 조선업체들에게 가뭄 속 단비와 같은 존재가 되었는데, 대기업 구조조정에 컨트롤 타워 역할을 하던 한국산업은행이 조선업과 해운업을 동시에 구조조정하면서 만들어낸 작품이라고 할 수 있습니다. 앞선 HMM 차트로 돌아가서 2020년 3월 이후 완만히 오르던 주가는 9월이 지나면서 본격적인 상승세를 나타내고 있는데 실적 개선이 확인되면서 주가도 이를 반영하는 가파른 상승세를 나타내게 된 것입니다.

HMM의 2022년 3분기보고서 자료에 따르면 2020년 영업이익률이 흑자 전환하면서 급격하게 수익성이 개선되는 모습을 보였고 이 곡선의 모양을 주가차트가 고스란히 반영하고 있는 것을 알 수 있을 겁니다.

주가는 실적에 선행하기에 먼저 급격하게 상승한 것을 알 수 있는데 이런 실적 흐름은 일찍이 예상할 수 있는 데이터들을 사업보고서 상에

HMM 2022년 반기보고서 포괄손익계산서

(단위 : 백만원)

구분	제47기 반기 2022.01.01 ~2022.06.30	제46기 2021.01.01 ~2021.12.31	제45기 2020.01.01 ~2020.12.31
매출액	9,952,704	13,794,148	6,413,270
매출원가	3,687,866	6,036,421	5,128,828
매출총이익(손실)	6,264,838	7,757,727	1,284,442
판매비와관리비	179,149	380,205	303,661
영업이익(손실)	6,085,689	7,377,522	980,781
당기순이익(손실)	6,064,803	5,337,151	123,966
지배기업 소유주지분	6,064,730	5,337,056	123,889
비지배지분	73	95	77
기본주당손익(단위 : 원)	12,335	13,506	103
희석주당손익(단위 : 원)	5,915	5,191	72
연결에 포함된 회사수	35개사	35개사	42개사

※ 연결에 포함된 회사수(제47기 반기 : 35개사)

보여주고 있었습니다. 그렇기 때문에 분기별 실적 추이는 기업 주가의 방향성을 예상할 수 있는 바로미터이며 중요한 투자 기준이기 때문에 매 분기마다 기업이 전자공시를 통해 발표하는 사업보고서들을 잘 챙겨 봐야 합니다.

주식투자자들 중에 기업이 내놓는 1차 자료인 이런 데이터를 한 번도 보지 못하고 신문을 통해 가공된 2차 자료에 기반해 투자 결정을 내리는 투자자들이 많은데 그 결과는 주식계좌의 숫자가 말해 주고 있을 겁니다.

2021년 6월 이후 HMM주가는 한풀 꺾이게 되는데 글로벌 물동량 감소 우려와 금리인상 우려, 임금인상 요구가 주가의 걸림돌로 작용하였습니다. 특히 기업구조조정 과정에서 희생을 강요당한 임직원들의 임금정상화 요구는 더 미룰 수 없는 사안이라 실적에 영향을 미칠 수 있는 악재로 대두되었습니다. 최대주주이자 경영권을 행사하는 한국산업은행은

HMM의 사례가 다른 대기업 구조조정에 잘못된 신호를 줄 수 있다는 우려감에 임직원들의 요구를 거부하고 있는데, HMM만 따로 놓고 봐서는 임직원들이 요구하는 임금 현실화는 들어줘도 무방할 수준의 실적을 달성했기 때문에 한국산업은행이 계속 거부할 명분은 없어 보입니다.

주주 입장에서도 회사의 실적을 만드는 임직원들의 공을 포상해야 이들 직원들을 계속 회사에 근무할 수 있게 하지 이런 실적을 달성한 직원들을 다른 경쟁 해운사에 빼앗기는 것은 회사의 미래를 볼 때 손해가 더 많다는 생각이 듭니다. HMM의 주가 상승으로 공적자금 회수에 파란불이 켜진 상황에서 산업은행의 처사는 마이너스 요인으로 작용하고 있는 것입니다. 한국산업은행 이동걸 회장은 2022년 HMM의 경영권을 한국산업은행에서 해양진흥공사로 넘겨 전담시킬 것이라고 해 HMM의 경영진이 바뀌고 임금협상이 재개되었습니다. 노사 양측은 2021년 9월 2일 임금인상 7.9%에 격려금 및 생산성장려금 650% 지급, 복지개선 평균 2.7% 등에 전격 합의하여 파업은 피할 수 있게 되었습니다.

| '기본적 분석'을 통한 정부 정책 수혜주를 찾아라 |

해운업종은 요 몇 년간 구조조정과 업황 회복이라는 극과 극을 오가는 모습을 보여 투자자들에게 롤러코스트 주가를 경험하게 해 주었는데 그래도 2020년 3월 이후 1년이 넘는 기간 동안 HMM이 보여준 주가 상승은 장기투자가 가져다줄 수 있는 큰 수익이 어떤 것인지 잘 보여준 사례라 할 수 있습니다. 특히 정부 정책 수혜주가 어떻게 회생하고 이를 토대로 주가도 오르는지 그리고 공적자금을 어떻게 회수시키는지를 보면 장기

투자도 타이밍이 중요함을 다시 한번 실감케 합니다.

2020년 3월 HMM의 주가가 2,120원까지 하락했을 때 대부분의 투자자들은 HMM도 한진해운의 전철을 밟는 것이 아닌가 걱정하고 오히려 투자대상에서 제외했을 텐데 최대주주인 한국산업은행은 밑 빠진 독에 물 붓기라는 비난을 받아가며 꿋꿋이 투자를 이어갔습니다. 결국은 2020년 하반기 해운업황이 살아나면서 기투자했던 전환사채를 행사해 자본 전입하면서 주식에서만 3조 원대 차익을 기대할 수 있게 되어 공적자금 회수에 파란불이 켜진 상황입니다.

특히 산업은행이 투자한 3,000억 원대 전환사채는 2021년 6월 28일 전환가 5,000원에 행사되어 주식으로 전환되었습니다. 최대주주인 한국산업은행의 지분이기에 경영권과 관련된 지분이라 시장에 바로 매물로 나오지는 않겠지만 장기적으로 HMM의 주인 찾아주기에 사용될 지분이라 생각하시면 맞을 겁니다.

한국산업은행은 3,000억 원 규모의 전환사채를 액면가 5,000원에 주식 전환하여 6월 28일 종가 기준 2조 6천억 원대 주식을 새로 확보하여 기존 보유지분과 합쳐서 한국산업은행이 HMM에 투자한 공적자금인 3조 원을 거의 대부분 회수할 수 있을 뿐 아니라 M&A가 이뤄질 경우 경영권 프리미엄도 확보할 수 있어 공적자금 이상을 회수할 수 있을 것으로 기대되고 있습니다.

주식투자자라면 정부 정책 수혜주에 관심을 가져야 했고 HMM을 중심으로 해운업종이 재편되는 산업 변화를 인지했어야 합니다. 어리석은 투자자들은 해운사들의 부실경영에 불평불만만 늘어놓지만 현명한 투자자들은 그런 위기 상황에 기회를 찾아 기본적 분석에 들어가는 차이를 보여 줍니다. 결국 모든 지향점은 해운사를 살려 해운 물동량을 회복시키는 쪽으로 가야 수출기업도 살고 해운사도 사는 원인이 된다는 결론을 향해 가고 있었던 것입니다. 한진해운의 파산 이후 인력과 영업권은 SM 상선에 넘어갔고 빠르게 안정을 찾아 2021년 하반기 상장을 추진하기도 했습니다.

글로벌 Top10 해운사 수출입 물류 플랫폼 트레드링스, 2021년 9월 17일

TOP 10 글로벌 해운사

상위 10개 선사가 전체 시장의 85%를 좌우해‥

순위	회사명	소속국가	설립시기	선복량(TEU)
1	Maersk	덴마크	1904년	4,249,714 / 17.1%
2	MSC	스위스	1970년	4,131,684 / 16.6%
3	CMA CGM	프랑스	1978년	3,027,174 / 12.2%
4	COSCO	중국	1997년	2,965,551 / 11.9%
5	Hapag-Lloyd	독일	1970년	1,782,321 / 7.2%
6	ONE	일본	2017년	1,586,740 / 6.4%
7	Evergreen	대만	1968년	1,420,761 / 5.7%
8	HMM	한국	1976년	826,948 / 3.3%
9	Yang Ming	대만	1972년	625,332 /2.5%
10	Wan Hai	대만	1965년	426,927 / 1.7%

2021년 9월 기준
[자료 : Alphaliner]

*TEU=20피트 길이 컨테이너 1개

최근의 해운업 구조조정은 정부의 대기업 구조조정이 주식투자자들에게 어떤 영향을 주는지 잘 보여준 사례로, 한진해운 퇴출은 큰 피해를 주었지만 HMM의 탄생은 손실을 회복할 수 있는 기회를 준 것으로 구조조정 종목 투자에 대해 좋은 교훈이자 교본이 된 것이라 할 수 있습니다.

2021년 9월 기준 우리나라 HMM의 글로벌 해운물동량은 3.3%를 차지해 아직은 미미한 수준에 머물고 있고 과거 한진해운과 현대상선이 차지하고 있던 물량을 회복하지 못하고 있지만 글로벌 8위 해운사로 흑자경영을 하는 우량회사로 거듭나고 있습니다

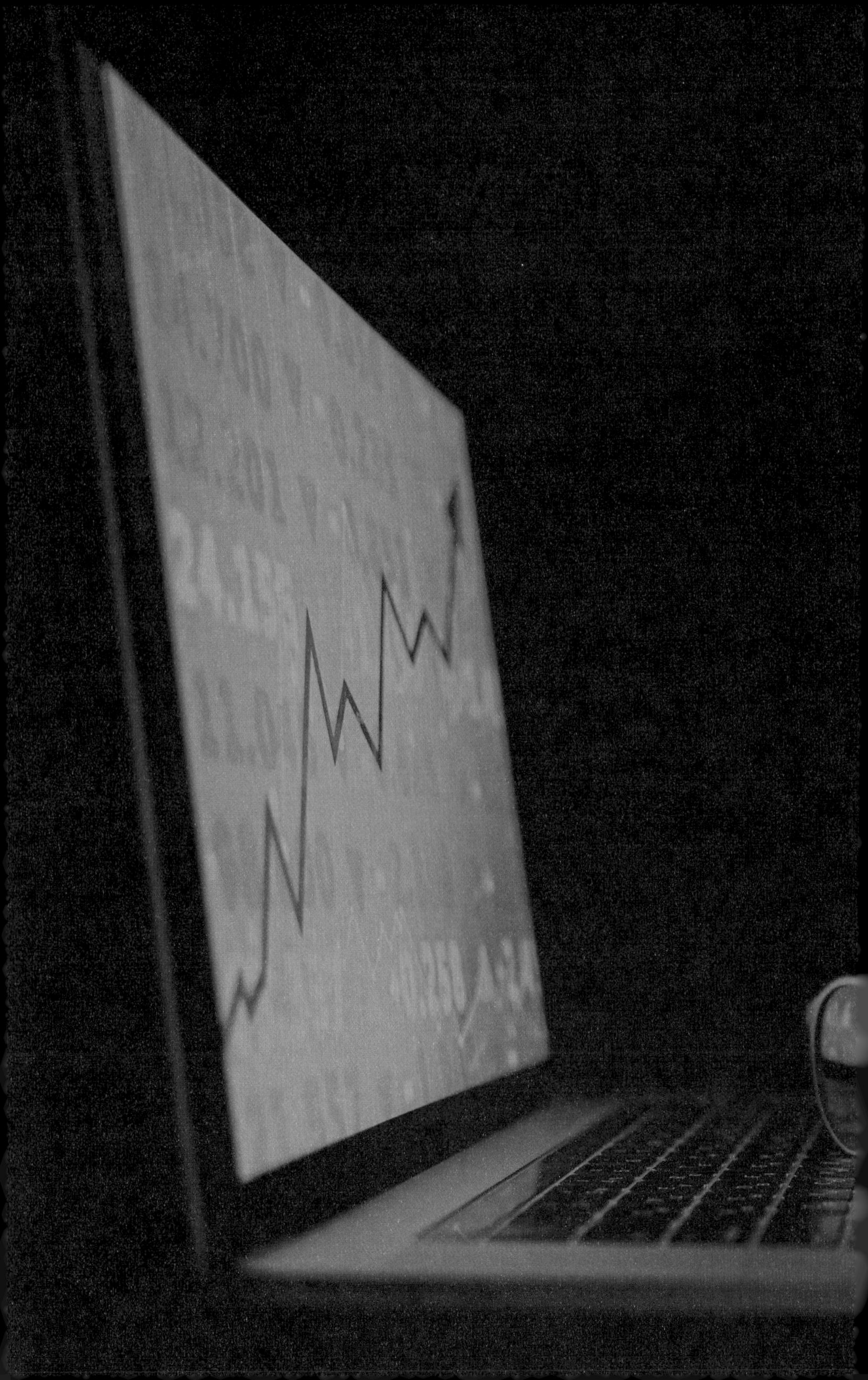

CHAPTER 7

M&A 관련주

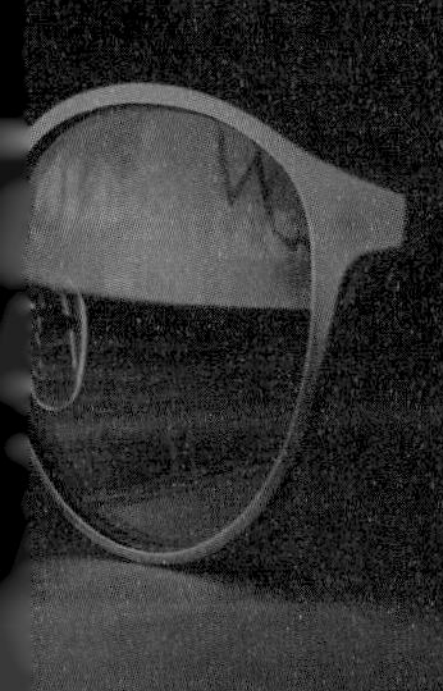

| HMM M&A |

증권시장에서 가장 드라마틱한 주가 변동은 M&A 과정에서 나타난다고 해도 과언이 아닐 정도로 M&A 전후 주가 변동을 살펴보면 실로 놀라지 않을 수 없습니다.

M&A 정보를 먼저 알 수 있다면 이런 종목에 대해 선취매를 통해 큰 수익을 가져갈 수 있을 텐데 대부분 상장사의 경영권 양수도는 경영진과 오너들이 관여된 은밀한 거래이기 때문에 확실하게 양수도 계약이 이뤄지기 전에는 외부에 알려지지 않는 사안이기도 합니다. 최근의 M&A는 구조조정 과정에서 이뤄지는 경우와 상장사 간 필요에 의한 M&A 그리고 투자조합이나 기업사냥꾼에 의한 M&A 등으로 발생원인별로 구별해 볼 수 있습니다.

정부와 채권단 주도의 기업 구조조정 과정에서 발생하는 M&A는 기업의 부실을 정리하고 경쟁력을 회복시켜 양질의 일자리를 제공하는 건실한 기업으로 거듭나기 위한 목적으로 이뤄지기 때문에 부실기업이 우량기업이 되는 과정에서 상당한 주가 회복이 나타나곤 합니다.

앞에서 설명한 HMM의 경우 산업은행이 경영권을 인수하고 정부가 "해운 재건 5개년 계획"으로 막대한 공적자금을 쏟아부으면서 단기간 내에 수익성을 회복하고 해운동맹에도 참여하면서 외형 성장과 질적 성장을 동시에 이룩해 냈는데, 채권단의 대표 격인 산업은행은 최근에 3,000억 원 규모의 전환사채를 행사해 지금까지 투자된 공적자금을 한 번에 다 회수할 수 있는 기회를 가지기도 했습니다. 하지만 산업은행이 전환권을 행사해 확보한 지분은 경영권이 붙어 있는 지분이라 시장에 바로 매물로 나올 것은 아니기 때문에 당장 시장에서 말하는 매물부담에 관련된 지분은 아니란 것을 알아야 합니다.

HMM의 덩치가 크기 때문에 이 회사를 인수할 수 있는 기업은 국내에 재계 순위 30위권 내외의 대기업들밖에 없기 때문에 특혜 논란에서 자유롭기 위해서도 정부는 신중한 움직임을 보이고 있습니다. 한때 POSCO가 물류를 강화하고 있어 HMM의 인수처로 소문이 돌았지만 최대주주인 한국산업은행이 아직 제값을 받고 매각할 수 있는 적기가 아니라고 판단해 유보적인 입장을 내놓고 있어 HMM 인수전은 재계가 눈독을 들이는 매력적인 매물로 관심만 많은 상황입니다. 그만큼 시장 내 HMM에 대한 관심들이 많아서 매수 대기자들이 많다는 것이고 최근에 임금 협상과 원재료 격인 후판 가격 인상으로 신조 가격 상승이 우려되는 상황이라 대형선 발주에 부담이 증가하고 장기적으로 운송비 하락 부담이 될 수 있다는 우려감이 돌고 있지만 기본적인 펀더멘털이 개선되었기 때문에 감내할 수 있는 위기라 생각됩니다. 누가 되었던 HMM을 인수하는 회사가 우리나라 해운업종 1위 기업을 가져가기 때문에 단번에 해운업 1위 위상을 가져갈 수 있는 딜이 될 것입니다.

새로 들어선 윤석열 정부에서 이전 문재인 정부에서 임명되어 임기가 남아 있던 이동걸 전 산업은행회장을 인수위 시절부터 대우조선해양 "알박기 논란"을 일으켜 물러나게 하고 새로 사람을 산업은행 회장에 앉히려 한 것은 정부 주도의 대기업 구조조정에 M&A딜도 많고 공적자금 투입기회도 많기 때문일 겁니다.

HMM의 경영권을 매각하는 딜을 시작하면 국내 재벌대기업들의 경쟁이 치열할 것으로 예상되고 있습니다. 이를 결정하는 결정권을 가진 쪽에서 공적자금 회수 이상으로 높은 가격에 매각할 경우 "승자의 저주" 논란이 일 수 있고 공적자금 회수율이 낮게 매각할 경우 "헐값매각" 논란이 일 수밖에 없어 까다로운 딜이 될 것입니다.

앞에서 언급했듯이 누가 인수하던 단번에 국내 해운업계 1위 기업을 계열사로 가져갈 수 있기 때문에 탐을 낼만한 매물이기도 하고 해운업황 호조에 실적도 좋아서 꽤 크게 베팅을 할 매물이기도 해 정부의 공적자금 회수는 걱정할 바가 아니라고 생각합니다. 오히려 공적자금 회수율이 떨어질 경우 헐값매각으로 부정부패를 의심해야 할 상황이 만들어질 수 있습니다.

| 정부 주도 M&A를 주목해야 하는 이유 |

정부 주도의 대기업 M&A는 대규모 자금이 들어가고 대량 실업의 위험을 예방하는 방식으로 상장을 유지시키면서 구조조정을 실시하는 특징이 있습니다. 원활한 자금 조달을 위해 상장을 유지시키는 것인데 이때

감자 후 클린 컴퍼니로 부활한 기업은 이전과 확실히 다른 기업이라 봐도 무방할 것입니다.

M&A로 새로운 주인을 찾은 기업은 더 이상 주가가 쌀 이유가 없기 때문에 주가 랠리가 펼쳐지는 경우가 많은데 일명 품절주라는 것으로 유통주식 수가 줄어들어 매수가 조금만 들어와도 주가가 민감하게 오르는 현상을 뜻합니다. 예전에는 유통주식 수가 적은 우선주에서 이런 현상이 나타났지만 최근에는 구조조정 후 M&A를 통해 재상장한 종목들에게 이런 현상이 두드러지게 나타나곤 합니다.

특히 정부 주도의 대기업 구조조정으로 회생한 기업의 경우 부실을 정리하고 경쟁력 있는 자산만으로 회생을 하기 때문에, 이렇게 재상장한 종목은 클린 컴퍼니라고 부를 만큼 우량자산과 경쟁력을 회복한 상황으로 그 자체로도 이전의 부실기업 때와는 기업가치를 달리 평가받아야 합니다. 또한 이게 재료가 되어 오르는 주가에 유통주식 수가 급감하면서 랠리라고 부를 수 있는 주가 급등이 나타나곤 합니다.

이렇게 정부는 공적자금을 회수할 수 있는 기회를 가지게 되며, 기업에 따라 회수 기간의 차이는 있지만 대부분 정상적인 회생절차와 M&A로 새 주인을 찾을 경우 정부도 공적자금 +@의 추가적인 수익을 기대할 수 있습니다.

정부의 공적자금이 들어간 대기업 구조조정은 기업 경쟁력을 회복시켜 양질의 일자리를 유지하고 더 늘리려는 목적이 있어 산업 평화와도 연결되는 사안입니다. 이런 종목에 투자하는 투자자들은 일자리를 지키는 데 동참하면서 수익을 내는 윈윈의 투자를 한다고 봐도 무방합니다.

개인적인 투자를 통해 우리 사회공동체의 발전을 지향할 수 있어 긍정의 에너지가 있는 투자라고 할 수 있습니다. ESG경영이 최근 화두가 되고 있는데 환경과 사회적 기여 그리고 지배 구조에 중점을 둔 투자도 긍정의 에너지를 강화하기 위한 투자라고 할 수 있습니다.

| LG그룹의 야망 |

이제 기업의 필요에 의한 M&A에 대해 알아보겠습니다.

일반적으로 대기업일수록 신규사업을 시작할 때 M&A를 통해 조기에 시장진입과 안정적인 일감을 확보하는 경우가 많습니다.

LG그룹은 LG전자를 통해 자동차전장 분야에 일찍부터 진출해 있었는데 초기에는 직접 투자를 통해 사업을 키워갔지만 이후 삼성전자가 하만을 인수하는 걸 보고 공격적인 M&A에 나서며 자동차전장분야를 키우고 있습니다.

2018년 이래로 LG전자의 자율주행전기차 관련 투자들을 보면 일찍부터 LG전자의 자동차 전장 분야 투자 의지를 읽을 수 있는데, 보수적인 LG그룹의 문화에서 1조 원을 들여 오스트리아 자동차 조명 업체인 ZKW를 인수한 것은 M&A가 국경을 넘어 이뤄지고 있는 글로벌 경쟁의 일환임을 알 수 있습니다.

LG전자 전장사업본부는 2013년 신설되어 2018년 3분기 처음으로 분기 매출 1조 원을 돌파하는 등 양적 성장을 계속해 왔는데 2022년 2분기 실적발표에서 자동차전장(VS)사업은 26분기 만에 흑자전환에 성공하는 모습을 보여주었습니다.

이후 LG전자는 스마트폰 사업을 철수하고 자동차 전장 부품 쪽에 집중하게 되는데 캐나다의 자동차 부품사이자 글로벌 자동차 부품사인 마그나와 합작으로 전기차 부품 합작법인을 설립한다는 소식이 전해지면서 2020년 12월 23일 12년 만에 상한가를 기록하기도 했습니다. 이는 LG전자가 스마트폰 사업을 철수하고 자율주행 전기차 사업에 투자를 늘리면서 궁극적으로 마그나와 합작법인을 통해 애플의 전기차 사업을 위탁 생산할 것이라는 기대감이 주가에 반영된 결과라 할 수 있습니다.

애플이 2025년까지 애플 브랜드의 전기차를 내놓을 것이라는 소문이 증권가에 파다하게 나고 있습니다. 처음에는 기아와 애플이 접촉해, 스마트폰 분야에서 대만 홍하이정밀이 중국에 폭스콘을 세워 애플의 아이폰과 아이패드 같은 스마트기기들을 위탁 생산하듯이 기아차가 이 역할을 할 것이라는 소문이 돌았지만 이후 폭스콘 같은 단순 위탁 생산업체로 남아주길 바라는 애플의 조건을 기아가 충족해 줄 수 없어 다시 중국업체나 다른 완성차 업체들과 애플이 접촉한다는 소문이 돌았습니다.

LG의 합작사인 마그나인터내셔널 회장이 애플 전기차를 위탁 생산할 준비가 되어 있다는 선언으로 LG마그나 합작법인이 파워트레인을 넘어 애플의 자율주행 전기차 위탁 생산업체가 되는 것이 아닌가 하는 소문이 돌기도 했습니다.

애플은 단순히 애플 브랜드의 위탁 생산업체를 원하는 것이 아니라, 독자적인 자동차 디자인 기술을 갖고 있고 하드웨어 제조에 있어 경쟁력 있는 위탁 생산업체를 찾고 있는 것으로 애플의 OS를 탑재할 자율주행 전기차를 갖고 싶어 하는 것입니다.

LG그룹은 구광모 회장 체제가 들어서고 스마트폰 사업에서 철수하는 등 사업구조조정을 통해 경쟁력이 없는 사업들은 매각하거나 철수하여 비용낭비를 줄였고 이후 LG전자, LG화학, LG에너지솔루션, LG이노텍 등 계열사들을 통해 맘만 먹으면 언제든지 전기차 완성차를 제조할 수 있는 기반을 만들고 있습니다. LG마그나합작법인을 통해 애플전기차를 위탁생산할 수 있는 플랫폼도 마련한 상태라 애플과 협상이 잘 진행되면 진짜 LG그룹이 만든 애플전기차를 볼 수 있는 날이 올 수도 있습니다.

| 현대차와 보스턴 다이내믹스 |

현대기아차그룹은 M&A에 있어 보다 공격적인 모습을 보여주고 있는데 정의선 회장 체제가 출범하면서 자동차 업체의 범주를 넘어 모빌리티 회사로 사업 영역을 확장하고 있고 이 과정에서 M&A를 적극적으로 활용하고 있습니다. 그룹 내 풍부한 현금 유동성을 활용하여 미래먹거리에 대한 투자를 서두르고 있는데 자동차 업계가 화석연료를 사용하는 내연기관에서 친환경 에너지인 전기차와 수소차 시대로 전환되는 과도기적 시기에 미래먹거리를 M&A를 통해 확보하려는 전략입니다.

현대기아차그룹은 정의선 회장 체제가 들어서면서 빠르게 모빌리티 회사로 전환되고 있는데 여기에 대규모 자금을 동원한 공격적 M&A가 자리하고 있습니다. 특히 인도 올라와 싱가폴 그랩에 대한 투자는 기존 자동차 시장의 구조가 한 가정에서 차를 소유하는 구조에서 공유경제로 전환되는 변화에 따른 것으로 렌터카 시장에도 투자를 늘리고 있는 모습입니다.

자율주행 분야의 미국 앱티브와 합작사인 모셔널, 로보틱스 분야의 미국 보스턴 다이내믹스는 대규모 자금을 동원해 경영권도 인수하며 계열사로 가져갔는데 이런 공격적인 투자가 가능한 것도 오너 경영이라는 우리나라만의 독특한 지배 구조에 기인한 것입니다. 무엇보다 경영권 승계 과정에서 대규모 투자를 뒤로 미뤄왔던 것을 정의선 회장 체제가 들어서면서 본격적인 투자로 연결하고 있는 양상입니다.

현대차의 보스턴 다이내믹스 인수는 약 1조 원의 현금을 투입해 일본 소프트뱅크의 구주와 보스톤 다이내믹스의 신주를 인수하며 80%의 지분과 경영권을 양수받은 것으로 정의선 회장의 의지가 반영된 M&A로 알려져 있습니다. 보스톤 다이내믹스 인수에 있어 현대기아차그룹은 주력 계열사인 현대차, 현대모비스, 현대글로비스가 나섰고 정의선 회장 개인도 일부 지분을 인수한 것으로 알려졌습니다. 현대차 30%, 현대모비스 20%, 현대글로비스 10%, 정의선 회장 20%의 지분율로 인수한 것으로 알려져 정회장의 인수 의지를 읽을 수 있습니다. 일본 소프트뱅크그룹도 20%의 지분을 남겨둬 장기적으로 보스턴 다이내믹스의 파트너로 남게 되는 구조로 향후 상장을 통해 정의선 회장 지분은 그룹 지배 구조 개선에 활용될 수 있을 것으로 기대하고 있습니다.

보스턴 다이내믹스의 기업가치는 1조 2천억 원대로 평가받는데, 인수 당시 매출액은 301억 원, 영업 손실은 1,499억 원으로 수익성은 아직 미지수이지만 성장 가능성이 큰 회사였습니다. 현대기아차그룹은 보스턴 다이내믹스의 로봇기술을 진보시켜 산업용 로봇뿐 아니라 서비스용 로봇으로 시장을 확대해 수익성도 갖추겠다는 복안입니다.

여기서 주목해 볼 것은 현대기아차그룹의 보스턴 다이내믹스 인수가 유형자산보다는 무형자산에 대한 투자에 가깝다는 것으로 1조 원의 거금을 투입한 것에 비해서는 당장 손에 쥔 것은 없다는 사실로 적자 기업을 인수하는 데 이런 거금을 들이는 것은 일반적인 회사라면 내리기 어려운 투자 결정이라는 사실입니다. 우리나라와 같이 이사회의 견제를 받지 않는 재벌 오너가 있는 기업에서나 가능한 투자라고 할 수 있습니다. 아이러니하게도 재벌 오너의 의지에 따라서 장기적인 투자도 가능하다는 것으로, 그의 결정이 맞는다면 기업이 투자한 돈은 미래를 위한 투자가 될 수도 있고 그의 결정이 틀렸다면 부잣집 도련님의 플렉스한 "돈 자랑"이 될 수도 있을 겁니다. 일본 소프트뱅크의 손마사요시 회장은 보스턴다이내믹스를 현대차그룹에 팔아먹었듯이 이번에는 영국 ARM을 삼성전자와 SK하이닉스에 팔아먹으려 하고 있는데 인수비용이 수십 조에 달하는 규모라 잘하는 인수인지는 아직 불확실해 보입니다.

| 무리한 M&A의 결말 |

지금까지 우리나라 재벌의 홍망 속에 경영권 승계자의 무리한 투자가 선대회장 때부터 몇십 년을 이어온 기업의 파산을 가져오기도 했다는 사실은 주의해야 할 점입니다. 대표적으로 금호아시아나그룹 박삼구 회장의 무리한 M&A는 그룹을 공중분해시켰을 뿐 아니라 그 자신을 영어(囹圄)의 몸으로 만든 결과를 가져오기도 했습니다.

금호아시아나그룹의 홍망성쇠에는 4대 회장인 박삼구 전 회장의 M&A가 자리하고 있는데, 재계 순위를 끌어올린 대우건설 인수와 대한통운 인수로 약 10조 원의 부채를 끌어들인 것이 원인이 되어 그룹 전체가 법정관리에 들어가고 결국 선대회장 대에서 어렵게 시작한 아시아나 항공을 매각해 그룹이 해체되는 지경에 이르렀습니다.

이 과정에서 동생인 박찬구 회장과의 "형제의 난" 사태까지 일어나 형제의 조력도 못 받고 가족이 사분오열되는 상황에 내몰리기도 했습니다. 이 사건은 나중에 금호석유화학의 경영권 분쟁과도 연결되는 사안으로 이로써 금호아시아나그룹의 박씨 일가는 그룹 해체뿐 아니라 가족마저 등을 돌리는 가족 해체의 상황을 맞게 되었습니다.

금호아시아나그룹은 형제경영으로 유명했는데 창업주 고 박인천 회장 이래로 장남이었던 2대 회장 고 박성용 명예회장과 3대 회장인 고 박정구 전 회장 그리고 4대 박삼구 전 회장 대까지 형제경영을 잘 이뤄왔지만 박삼구 전 회장의 무리한 M&A에 동생인 박찬구 금호석유화학 회장이 반기를 들면서 형제 사이가 틀어졌고 금호석유화학이 금호아시아나그룹에서 계열 분리되어 독립하는 결과를 가져왔습니다.

금호아시아나그룹 가계도에서 볼 수 있듯이 나중에 금호석유화학 경영권 분쟁을 벌이는 박찬구 회장과 박철완 전 상무의 관계는 삼촌과 조카 사이로 금호석유화학의 경영권을 놓고는 가족관계도 아무 소용 없다는 사실을 보여주고 있습니다. 이런 금호아시아나그룹의 해체 과정에 M&A가 자리하고 있다는 사실은 상장사인 아시아나항공뿐 아니라 자회사인 에어부산, 그룹의 지주회사 격인 금호산업의 부실로 연결되어 투자자들에게 큰 피해를 주기도 했습니다.

다시 원점으로 돌아가 박삼구 회장의 무리한 M&A는 재계 순위를 올릴 수 있는 방법으로 M&A를 추진하도록 도와준 조력자들이 있어서 가능했으며, 그중 인수자금을 지원해 준 산업은행은 책임이 없다고 할 수 없을 것입니다. 대우건설과 대한통운 모두 산업은행이 대기업 구조조정 과정에서 떠안은 매물들인데 하루라도 빨리 주인을 찾아주고 싶은 마음은 이해가 되지만 인수 후 경영 능력이 의심되는 금호아시아나그룹을 선택했다는 것은 금호아시아나그룹에게도 불행이지만 인수 후 경영에 실패해 다시 시장에 매물로 나온 대우건설과 대한통운에게도 불행이라고 하지 않을 수 없습니다.

대우건설을 인수할 때만 해도 재계 순위 8위까지 오르며 박삼구 전 회장의 금호아시아나그룹은 10대 재벌 반열에까지 올렸지만 부채를 끌어들여 무리한 인수를 해 매년 3천억 원대 이자 비용을 부담하는 것은 금호아시아나그룹의 아킬레스건이 되고 말았습니다. 여기다가 대한통운마저 인수한 것은 결정적으로 금호아시아나그룹을 법정관리에 빠뜨린 결과를 가져왔고 박삼구 전 회장의 동생인 박찬구 회장 일가가 금호산업 지분을 매각하고 금호석유화학 주식을 매입해 계열 분리하게 되는 결과를 가져왔습니다. 이 과정에서 금호석유화학 개인 최대주주였던 박철완 전 상무는 자신의 몫으로 생각했던 금호석유화학을 삼촌 일가에 빼앗기는 모양새가 되어 경영권 분쟁의 씨앗이 뿌려지게 되었습니다. 또한 금호타이어가 중국 자본에 매각되고 그룹 모태라고 할 수 있는 금호고속도 매각되는 등 평생을 기업에 몸 바쳐 일한 임직원들이 원치 않게 회사를 떠나는 결과를 가져오기도 했습니다.

투자자 입장에서 오랫동안 안정적으로 기업에 종사해 온 베테랑 직원들이 떠나는 것은 기업의 미래 불확실성을 확대시키는 것으로 이후 다시

지주회사 격인 금호산업의 경영권을 박삼구 회장 일가가 되찾았지만 결국 아시아나항공을 매각할 수밖에 없는 상황에 내몰린 한 이유가 되기도 했습니다.

금호아시아나그룹이 구조조정 과정에서 재매각한 대우건설과 대한통운은 새로운 주인을 찾아 다시 성장 시동을 켜고 있는데, 대한통운의 새 주인이 된 CJ그룹은 물류 분야 국내 1위 기업으로 발돋움하면서 식품제조 위주의 사업 다각화에 성공했다는 평가를 얻어 성공한 M&A로 기록되고 있습니다.

대우건설은 건설업계 덩치가 큰 건설사로 새로운 주인을 찾는 데 어려움을 겪어 왔지만 최근에 중흥건설이 인수에 성공하면서 거의 10여 년 만에 새로운 주인을 맞게 되었습니다. 중흥건설은 건설순위에서 앞서 있는 대우건설을 인수하면서 승자의 저주에 대한 우려가 나오고 있지만 호남건설 재벌로 호반건설과 양대산맥이랄 수 있는 중흥건설이 그룹의 총력을 쏟아부어 성장의 발판으로 대우건설을 인수했다는 측면에서 기대감을 갖고 지켜보고 있습니다. 물론 대우건설 임직원들이 중흥건설에 인수되는 것을 못마땅하게 생각하고 이직하는 직원들이 늘고 있다는 점은 부정적인 요인으로 대우건설의 기업가치를 떨어뜨리는 결과를 가져올 수도 있습니다.

이렇듯 M&A는 기업의 성장 발판이 되기도 하면서 또 다른 위기가 되기도 하는데 대기업 구조조정에서 볼 수 있듯이 대기업을 인수할 경우 단번에 재계 순위를 끌어올릴 수도 있고 신규사업에서 단번에 주요 마켓 플레이어로 등장할 수도 있는 사안입니다. 인수자의 인수 비용과 경영

능력을 눈여겨보시면 의외로 큰 수익을 가져다주는 투자 기회를 만나실 수 있을 겁니다. 또한 금호아시아나그룹과 같이 최악의 위기를 미리 감지하여 리스크를 회피할 수 있는 기회를 갖게 되는 것도 M&A 투자 과정에서 눈여겨볼 필요가 있는 것입니다.

| 기업사냥꾼의 머니게임 |

대기업 구조조정은 산업은행과 같이 국책은행과 주요 은행들이 채권단으로 참여하기 때문에 출자전환과 유상증자를 통해 대기업의 최대주주로 경영권을 행사하는 경우가 있습니다. 대우조선해양 사례처럼 무리한 경영은 분식회계로 과거 재무제표를 다시 작성하는 상황도 만들어내고 결국 그 당시 경영진의 구속이라는 악재까지 만들어내기도 하지만, 기업 정상화와 일자리 유지라는 목적에 맞춰 구조조정이 이뤄지기 때문에 구조조정으로 클린 컴퍼니가 된 기업은 완전히 새로운 회사가 되어 새로운 투자 기회를 제공하기도 합니다. 이런 대기업 구조조정은 사업상 필요에 의해 이뤄지는 경우이고, 코스닥시장에서 논란이 되고 있는 기업사냥꾼에 의한 M&A는 머니게임으로 끝나 결국 상장폐지까지 당하는 상황을 만들어 투자자들의 피눈물을 보게 하는 경우도 많습니다.

코스닥의 중소형주들의 M&A 경우 경영권 프리미엄까지 포함하여 적자기업도 최소한 100억 원대에 경영권이 거래되는데 이렇게 경영권을 인수한 측은 인수자금을 대부분 부채로 조달하여 일명 "무자본 M&A"가 되는 경우가 많고 특히 인수 주체가 사업성이 불분명한 투자조합이나 자본금 1억 원 내외의 경영컨설팅 회사인 경우 대부분 머니게임으로 흘러가는 경우가 많다는 사실을 숙지하셔야 합니다. 머니게임이라 불리는 것은 쉽게 말해 "돈 놓고 돈 먹기" 같은 돈놀이라 할 수 있는데 사업으로 돈을 버는 것이 아니라 주식을 주주들에게 팔아 돈을 버는 것으로 최소한 영업 손실이 4개년 연속 이어져야 관리 종목이 되고 이후 상장폐지 된다는 점을 이용하여 순진한 투자자들을 시장에서 유행하는 테마로 꼬셔서 먹튀를 하는 것을 말합니다.

예전에도 이런 기업사냥꾼으로 유명한 사람들이 몇 명 이름을 날렸는데 대부분 그 끝이 좋지 않았다는 공통점을 갖고 있습니다. 최근에는 옛날에 이름을 날린 기업사냥꾼들이 자신의 이름이 드러나 있기 때문에 바지사장을 동원해 여전히 상장사의 경영권을 노리고 있다는 점은 시장에 충격을 주고 있는 상황입니다.

기업사냥꾼에 의한 무자본 M&A는 일정한 패턴으로 이뤄집니다. 우선 한계 기업이랄 수 있는 적자기업들 중 최대주주가 매각 의사가 있는 기업을 선택해 경영권 양수도 계약을 합니다. 이 과정에서 인수대금을 사채업자에게 차입해 와 지불하며, 계약금과 중도금 최종 잔금의 경우 이사회 임원을 선정하는 주주총회에서 등기가 이뤄지고 양수도 되기 때문에 최종 계약이 완료될 때까지 시간이 있습니다. M&A가 공시되는 기업은 주가가 급등하는 경우가 많은데 전체 인수자금의 약 10%를 계약금으로 낼 때 이 자금을 사채업자에게 빌리고 그 이상을 주가가 하락해 있는 부실기업 지분을 시장에 차명으로 사들여 주가가 급등했을 때 매각하여 중도금과 잔금으로 지급하는데 단기간에 100%에서 200% 이상 주가가 급등하는 경우도 있어 중도금과 잔금을 치르기에 충분한 경우도 생겨납니다. 이렇게 경영권을 인수한 기업사냥꾼들은 회사 자산을 매각하거나 추가적인 M&A를 빌미로 전환사채나 신주인수권부사채 등을 발행해 추가 자금을 확보하는데 이렇게 조달된 자금은 사채업자에게 빌린 인수대금을 상환하는 데 사용하곤 합니다.

전환사채나 신주인수권부사채와 같이 주식연계 채권을 발행할 때 시장에서 인기 있는 바이오나 메타버스, NFT(대체 불가능 토큰) 관련 기업과 M&A를 추진한다는 호재성 재료를 내놓는 경우가 많습니다. 실제로 관련 기술 기업을 인수하기는 하지만 인수 후 경영할 능력도 없을뿐더러 인수를 재료로 시장에서 자금을 조달하려는 목적이 더 많기 때문에 앞에서 언급한 차명계좌로 파킹해 둔 지분의 주가 상승을 유도하여 주식매각 차익을 챙기려는 수법을 사용합니다.

이렇게 들어온 자금은 주식연계 채권을 재인수하는 데 사용되기도 하는데 이런 채권 발행으로 자금을 마련하는 것은 기업에 대한 신뢰도를 높여주는 것처럼 보이지만 자기 사업에 대한 실체가 없기 때문에 머니게임의 일환으로밖에 보이지 않습니다. 특히 대규모 자금 조달을 위한 주식연계채권 발행이나 유상증자가 이뤄지고 곧바로 이어지는 해외투자의 경우 피인수 대상 기업의 가치평가가 제대로 이뤄졌는지 의문이기 때문에 수백억 원이 고스란히 해외로 빠져나가 사라져 버리는 결과를 가져오기도 합니다. 이때 해외 부실기업을 사들여 적당히 성장성 있는 기업으로 둔갑시키는 것은 보도자료를 뿌리는 대로 실어주는 국내언론 환경이 이런 머니게임의 성공을 도와주는 조력자가 되고 있기 때문인 것 같습니다. 대부분 해외투자기업의 정확한 내용을 확인해 보도하기보다는 회사가 뿌리는 보도자료를 받아쓰기 바쁘기 때문에 다음 번 회계감사에서 외부감사인이 평가할 때까지 회사 주장만 외부에 알려지는 문제가 있습니다.

이렇게 해외로 빼돌려진 회삿돈은 사채업자의 인수자금을 상환하거나 전환사채와 신주인수권부사채를 인수해준 사채업자에게 다시 상환되는 경우가 많은데 이미 회사 계정을 떠난 자금이라 실체를 확인할 수 없기 때문에 배임 횡령되기 쉽습니다. 기업사냥꾼들이 장악한 회사에서 현재 인기 있는 시장 테마로 신규사업을 공시하는 경우가 많은 이유가 이렇게 회삿돈을 배임 횡령하기 쉬워서입니다. 최소한 기업사냥꾼 입장에서는 외부감사인에게 감사를 받기 전까지 안정적으로 회삿돈을 빼먹을 수 있는 시간을 갖게 되는 셈으로 이 시기에 기업사냥꾼들이 내놓는 허위 공시에 속아 투자한 투자자들이 큰 피해를 입는 경우가 다반사입니다.

라임사태의 주인공인 라임자산운용이 낀 기업사냥꾼 사례는 투자조합이 인수 주체로 나섰고 페이퍼컴퍼니를 통해 신규사업을 가장한 투자로 인수금의 거의 10배 횡령으로 회사를 상장폐지로 내몰면서 수익을 챙겨간 사례입니다. 사채업자 대신 라임펀드가 전주로 나선 것이 기존의 무자본 M&A의 기업사냥꾼과 차이가 날 뿐 경영권 인수 후 대동소이한 방법으로 회삿돈을 배임 횡령해 갔습니다.

코스닥 기업에 대한 기업사냥꾼들의 무자본 M&A는 실제로 금감원과 금융위원회의 고발이 이뤄져도 검찰 수사에만 몇 년이 걸리고 이 과정에서 비싼 전관을 쓴 기업사냥꾼은 솜방망이 처분을 받고 미꾸라지처럼 빠져나가는 경우도 있습니다. 즉 개인투자자들 스스로가 실체가 불분명한 인수자의 M&A에 주가가 급등하는 머니게임은 아예 쳐다도 보지 말고 신경도 꺼야 주가조작의 끝인 상투 물림에 빠지지 않게 됩니다. 주가가 급등했을 때 먹고 나오면 되겠지 하는 방심이 결국 상투 물림으로 큰 손실을 가져오는 경우가 비일비재함을 기억해야 합니다.

M&A에 기업가치를 정하는 것은 고무줄 기준일 수밖에 없고 바이오기업의 경우 적자여도 미래가치를 과대평가해 수백억의 가치로 둔갑시키기 쉽습니다. 그런데 문제는 무형자산인 특허권 가치가 그런 고무줄 평가의 기준이 될 텐데 해외 회사의 경우 특허를 외국인 박사 개인이 소유하고 있어 껍데기인 회사만 매수하는 것이라 수백억 원의 평가가 나올 수 없습니다.

대부분 다음 외부감사에서 이런 문제가 시비가 되어 의견 거절을 받는 경우가 있는데 이미 해외로 자금은 빼돌려져 전환사채의 자금을 댄 사채업자에게 자금을 상환하고 유상증자로 들어온 개인투자자들의 자금은 횡령된 이후이기 때문에 기업사냥꾼들의 목적이 다 이뤄진 경우가 대부분인 것 같습니다.

상식적으로 연구소에서 연구만 하던 박사님들이 어느 한 순간 경영에 눈을 뜨고 기업 인수합병에 도가 터서 복잡한 상장사 인수를 해서 바이오 사업을 한다는 것은 지금까지 만나본 바이오 분야 박사님들의 성향상 있을 수 없는 일이고 이런 바이오기업 M&A 뒤에는 기업사냥꾼들의 머니게임이 숨겨져 있는 경우가 다반사입니다.

바이오 분야 연구자인 박사들은 연구비를 일부 받을 수 있어 좋고 기업사냥꾼은 대단한 바이오 분야 연구 성과를 이용해 머니게임으로 개인

투자자 돈을 챙길 수 있어 서로의 이해가 맞아떨어진 결과라고 볼 수 있습니다. 그 대가는 시장참여자인 개인투자자들이 치러 주니 기업사냥꾼 입장에서는 자기 돈 한 푼 안 들이고 대단한 사업을 하는 사업가 행세를 할 수 있는 것입니다.

진짜 유망한 사업이면 은행들이 먼저 대출을 해 주겠다고 앞다퉈 경쟁하기 때문에 시장에 불특정 다수를 대상으로 성공할지 실패할지 모를 불확실한 유상증자에 의존하지는 않을 겁니다. 상식선에서 이해하면 이런 일에 속지 않을 수 있습니다.

CHAPTER 8

기업공개(IPO)주

| 공모가 버블이라는 소문난 잔치 |

공모주 시장은 일명 발행시장이라고 부르는데, 주식을 공모하여 불특정 다수의 시장참여자로부터 기업이 직접 자금을 조달하는 시장을 뜻합니다. IPO라는 영어 약자를 풀어쓰면 기업공개(Initial Public Offering)인데, 기업의 소유권에 일반 투자자들을 받아들이는 것으로 기업경영 내용을 투명하게 공개하고 일반 시장참여자를 주주로 맞이해 시장에서 자금을 직접 조달하겠다는 뜻을 담고 있습니다.

기업이 사업을 할 때는 자금이 필요한데 당장 사업 규모가 크지 않고 수익성이 떨어질 경우 외부자본으로 부족한 투자를 메꿀 수밖에 없습니다. 그래서 비상장일 때 개인투자자인 엔젤투자자와 창투사들로부터 자금을 조달하고 어느 정도 규모가 커지고 회사 시스템이 갖춰져 증권시장에 상장할 규모와 시스템을 갖췄을 때는 증권사를 상장 주관사로 선정해 상장 일정에 돌입하게 됩니다. 아무 기업이나 시장참여자인 불특정 다수를 향해 주식을 공모할 경우 자격이 안 되는 사기꾼들이 온갖 감언이설로 사기를 칠 수 있기 때문에 금융위원회에 기업등록이 된 기업들에 한

해 공모가 가능하게 제도가 마련되어 있습니다.

대부분의 비상장기업 경영자들은 사업 초기 주식회사의 증자를 통해 외부 투자자들을 받아들일 경우 50인 미만 사모형태까지는 일가친척이나 지인들로부터 도움 형식의 투자를 받기 때문에 별 문제 없이 증자에 성공할 수 있지만, 어느 정도 기간이 지나고 자금 규모가 커질 경우 50인 이상의 공모 규모로 증자에 나서게 되고 이럴 경우 강남부띠끄같은, 일명 선수들이 낀 유상증자를 실시하는 경우가 많습니다. 50인 이상의 불특정 다수를 대상으로 주식을 청약하기 위해서는 금융위원회에 기업등록을 해야 하는데 이러고 나서도 주주 수가 50인을 넘어갈 경우 유가증권신고서를 제출하는 등의 복잡한 절차가 필요해 자칫 상법을 위반할 위험이 있습니다.

개인투자자들의 경우 증권계좌를 갖고 있을 경우 강남부띠끄에서 걸려온 비상장주식 투자에 대한 권유 전화를 받아 본 경험들이 있으실 텐데 이에 혹해서 강남부띠끄의 IR에 참여할 경우 자칫 비상장사 투자사기를 당할 수 있습니다. 대표적으로 청담동 주식부자 이희진 사례가 있는데, 투자수익은 고사하고 원금도 못 건지는 경우가 발생할 수 있어 주의해야 합니다.

많은 기업들이 코스닥시장이나 거래소에 상장을 목표로 사업을 하는 경우가 많은데 일단 상장을 하게 되면 인지도를 얻어 성공했다는 말을 듣고 자금 마련에도 숨통이 트이기 때문입니다. 그러다 보니 무리해서 상장을 추진하는 경우도 있어 막상 상장할 때 공모주 청약자들이 볼 때는 이득을 볼 게 별로 없는 경우가 간혹 있습니다.

일반적으로 공모가를 결정할 때 청약자 마진을 감안하여 적정 주가에서 약 30% 정도 할인된 가격에서 공모가를 정하곤 하는데 시장에서 거래되어 본 적 없는 기업의 시장 가격을 결정하는 것이라 신중할 수밖에 없습니다. 공모가는 기본적으로 비상장일 때 직전 회계연도의 실적을 기준으로 기업가치를 평가하여 공모가 밴드 가격을 주간증권사가 제시하고, 이 가격대에 기관투자자들이 수요 예측을 해서 이때 청약하겠다는 기관투자자들의 가격과 수량을 감안하여 주간증권사와 발행사가 협의해 공모 가격을 결정하게 됩니다.

발행사 입장에서는 처음 주식을 공모하는 것이라 비싸게 평가받아 회사에 유입되는 자금이 많을수록 좋은 것이고, 주간증권사 입장에서 공모 규모가 커질수록 수수료 수익도 높아지기 때문에 공모가 버블이라 불릴 만큼 공모가를 공모가격 밴드 상단으로 결정하는 일이 비일비재합니다. 문제는 이렇게 결정된 버블이 낀 공모가는 상장 후 주가가 더 오르지 못하고 차익실현 매물에 줄곧 흘러내려 없어 회사의 나쁜 이미지만 생기게 합니다.

물론 발행사 입장에선 상장 후에 주가는 회사로 유입되는 현금과는 아무런 상관없이 시장참여자들이 만든 주가라는 생각을 갖게 되지만, 장기적으로 이미지가 안 좋게 남아서 주가 회복에 상당한 기간이 걸리고 이에 따라 직접 자금 조달의 기회를 놓치게 되는 경우가 많습니다. 발행시장은 항상 유통시장에 후행하는 경향이 있는데 증시가 호황이고 주식투자로 돈 벌었다는 사람들이 많아져야 일반투자자들이 증시에 뛰어들고 보수적인 투자자들도 은행에서 돈을 빼서 보다 안전하다는 공모주 투자에도 나서기 때문입니다.

| '절반의 성공' SK바이오팜 |

증시가 호황일 때 은행에서 증권사로 이동하는 돈의 규모가 어마어마한데 공모주 청약을 위해 증거금뿐 아니라 청약자격을 얻기 위해 일정 금액을 증권계좌에 넣어둬야 한다는 개별 증권사 조건을 맞추기 위해 상당한 자금이 은행에서 증권사로 이동하게 됩니다. 2020년 SK바이오팜으로 시작된 IPO 대어들의 상장 과정에서 보여준 청약증거금의 폭증은 시장의 대기성 자금이 얼마나 급격하게 늘었는지를 보여준 좋은 사례이며, 유통시장의 호황 이후에 발행시장이 어떻게 호황이 되는지 잘 보여준 사례라 할 수 있습니다.

SK바이오팜 IPO 직전에 상장에 성공한 카카오게임즈의 공모주 청약에 58조 원의 시중 자금이 몰리면서 "따상"이라는 신조어가 생겼는데, 발

SK바이오팜 주가차트 대신증권 HTS 갈무리

행사 입장에서는 공모주 투자자들이 아직 달아오르지 않았지만 유통시장의 투자자들은 몸이 달아올라 너도나도 신규 상장한 대어급 종목을 사자고 나서는 현상이 나타났고, 이는 SK바이오팜의 상장 후 따상으로 우리사주를 무리해서 산 임직원들이 평생 일해야 가질 수 있는 돈을 단번에 챙길 수 있는 기회를 갖게 했습니다. 이에 따라 SK바이오팜 임직원들은 퇴사를 신청해 우리사주를 받아 곧바로 시장에 매도하는 기현상이 벌어졌고 이렇게 퇴사한 직원들은 한동안 시장에 회자되는 부러움의 대상이 되기도 했습니다.

하지만 길게 보면 이때의 SK바이오팜 주가는 한마디로 대기업 계열사 중 유동성 장세 속 첫 번째로 상장을 했다는 프리미엄과 유통시장의 호황이 만들어낸 작품으로 지속될 수 없는 주가임을 보여주었습니다.

SK바이오팜의 청약증거금에 31조 원이 몰리면서 적자를 지속하고 있는 바이오신약 개발사지만 대단하다는 소릴 들었는데, 상장 이후 주가행보는 공모가 49,000원을 훨씬 뛰어넘어 공모가 산정이 잘못되었다는 말이 나올 정도였습니다. 다만 상장 시 최대주주 지분이 약 75%에 달해 유통 가능 물량이 약 25%에 불과하다는 측면은 품절주로 대우받고 있다

SK바이오팜 증권발행실적보고서 발췌

확약기간	배정수량(주)	비중(%)
6개월 확약	4,923,063	37.25
3개월 확약	1,705,534	12.91
1개월 확약	262,500	1.99
15일 확약	13,700	0.10
미확약	6,310,920	47.75
합계	13,215,717	100.00

는 사실을 알 수 있습니다.

상장을 통해 충분한 현금 유입을 가져왔지만 이후 주가도 높이 형성된 것이 추가 유상증자가 가능할 수 있었던 이유입니다.

최초 상장 시 단 이틀 만에 269,500원을 장중 찍으면서 공모가 49,000원의 500%가 넘는 주가상승을 보여주었는데, 회사 입장에서는 공모가를 10만 원대로 했으면 유입 자금도 2배가 되어 사업을 할 때 좀 더 여유가 있지 않았을까 생각되기도 합니다.

SK바이오팜의 상장은 최대주주인 SK가 보유하고 있던 구주 중 25%를 매각하는 방식과 신주를 발행하는 유상증자 방식을 혼용하여 상장을 추진해 SK바이오팜에서 신주로 발행한 부분만 SK바이오팜에 자금이 흘러들어가는 구조로 이뤄졌습니다.

상장 이후 SK바이오팜 주가가 여전히 공모가의 두 배 이상에서 거래되고 있어 2021년 2월 23일 SK는 SK바이오팜 지분 중 경영권과 상관없는 11%를 블록딜 하여 1조 원의 현금을 마련하기도 했는데, 이 자금은 SK바이오팜에 가는 것이 아니라 모회사인 SK에 가는 자금으로 SK바이오팜은 유통주식 수가 늘어나서 주가가 폭락하는 결과로 이어지기도 했습니다.

앞선 SK바이오팜 차트에서 볼 수 있듯이 SK바이오팜의 상장은 최대주주인 SK에게만 좋은 일이었습니다. 하지만 공모주투자자 입장에서 보면 좀 다릅니다. 공모주를 공모가에 받고 즉기 매도가 가능했기에 기회가 되기도 했으나 이후 주가가 줄곧 흘러내려 시장참여자들에게 부정적 인상을 심어주고 있습니다.

기업공개IPO의 목적은 기업이 필요로 하는 자금을 시장을 통해 직접 조달하는 것으로 주주로서 투자금을 내는 것이기 때문에 기업 입장에서 상환 의무가 없는 자기자본으로 투자를 받는 것으로 가장 부담 없는 돈이라 할 수 있습니다. 은행을 통한 투자금 조달은 타인 자본이기 때문에 언젠가는 상환 의무를 지게 되고, 빌리는 동안은 이자 부담이 생기지만, 기업공개를 통해 시장에서 직접 조달하는 것은 주주를 모시는 것이라 기업 입장에서 부담이 덜한 것이 사실입니다. 다만 매년 주주총회에서 주주들의 요구를 들어주는 것이 고역일 수 있는데 삼성전자마저 주주질의로 마라톤 주주총회가 되곤 하는 것은 이제 자연스런 풍경이 된 것 같습니다.

그렇다면 기업공개의 성공과 실패는 어떻게 나눠 볼 수 있을까요? 앞서 SK바이오팜을 통해 상장 시 어떻게 공모가가 결정되고 기업에 자금이 유입되는지 설명했는데, 청약에 응한 투자자들도 단기에 큰 수익을 얻을 수 있어 성공한 기업공개라고 평가하는 분들도 있겠지만 엄격하게 따져서 SK바이오팜의 IPO는 절반의 성공이라고 할 수 있습니다..

기업이 시장을 통해 직접 자본을 조달한다는 원래의 목표는 달성했지만 회사에 유입시킬 수 있는 공모자금의 규모는 지금의 주가 흐름을 봤을 때 2배 이상 가능했는데, 너무 낮은 공모가 결정으로 최대주주인 SK는 더 많은 지분을 팔아 원하던 자금을 손에 쥘 수 있게 된 것입니다.

공모주 투자자들 중 상장 직후에 매각한 투자자들은 공모주 투자로 짭짤한 재미를 보았겠지만 시장 내 투자자들은 상장 후 주식을 매수하여 큰 손실을 볼 수밖에 없었습니다. 특히 상장하고 6개월이 지난 이후에 최대주주인 SK의 지분 일부 매도로 1조 원을 시장에서 조달해 갈 때 시장

참여자들은 블록딜의 충격으로 단기간에 큰 손실을 떠안을 수밖에 없었습니다. 이렇게 주가 급락이 나타나도 최대주주는 원하던 자금을 시장에서 조달해 갔기 때문에 이후 주가는 시장에서 알아서 할 것이라는 식으로 무책임한 태도를 보일 때가 많습니다.

SK바이오팜처럼 주가가 장기간에 흘러내릴 경우 기업 이미지를 생각해 자사주 취득을 공시하는 경우도 있는데, SK바이오팜은 결코 그런 것을 하지 않았는데 공모가에 따블 이상이기 때문이라고 투자자들의 손실에 책임이 없다는 모습인 것 같습니다.

임직원들은 기업가치를 높이기 위해 하루하루 열심히 일하고 있고 그 대가로 주주들이 준 돈으로 월급을 받고 있기 때문에, 이론상 주가는 우상향해 가는 것이 맞지만 현실적인 이유로 상장 이후 시장 기대감이 지나쳐 주가가 높이 형성될 경우 기업가치를 반영하는 주가 흐름이 나타나 제자리를 찾아가는 데 상당한 시간이 걸립니다.

특히 SK바이오팜처럼 최대주주 지분이 과도하게 높을 경우 즉 유통주식 수가 적어 품절주가 될 경우 이런 자연스러운 주가 흐름에 더 시간이 걸릴 수밖에 없습니다. 그렇다면 왜 SK바이오팜은 적자 기업인데도 주가가 이렇게 높이 형성되었을까요?

SK그룹의 계열사로 상장을 추진한다는 재벌 대기업 프리미엄과 바이오라는 시장 내 인기 있는 테마 그리고 시장 내 풍부한 유동성이 투자자들의 이성을 마비시키고 상장 시 주가를 따상으로 만들어 결국 2년여 동안 주가가 흘러내리는 결과를 가져온 것이라 할 수 있습니다. 한마디로 최대주주인 SK그룹은 주식을 팔아 한몫을 단단히 챙겼지만 일반 투자자들은 투자를 후회하는 결과를 가져온 것이라 과연 이런 상장을 성공한 상장이라 부를 수 있을지 의문이 들기는 합니다.

특히 SK바이오팜의 공모가와 상장 이후 주가 흐름은 이후 상장하는 회사들의 공모가에 거품이 끼게 만들었는데 시장 내 풍부한 유동성은 공모가 버블의 주요한 원인이 되기도 했습니다. 공모가 버블이 생기면 공모주 청약자들도 먹을 것이 없게 되는데 아이러니하게도 시장 내 투자자들은 공모주 청약자들의 잃어버린 기회가 또 다른 기회가 되기도 합니다. 그 대표적인 사례가 방탄소년단의 하이브와 크래프톤인데, SK바이오팜 이후 공모가에 끼어든 거품이 상장 후 주가 흐름을 어떻게 왜곡시키고 있는지 잘 보여주는 것 같습니다.

| '하이브' 방탄소년단BTS에 웃고 울다 |

방탄소년단 소속사가 "빅히트엔터테인먼트"라는 사명으로 거래소에 상장할 때의 공모가 135,000원은 지금 와 생각해 보면 겸손한 공모가였을지도 모르지만, 당시만 해도 IPO 대마로 따상에 대한 기대감이 무너지면서 상장 초기에 속절없이 무너지는 주가에 공모주 투자자들도 당황했고 시장도 당황하는 모습을 보였습니다. 이런 주가 급락은 상장 직전에 행한 프리IPO 개념의 투자금 유치가 주가 발목을 잡은 사례로, 뒤에도 이런 프리IPO를 행한 기업에서 반복해 나타나는 현상이기도 합니다.

프리IPO에 투자하는 기관투자자들은 기업이 성숙한 이후에 투자하기 때문에 공모주 투자자보다 싸게 투자를 하지만 공모가와 크게 차이가 없는 가격에 투자를 하기 때문에 상장 직후에 대부분 차익실현에 나서는

하이브 주가차트 대신증권 HTS 갈무리

경우가 많습니다. 하이브(구 빅히트)의 공모주 청약 당시 청약증거금으로 58조 4,000억 원의 시중 자금이 몰리면서 상장 이후 주가에 대한 기대감을 갖게 했지만 여기에는 프리IPO 매물에 대한 경계감이 실려 있지 않은 공모주 청약자들의 방탄소년단에 대한 기대감이 녹아 있었습니다. 빅히트의 상장 첫날 따상으로 출발해 4.44%의 주가로 첫 거래일을 마쳤는데 이때부터 프리IPO 물량이 쏟아지고 있던 것입니다.

빅히트의 거래소 상장 공모주 청약에 있어 수요 예측에 참여한 기관투자자들은 대부분 의무보유확약서를 제출해 방탄소년단을 보유한 빅히트엔터테인먼트에 대한 기대감을 나타냈고 이는 고스란히 상장 초기 공모주 청약에 참여한 기관투자자들의 매물이 잠기는 결과를 가져왔습니다. 이것은 상장 초기 프리IPO 투자자들에게 매물을 손쉽게 처리할 수 있는 여유를 선사해 주었는데 방탄소년단을 보유한 빅히트엔터테인먼트에 대한 개인투자자들의 기대감으로 매수 대기 자금이 많았기 때문입니다.

개인투자자들의 특징은 결코 호가를 올려 매수하지 않는다는 점으로 주가가 떨어지면 매수하고 올라가면 차익실현 하는 단타 성향을 나타내기 때문에, 상장 초기 프리IPO에 참여한 4대주주 메인스톤의 차익실현에 개인투자자들이 일조한 꼴이 되었습니다.

하이브 주식발행결과보고서

(단위: 주, %)

항목	성 명	주식의 종류	소유주식수 및 지분율				비고
			유상증자 전		유상증자 후		
			주식수	지분율	주식수	지분율	
최대주주	방시혁	보통주	12,377,337	43.44	12,377,337	34.74	최대주주
5% 이상 주주	넷마블(주)	보통주	7,087,569	24.87	7,087,569	19.90	-
	스틱스페셜시츄에이션사모투자합자회사	보통주	3,462,880	12.15	3,462,880	9.72	-
	메인스톤 유한회사	보통주	2,482,992	8.71	2,482,992	6.97	-
	소 계		13,033,441	45.74	13,033,441	36.59	-
합 계			25,410,778	89.18	25,410,778	71.33	-

상장 직후 공개된 증권발행실적보고서에서 메인스톤은 4대주주로 이름을 올렸지만 보호예수를 하지 않아 즉시 매도가 가능했습니다. 상장 초기에 메인스톤은 특수관계인 이스톤에쿼티파트너스(PE)와 함께 10월 15일 상장일로부터 20일까지 빅히트 지분 총 159만 주를 매도했는데 이는 빅히트 전체 주식의 약 4.5%에 해당하는 지분입니다. 10월 21일 빅히트는 1.92% 하락한 17만 9천 원에 거래를 마쳤는데 상장 이후 5거래일 연속 하락하며 상장 당일 기록한 35만 1,000원 대비 49% 폭락한 모습을 보여 시장참여자들을 망연자실하게 만들었습니다.

이 기간 동안 개인투자자들은 매일 순매수를 보이며 메인스톤과 프리IPO 참여 기관투자자들이 매도하는 물량을 받아냈는데, 4,810억 원어치 주식을 개인투자자들이 받아냈지만 주가 하락을 막아내지 못한 것으로,

개인투자자들의 아래 호가에 걸어두고 기다리는 방식의 투자습관이 만든 참사라고 할 수 있습니다. 메인스톤과 함께 빅히트 주식을 매도한 이스톤에쿼티파트너스는 35,000원에 프리IPO에 참여해 확보한 주식을 상장 직후 메인스톤과 함께 매도한 것으로 상장 초기 주가 하락의 주요 원인이 되었습니다.

이들 프리IPO에 참여한 펀드들은 상장 초 대부분 매도하여 상당한 차익을 실현했는데 상장 직전 프리IPO를 실시하여 35,000원에 확보한 주식들을 대부분 20만 원대 매도하여 단기간에 큰 수익을 거두어 갔지만, 빅히트 주가는 상장 초기에 만신창이가 되었다고 해도 과언이 아니었습니다.

특히 빅히트의 프리IPO 지분 매각이 논란이 된 것은 빅히트 주요 임원으로 있던 사람들이 상장 직후 매도를 한 프리IPO 투자처로 대거 이직을 했다는 점으로, 이들은 빅히트에 들어와 1,000억 원대 프리IPO를 성사시키고 퇴사 후 자신들이 몸담았던 회사 주식을 대거 매도했습니다.

빅히트의 4대주주 측인 양준석 이스톤에쿼티파트너스 대표가 상장 직전인 지난 10월 13일 빅히트 기타비상무이사직에서 사임한 것으로 파악됐는데 상장 일주일 전인 10월 8일 김중동 빅히트 CIO도 퇴사했습니다. 이스톤PE는 양 대표가 지난해 4월 설립한 신생 사모펀드(PEF) 운용사로 김 전 CIO는 지난해 6월부터 올해 5월까지 이 운용사의 기타비상무이사직을 지냈습니다. 이들은 지난해 빅히트 비상장주에 투자하는 프리IPO 펀드를 만들어 1,000억 원 규모를 투자한 바 있고, 최근까지 빅히트의 4대주주였지만 상장 첫날인 지난 15일부터 20일까지 보유 지분의 절반인 158만 주를 처분해 3,600억 원 규모를 손에 넣었습니다.

양 대표가 이스톤PE를 설립한 건 2019년 4월로 2개월 뒤인 6월 타임폴리오자산운용 출신 김창희 뉴메인에쿼티 대표와 공동으로 이스톤1호펀드를 설립해 자금 모집에 들어가 250억 원을 모았고 11월에는 2호 펀드를 설립해 700억 원을 추가로 확보했습니다. 2호 펀드 LP가 공개한 투자 시점은 2019년 11월 21일인데, 이 점을 고려하면 운용사 설립과 펀드 결성까지 걸린 시간은 7개월에 불과해 경력이 없는 신생 운용사가 단일 종목의 프리IPO 투자를 위해 단기간 내에 1,000억 원의 자금을 모집한 것은 이례적 일로 받아들여집니다.

금융사뿐 아니라 일반법인, 개인 자산가도 투자자LP로 참여했는데 이스톤뉴메인제2호에는 이상록 전 AHC 회장이 개인자산관리를 위해 설립한 패밀리 오피스 '너브'를 통해 200억 원을, 신한금융투자와 NH투자증권이 각각 20억 원과 30억 원을 출자했고 이스톤1호펀드에는 호반건설이 100억 원을 투자했습니다. 이들은 이후 시장에서 대부분의 주식을 매도하여 대략 6천억 원대 현금을 손에 쥔 것으로 알려졌는데, 여기 투자한 투자자들은 단기에 600%의 놀라운 수익률을 달성한 것입니다.

하이브의 주가는 이들 물량을 다 소화하고 나서 2021년이 되어 다시 회복세를 보이며 상승세를 타고 있는 모습인데 방탄소년단BTS의 인기가 코로나19 리스크마저 이겨내며 빅히트의 수익성을 유지시켜 주었기 때문입니다. 여기다가 방탄소년단의 신곡 "버터Butter"가 빌보드 핫100 차트 1위를 장기간 기록하면서 빅히트의 존재감을 미국 주류 연예계에 각인시켜 주었습니다.

이후 하이브는 "이타카홀딩스Ithaca Holdings" 지분 100%를 10억 5천만 달

이타카홀딩스 인수구조 하나증권발췌

공시	내용	금액	단위
취득 예정일자	**4월 28일**		
인수법인	**Ithaca Holdings LLC**	**1,186**	**십억원**
	합병 대가	1,058	십억원
	차입금 상환	128	십억원
조달방법			
	3자배정 유증, 1)	182	십억원
	주주배정 유증, 2)	440	십억원
	빅히트 아메리카(차입)	113	십억원
	보유 현금	466	십억원
1) 3자배정 유증	**6월 17일(납입일 기준)**		
	주식수	86	만주
	@210,608원(10% 할인)	182	십억원
	Scott Braun(사내이사 선임)	46	만주
	Scott Borchetta	17	만주
	Arianna Grande Butera	5	만주
	Justin Drew Bieber	5	만주
	Jose Alvaro Osorio Balvin 외	13	만주
2) 주주배정 유증	**6월 9일**		
	주식수	223	만주
	@197,500원(19% 할인)	440	십억원
사용 목적	차입금 상환	250	십억원
	운용자금	190	십억원

자료: 하나금융투자

러에 인수하면서 미국 주류 연예계에 화려하게 입성합니다. 이제 빅히트에서 “하이브”로 사명을 변경하여 미국 팝스타인 아리아나 그란데, 저스틴 비버, 제이 발빈, 데미 로바토, 블랙 아이드 피스 등이 소속된 매니지먼트사 “SB 프로젝트”와 컨트리 레이블 “빅머신 레이블 그룹”을 자회사로 두게 되었습니다.

하이브와 이타카홀딩스는 파트너십을 통해 방탄소년단 등 국내 그룹뿐 아니라 SB 프로젝트 소속 아티스트의 음반 제작 및 매니지먼트를 함께 하게 됐고 아울러 아리아나 그란데, 비버, 로바토, 발빈 등 소속 아티스트와 이타카홀딩스 주요 임직원들은 하이브의 유상증자에도 참여하면서 양사의 협력 관계를 끈끈하게 강화했습니다. 이타카홀딩스 인수에 들어간 하이브의 1조 원대 자금은 이후 이타카홀딩스 주요 인물과 주주들의 하이브 유상증자 참여로 회수되고, 유니버셜뮤직그룹의 투자로 대부분 다시 메꿔지는 구조를 만들어 현금 유출 없이 빅딜을 완성해 낸 측면이 있습니다.

하이브의 이타카홀딩스 인수는 마치 80년대 일본이 플라자 합의로 하루아침에 따블이 된 엔화로 미국 자산을 사들이는 모습을 연상케 하고 있는데 한국 문화산업이 글로벌 문화산업의 심장부인 미국 엔터 시장에 진출하여 한국식 문화산업의 위력을 전파하고 있는 상황입니다. 이후 하이브 주가는 상승세를 이어가 전 고점을 돌파하여 2021년 11월 17일 421,500원의 52주 신고가를 기록하기도 했습니다.

하이브의 기업가치는 2021년에 가서 제대로 주가에 반영되는 모습을 보여주었는데 이런 일종의 주가 왜곡은 프리IPO 때문이라고 할 수 있습니다. 회사 입장에는 불확실한 IPO보다는 확실한 프리IPO의 자금이 더 탐이 났겠지만 투자자 입장에서는 나보다 먼저 더 싸게 산 투자자가 있다는 사실만큼 기분 나쁜 것은 없을 겁니다. 그렇지만 회사 입장에서는 코로나19팬데믹으로 한 치 앞을 모를 시기에 프리IPO를 통해 대규모 자금을 확보할 수 있었던 것은 그나마 다행이라는 생각이 들기도 하는데, 하이브의 상장 초기 주가 흐름은 시장참여자들에게 썩 좋지 않은 모습으로 기억될 것 같고 아울러 2021년 11월 17일 최고가 421,500원을 찍고 이후 2022년 10월 13일 최저가 107,000원을 기록하기도 할 만큼 폭락세를 나타냈는데 BTS의 단체활동 중단 선언이 하이브의 미래 수익성에 불확실성을 드리웠기 때문입니다.

이제 하이브는 당분간 BTS에 대한 의존도를 낮추는 수익성 테스트에 들어갈 가능성이 높아 보입니다. 시장은 불확실성을 가장 싫어한다는 점에서 하이브 최저가 기록은 시사하는 바가 커 보입니다.

| 크래프톤 - '배틀그라운드' 단일게임 리스크 |

2021년 하반기 공모주 시장에서 가장 큰 관심을 받은 종목은 아마도 카카오뱅크와 크래프톤으로 카카오뱅크는 그나마 공모가가 우여곡절 끝에 낮아져 상장 후 주가 흐름은 긍정적인 모습을 보여주며 공모가 39,000원보다 최대 100% 이상 높은 가격대에서 거래가 이뤄졌습니다. 하지만 크래프톤은 상장 초에 공모가를 하회하는 모습을 보여 시장에 큰 충격을 주었는데 배틀그라운드라는 글로벌 인기를 구가하는 게임을 보유한 업체의 상장 치고는, 공모주 청약자에게도 시장에서 주식을 산 투자자에게도 큰 실망감만 준 주가 흐름을 보였습니다. 기본적으로 공모가액이 커질 것 같은 기업들은 액면분할을 통해 한 주당 공모가를 낮추는데 반해 크래프톤은 공모가를 49만 8,000원으로 정해 공모주 청약자 마진을 14.1% 정도밖에 주지 않는 인색한 공모가를 내놓았기 때문입니다.

크래프톤 상장주간사가 밝힌 주당 평가가액 579,153원은 비교기업을 통해 뽑아낸 가치로 국내 증시가 유동성 장세로 주가버블이 끼어 있을 때 산정한 가치라 주가에 버블이 낄 수밖에 없었습니다.

크래프톤 공모가 산출내역

구분	내용
주당 평가가액	579,153원
평가액 대비 할인율	30.9% ~ 14.0%
희망 공모가액 밴드	400,000원 ~ 498,000원
확정 공모가액	498,000원

(주1) 확정 공모가액은 수요예측 결과를 반영하여 498,000원으로 확정되었습니다.

크래프톤 공모개요

(단위: 주, 원)

증권의 종류	증권수량	액면가액	모집(매출) 가액	모집(매출) 총액	모집(매출) 방법
기명식보통주	8,654,230	100	498,000	4,309,806,540,000	일반공모

인수인		증권의 종류	인수수량	인수금액	인수대가	인수방법
대표주관회사	미래에셋증권	기명식보통주	2,163,600	1,077,472,800,000	5,387,364,000	총액인수
공동주관회사	크레디트스위스증권	기명식보통주	2,163,600	1,077,472,800,000	5,387,364,000	총액인수
공동주관회사	엔에이치투자증권	기명식보통주	1,298,200	646,503,600,000	3,232,518,000	총액인수
공동주관회사	씨티그룹글로벌마켓증권	기명식보통주	1,298,200	646,503,600,000	3,232,518,000	총액인수
공동주관회사	제이피모간증권회사	기명식보통주	1,298,200	646,503,600,000	3,232,518,000	총액인수
인수회사	삼성증권	기명식보통주	432,430	215,350,140,000	1,076,750,700	총액인수

청약기일	납입기일	청약공고일	배정공고일	배정기준일
2021년 08월 02일~2021년 08월 03일	2021년 08월 05일	2021년 08월 02일	2021년 08월 05일	-

(주1) 모집(매출)가액(이하 "확정공모가액"이라 한다.)과 관련된 내용은 『제1부 모집 또는 매출에 관한 사항』 - 『IV. 인수인의 의견(분석기관의 의견)』 의 『4. 종합평가결과』 부분을 참조하시기 바랍니다.

(주2) 모집(매출)가액, 모집(매출)총액, 인수금액 및 인수대가는 ㈜크래프톤과 대표주관회사, 공동주관회사가 협의하여 제시하는 확정공모가액인 498,000원 기준입니다.

(주3) 모집(매출)가액의 확정(이하 "확정공모가액"이라 한다)은 청약일 전에 실시하는 수요예측 결과를 반영하여 대표주관회사인 미래에셋증권㈜, 공동주관회사인 크레디트스위스증권 서울지점, 엔에이치투자증권㈜, 씨티그룹글로벌마켓증권㈜, 제이피모간증권회사 서울지점, 그리고 발행회사인 ㈜크래프톤이 협의하여 498,000원으로 최종 결정하였습니다.

앞에 희망 공모가액도 그렇고 주당 평가가액을 산출하는 것도 주간증권사의 몫인데 비교기업을 어디로 선정하느냐에 따라 숫자가 많이 달라지게 됩니다. 기본적으로 크래프톤의 주력 게임인 펍지스튜디오의 "배틀그라운드"가 글로벌 시장에서 벌어들이는 수익이 크기 때문에 주당 평가액이 높을 수밖에 없는데, 대부분 상장을 앞둔 기업들은 비용을 줄이고 수익을 극대화하여 이 평가금액을 최대한 높이려는 경향이 있습니다. 이에 따라 공모가도 높아질 수 있고 회사로 유입되는 공모자금 규모도 커지기 때문입니다.

크래프톤이 기업공개IPO 시 공개한 사업보고서 상 공모가는 498,000원으로 시장에서 조달해간 공모자금 규모는 4조 3,098억 원에 달하는데 쿠팡이 뉴욕증권거래소 상장을 통해 5조 원대 공모자금을 조달한 것과 비교해서 결코 적다고 할 수 없는 규모를 시장에서 조달해 간 것

크래프톤 주가차트 대신증권 HTS 갈무리

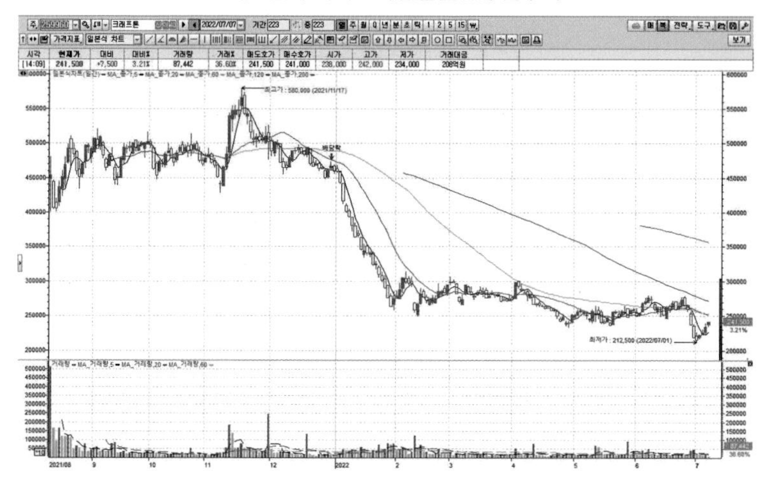

입니다. 시장 내 대기성 매수자금이 될 수 있는 자금을 크래프톤이 받아가면서 그만큼의 유동성이 시장에서 빠져나가는 결과를 가져온 것입니다.

크래프톤은 액면가가 100원으로 우리나라 증시가 허용하는 가장 낮은 단위의 액면가를 사용하고 있는데도 주당 공모 가격이 49만 8,000원이 된 것은 그만큼 "배틀그라운드"의 수익성이 뛰어나기 때문입니다. 크래프톤이 상장 후 공모가를 하회하는 모습을 보이고 있지만 상장과 함께 단번에 게임주 1위라는 대기록을 달성하였고, 기존 게임주 1위였던 엔씨소프트에서 대거 외국인투자자와 기관투자자들이 이탈하여 크래프톤으로 이전되는 결과를 가져왔습니다. 이것은 크래프톤과 카카오뱅크를 조기에 코스피 200 종목에 편입하는 거래소 조치에서도 확인할 수 있는데, 인덱스펀드와 같이 지수를 추종하는 펀드들이 지수 왜곡에 빠지지 않게 하려는 조치의 일환이라 할 수 있습니다.

크래프톤의 상장이 2021년 8월 10일 이뤄져 첫 거래가 되면서 시초가부터 공모가를 하회하는 충격을 시장에 주었는데 애초에 "배틀그라운드" 게임의 수익성에 시장참여자들은 따상을 기대하고 있었기 때문에 충격이 더 컸을 것입니다. 크래프톤 IPO 시 의무보유확약을 하고 공모주 물량을 더 받아간 기관투자자들의 비율이 미확약 기관보다 적다는 측면에서 액면가 100원짜리 주식에 대해 공모 가격이 고평가되었다는 인식이 기관투자자들 사이에서는 컸던 것 같습니다. 아무리 크래프톤이 "배틀그라운드"라는 글로벌 인기 게임을 갖고 있다손 치더라도 49만 8천 원이라는 공모가는 공모주 투자자들에게도 부담이 되고 상장 후 시장 내 투자자들에게도 금리인상으로 유동성이 빠져나가는 시장환경에서 부담되는 가격대로 인식되었습니다.

상장 첫날 거래에서 크래프톤은 512만 주가 거래되며 시초가 대비 겨우 올려놓은 양봉을 기록했는데 첫날 기록한 최저가 400,500원의 주가는 2021년 크래프톤의 주가로 다시 보기 어려운 가격이 되었습니다. 무엇보다 첫날 거래대금 2조 2,479억 원은 삼성전자 같은 대형주에서도 좀처럼 보기 어려운 숫자로 크래프톤에 대한 시장 내 관심이 어느 정도인지 잘 보여준 상징적인 숫자가 된 것 같습니다. 이후 회사 측이 적극적으로 IR에 나서면서 주가가 다시 회복되고 있지만 공모가 49만 8천 원을 회복하고 그 이상으로 주가를 끌어올리는 데는 버거워 보이는 모습입니다.

반기보고서에서 양호한 실적을 공개하고 신작 게임이랄 수 있는 "배틀

그라운드:뉴스테이트"의 흥행 기대감이 주가에 심폐소생술을 하고 있는데 단일게임에 의존한 사업구조는 크래프톤의 아킬레스건이 되고 있는 상황입니다. 또 상장 직전 임직원들에 대한 대대적인 성과급 지급과 임금 인상, 대규모 직원 채용은 상장 이후 비용 증가의 원인이 되어 수익성을 까먹을 것이라는 우려감이 커지고 있는데 신작게임의 흥행참패는 투매를 불러와 2022년 연초부터 주가 폭락을 기록했습니다.

크래프톤의 상장으로 가장 큰 재미를 본 것은 카카오게임즈로 양사 모두 최근에 상장하여 나란히 상장사 타이틀을 갖게 되었지만, 먼저 상장한 카카오게임즈는 지지부진한 주가 흐름을 이어가 시장 내에서 이름값을 못 한다는 평가를 받기도 했습니다.

하지만 2021년 7월 들어 카카오게임즈의 주가가 튀어 오른다고 표현할 만큼 수직으로 급등했는데 크래프톤의 상장을 앞두고 보유 지분 가치가 부각된 것입니다. 카카오게임즈는 배틀그라운드가 한창 개발 중일 때

카카오게임즈 주가차트 대신증권 HTS 갈무리

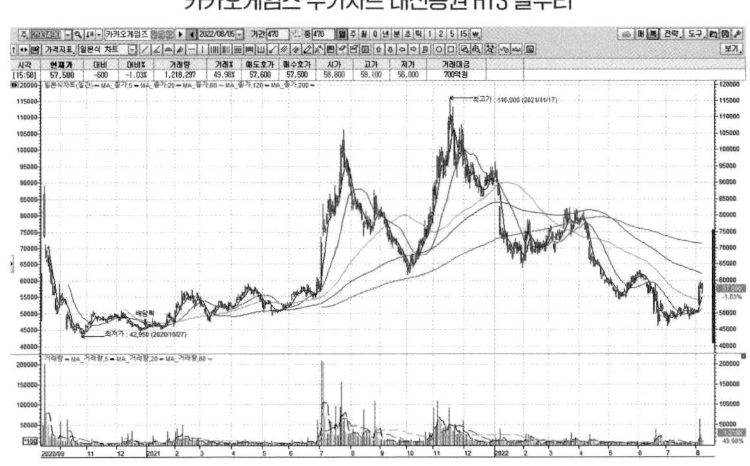

크래프톤의 전신인 블루홀에 50억 원을 상환전환우선주RCPS 형태로 투자해 16만 6,666주를 확보했는데 이게 2021년 상반기 액면가 100원으로 액면 분할되면서 5배로 늘었고, 이후 49만 8천 원의 공모가로 상장하면서 2016년에 카카오가 투자한 50억 원은 4,000억 원의 주식 가치로 급증했기 때문입니다.

크래프톤은 주식발행초과금과 이익잉여금이 쌓여있어 무상증자 가능성이 높은데 높은 주가가 거래에 어려움이 된다고 판단되면 언제든지 무상증자를 부를 준비가 되어 있는 상황입니다. 이후 크래프톤은 1개월과 3개월, 6개월 의무보호예수 물량이 시장에 풀리면서 추가적인 주가하락을 경험하게 됩니다.

2022년 들어서 크래프톤의 주가는 대폭락을 경험하게 되는데 신작게임 "배틀그라운드 : 뉴스테이츠"의 흥행실적이 기대에 못 미쳤기 때문에 단일게임 리스크가 투자자들 사이에 이슈가 되었기 때문입니다. 크래프톤은 자사주 매수와 주주가치 재고 등 다양한 당근책을 내놓았고 급기야 최대주주인 장병규 크래프톤 의장이 개인자금으로 100억 원대 자사주 매수에 나서고 직접 우리사주를 대출을 통해 인수해 손해를 보고 있는 임직원들에게 사과하는 사태까지 벌어지고 있습니다. 여기다 10만 원대로 주저앉은 주가에 2조 원대 배당재원을 마련하여 강도 높은 주주환원 정책을 예고했는데 이 말은 100% 무상증자에 한 발 더 다가간 상황이라는 뜻이기도 합니다. 크래프톤의 신작 게임 흥행 실적이 저조한 가운데 공매도가 증가하고 있어 이들 공매도 세력들도 크래프톤의 100% 무상증자에 큰 손해를 볼 수 있는 상황이라 눈치싸움이 치열해 보입니다.

| 카카오뱅크 - 금산분리법 무력화 |

크래프톤과 비슷한 시기에 상장한 카카오뱅크에 대해 최근 공매도 세력의 공격이 강하게 들어오고 있는데 크래프톤과 달리 인터넷전문은행으로 상장에 성공했고 이후 은행업종 중에 시가총액 면에서 1위를 달리면서 시장 내에서 플랫폼업체나 은행업종이냐의 논쟁이 있을 만큼 평가가 엇갈리고 있기 때문에 공매도 세력의 주요 표적이 되고 있습니다.

카카오뱅크는 인터넷전문은행 중 가장 먼저 상장사 타이틀을 차지한, 핀테크의 빠른 성장을 상징하는 종목이라 시장 내 관심이 많을 수밖에 없어 보였습니다. 카카오뱅크의 공모가는 39,000원으로 상대적으로 공모가 버블에서 자유로운 모습이고 일반 개인투자자들이 시장에서 매수하기도 매력적인 가격대라 상장 이후 랠리가 예상되기는 했습니다.

카카오뱅크는 상장 첫날 시초가 53,700원으로 거래를 시작해 따상은 실패했지만 이후 매수세가 유입되면서 장 막판에 상한가를 기록하는 기염을 토했습니다. 이날 외국인투자자들이 2,253억 원이나 순매수를 보이며 카카오뱅크 주가를 올렸는데 이렇게 러브콜을 보낸 이유는 카카오뱅크를 단순히 은행업종으로 치부하는 것이 아니라 플랫폼은행으로 기존 은행들과 차별화된 영업방식과 비용으로 수익성을 극대화할 수 있다는 기대감을 갖게 하기 때문일 겁니다. 상장 첫날 상한가 69,800원을 기록하며 시가총액 33조 1,620억 원을 기록했고 이는 코스피 시가총액 12위에 랭크되는 것으로 기존 은행들과 확실한 차이를 보여주었습니다.

카카오뱅크 주가차트 대신증권 HTS 갈무리

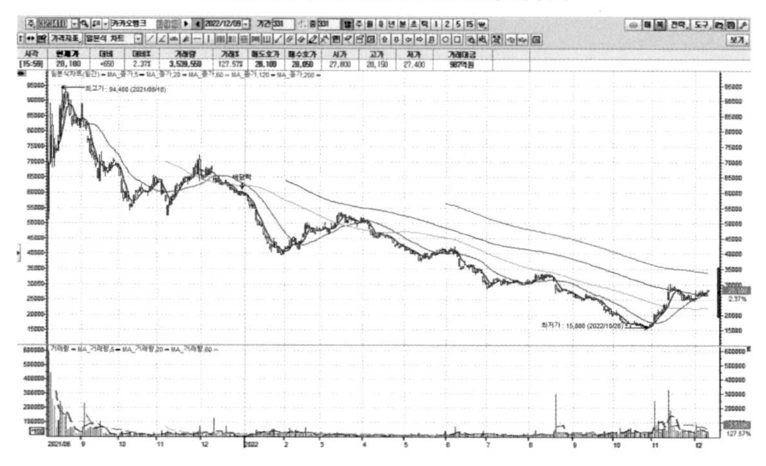

기존 은행들과 차이가 나는 인터넷전문은행이라는 점에서 시장 내 평가가 엇갈리고 있고 이것이 상장 당일 외국인투자자와 국내 기관투자자들의 순매수를 불러와 상한가로 밀어 올린 주요 이유가 된 것 같습니다.

진짜 시장에 준 충격은 자본금 규모나 사업 크기 면에서 상대가 되지 않는 기존 은행들과 카카오뱅크의 시가총액 차이인데, 아무리 미래 수익을 선반영하는 것이 주가라고 하지만 시가총액 차이는 기존 은행들의 시대가 끝났다는 사실을 보여준다고 해도 과언이 아닐 정도였습니다.

1997년 IMF구제금융 체제 이후에 은행들 간의 합종연횡을 통해 지금의 금융지주회사 체제가 만들어졌는데 이런 금융지주회사 시가총액을 가뿐하게 넘어버린 인터넷전문은행 카카오뱅크는 2017년 7월 출범 이후 2년이 채 안 된 2019년 1분기(1~3월)에 흑자 전환(영업이익 66억 원)에 성공했고 2019년 6월 기준 여수신 총액은 약 29조 원, 11일에는 고객 수 1,000만 명을 돌파했습니다.

카카오가 카카오뱅크 대주주 적격성 심사를 2019년 7월 24일 통과하면서 인터넷전문은행이지만 일반기업이 은행의 최대주주로 인정받는 금산분리법의 예외가 IT기업에 적용된 첫 사례로 의미 있는 기록이 된 것입니다.

애초에 인터넷전문은행의 허용이 핀테크 육성을 통해 양질의 일자리를 양산하고 기존 산업의 경쟁력을 배가하려는 대외적인 명분보다 재벌의 은행 소유를 허용해 주기 위한 금산분리법 무력화의 중간 다리로 도입하려는 것이 아닌가 하고 색안경을 끼고 보는 사람들이 많았습니다. 이런 우려는 카카오뱅크와 K뱅크가 영업 허가를 받은 1년 만에 증자의 필요성이 생기고 최대주주가 금융업자가 아닌 일반기업이 될 수밖에 없는 상황이 만들어지면서 현실화됐습니다.

사업 초기에 규모의 경제를 달성하지 못하고 여러 가지 비용이 들어갈 수밖에 없어 증자의 필요성이 있어 왔는데 막상 1년 만에 이런 일이 닥치자 금산분리법 완화에 대한 논란이 여의도 국회를 시끄럽게 했습니다.

IMF구제금융 당시 우리나라 재벌들이 하나씩 다 갖고 있었다고 해도 과언이 아닌 단자회사인 종합금융사들의 무더기 파산은 결국 모기업의 사금고 역할을 해 주다가 발생한 것입니다. 이에 따라 이후 "아메리칸 스탠다드"인 "차이니스월" 원칙처럼 산업자본과 금융자본의 분리를 원칙으로 삼게 되었습니다.

은행은 여신 기능과 함께 수신 기능이 있어 만에 하나 은행의 최대주주가 일반 기업이 되고 우리나라처럼 문어발 경영을 하는 재벌이 부실 자회사를 도와주기 위해 은행 돈을 마구잡이로 갖다 쓰다가 파산하게 될 경우 그 영향이 일반 금융소비자 전반에 악영향을 미치고 금융시장 전반에 불신을 조장하게 되어 금융시장을 마비시키는 상황을 만들 수 있습니다. 이 때문에 금산분리법은 IMF구제금융 이후로 금융시장에서 건드릴 수 없는 불문율이 되어 왔습니다. 하지만 지금도 은행 지분을 많이 갖고 있으면서 은행 이사회 인사 문제에만 관여 못할 뿐 은행 소유를 위한 재벌의 투자는 꾸준히 진행되고 있는 상황입니다.

특히 산업자본의 금융자본 지배가 우리나라에서 더 문제가 되는 점은 재벌의 경영권 승계와도 연결되는 사안이기 때문입니다. 대표적으로 삼성그룹이 삼성생명을 통해 삼성전자를 지배하고 있는 순환출자 구조를 해소하지 못하고 있어 금산분리법 완화가 이뤄지지 않을 경우 삼성그룹 이재용 회장 일가는 삼성생명이 보유한 삼성전자 지분을 매각할 수밖에 없어 그룹 지배력이 약화될 수 있는 위기에 봉착하게 됩니다.

삼성그룹은 오너 일가의 그룹 지배력 강화에 삼성생명 고객이 맡긴 돈을 사용한 꼴인데, 혹자는 삼성전자 같은 좋은 투자처에 투자를 많이 하고 수익을 많이 내서 삼성생명 자산도 증가한 것이 아니냐고 항변합니다. 하지만 삼성생명이 보유하고 있는 삼성전자 주식은 단 한 주도 수익을 목적으로 매매하지 않았다는 점에서 수익 목적의 투자가 아니라 오너 일가의 적은 지분을 보충하려는 그룹지배력 강화 목적의 투자이며, 전형적인 순환출자 기법이면서 오너 일가의 자본이 아니라 고객들의 돈으로 오너 일가가 그룹 지배력 강화라는 열매를 독식하고 있는 것입니다.

카카오뱅크의 탄생 배경에는 이런 이유도 있을 수 있다는 사실 정도를 기억하면서 카카오뱅크 상장 이후 주가 흐름을 보시면 이해되는 측면이 있을 겁니다.

앞에서도 언급했듯이 카카오뱅크는 상장 초기에 플랫폼기업이냐 은행업이냐를 놓고 증권업계 애널리스트들끼리 열띤 토론 배틀이 벌어졌는데, 공모가의 100%가 넘는 주가 상승률을 기록하고 있기에 이런 논란은 시장참여자들의 눈과 귀를 모으기에 충분했습니다.

카카오뱅크에 대한 평가는 극과 극인데 골드만삭스와 신한금융투자는 카카오뱅크를 플랫폼사업자로 보는 시각이 우세하고, 교보증권은 은행업자로 생각하는 시각이 강하기 때문에 벌어진 목표주가 차이로 이때는 상장 초기라 유통주식 수가 제한되어 이런 혼란이 벌어지지만 6개월 이후 상장 시 의무보유확약한 물량이 다 풀린 이후에 한국은행의 금리인상을 시작으로 카카오뱅크 주가가 흘러내리면서 교보증권의 분석이 보다 합리적이었음을 알 수 있었습니다.

동일 기업의 미래 비전에 어떤 잣대를 갖다 대느냐에 따라 미래 주가를 저렇게 다르게 평가할 수 있다는 사실을 기억해야 하는데, 지금 자신에게 주어진 정보들을 가지고 어디에 무게를 두고 가치를 평가하느냐에 따라 미래주가가 달라짐을 알 수 있어 보다 긴 안목을 갖고 투자해야 수익을 가져갈 수 있다는 사실을 기억해야 합니다.

| IPO시장 유행 Pre IPO |

공모주 투자에서도 상장 초기 언제 주식을 파느냐에 따라 수익이 달라집니다. 앞선 크래프톤처럼 상장 초기에 주요 주주들의 매물이 쏟아지면서 공모가를 깨고 내려갈 경우 공모주 투자자들도 모두 손해 보는 상황이 발생하는데, 이럴 때 투자한 회사의 미래를 긍정하고 버틸 수 있다면 주가가 공모가를 회복할 때 매도하여 손해를 안 볼 수도 있습니다. 그러나 주변 개인투자자들은 당장 눈앞에 벌어지는 것들에 혹해서 섣불리 판단 내려버리는 경향이 있습니다.

하이브(구 빅히트)와 크래프톤과 같이 Pre IPO로 투자한 투자자들은 공모가만으로도 큰 수익이 발생하고 있어 언제든지 차익실현을 할 수 있지만 공모주 투자에 응한 개인투자자들은 공모가 이상으로 주가가 올라가야 수익이 날 수 있습니다. 그렇기 때문에 공모가가 얼마로 결정되느냐가 수익을 결정해 준다고 봐도 무방할 것입니다.

카카오뱅크 2021년 사업보고서 발췌

(기준일 : 2021년 6월 27일) (단위 : 원, 주)

주식발행 (감소)일자	발행(감소) 형태	발행(감소)한 주식의 내용				
		주식의 종류	수량	주당 액면가액	주당발행 (감소)가액	비고
2016년 1월 22일	-	보통주	180,000	5,000	5,000	설립 출자
2016년 3월 16일	유상증자(주주배정)	보통주	19,820,000	5,000	5,000	-
2016년 11월 11일	유상증자(주주배정)	보통주	40,000,000	5,000	5,000	-
2017년 9월 6일	유상증자(주주배정)	보통주	100,000,000	5,000	5,000	-
2018년 4월 26일	유상증자(주주배정)	보통주	40,000,000	5,000	5,000	-
2018년 4월 26일	유상증자(주주배정)	우선주	60,000,000	5,000	5,000	무의결권 전환우선주 주)
2019년 11월 22일	유상증자(주주배정)	보통주	100,000,000	5,000	5,000	-
2019년 11월 28일	주식매수선택권행사	보통주	5,096,442	5,000	5,000	우리사주매수선택권 행사
2020년 11월 13일	유상증자(제3자배정)	보통주	10,640,000	5,000	23,500	-
2020년 12월 8일	유상증자(제3자배정)	보통주	10,640,000	5,000	23,500	-
2020년 12월 30일	유상증자(주주배정)	보통주	21,276,595	5,000	23,500	-
2021년 3월 30일	주식매수선택권행사	보통주	1,997,200	5,000	5,000	-

주) 2019년 9월 30일 전환권행사로 무의결권 전환우선주 60,000,000주를 보통주 60,000,000주로 전환하였습니다..

최근 공모주 투자에서 프리IPO를 한 투자자들이 의무보호예수 확약을 하지 않고 상장과 함께 즉시 매도에 나서는 경우가 점점 많아지고 있는데, 이는 단기차익을 노리고 들어온 돈이기도 하고 공모가만으로도 큰 수익이 나기 때문일 겁니다. 카카오뱅크에서도 9월 2일 우정사업본부의 지분이 블록딜로 매각되면서 시장의 변곡점 역할을 하고 있는데 그 규모가 1조 원에 달하기 때문에 주가에 부담되는 것은 사실입니다.

최근 IPO시장 경향은 상장 직전에 프리IPO 성격의 대규모 증자를 하고 증시에 상장을 하기 때문에 이때 단기차익을 노리고 들어온 자금들은 보호예수 없이 공모가에 매도를 하고 빠져나오는 경우가 많습니다. 공모주 투자자들에게도 악재가 될 일이지만 시장참여자들은 보다 싼 가격에 신규상장 종목을 포트폴리오에 담을 수 있는 기회를 갖는 것입니다. 이런 내용은 기업공개IPO를 위해 공시하는 사업보고서에 다 나오는 것으로 특히 자본금 상장 초기에 유통가능 주식 수를 가늠할 수 있는 수치를 보여줘 미리 대비할 수 있게 해 줍니다.

여기서 기존 주주들을 배제하고 제3자 배정으로 들어온 23,500원에 투자된 것이 프리IPO 성격의 자본인데, 이들은 단기 차익을 목적으로 들어왔을 수도 있고 장기 파트너십을 맺기 위해 들어왔을 수도 있지만 공모가 39,000원보다 싼 가격에 들어와 언제든지 차익실현에 나설 수 있는 자본이라 할 수 있습니다.

상장에 대한 불확실성보다 안전한 자금 확보 방법인 프리IPO가 기업 입장에서 꼭 나쁘다고 할 수는 없으며, 생존과 성장을 위해 필요한 측면이 있습니다. 하지만 투자자 입장에서 나보다 더 싸게 더 많은 주식을 가진 차익실현 세력의 존재는 기분이 썩 좋지는 않은 일입니다. 신규상장 종목 투자는 상장 전후 살펴볼 것들이 많다는 사실을 기억해야 합니다.

| LG에너지솔루션 |

공모주 투자에 있어 공모가격이 평가가격에서 얼마나 할인된 가격인가와 프리IPO 등 상장 시 즉시 매도 가능 수량이 얼마나 되는지 또 수요예측에서 의무보유확약을 한 기관투자자의 비율과 기존 주요주주 중 의무보유확약을 한 주주의 비중이 얼마나 되는지가 상장 초기에 주가의 방향성을 결정하곤 합니다. 소문난 잔칫집에 먹을 것이 없다는 말처럼 IPO대어라고 불리는 종목들 중 상장 후 투자자들에게 큰 수익을 가져다 준 종목은 그리 많지 않아 보입니다.

IPO 대어하면 2022년 1월 27일 상장한 LG에너지솔루션을 빼놓을 수 없는데 우리 증시사상 가장 많은 수요예측 참여자금으로 "경"이라는 실제 사용되지 않는 단위의 금액까지 보여준 진기록을 가진 IPO였습니다. LG에너지솔루션은 LG화학의 100% 자회사로 물적분할로 탄생한 전기차 배터리회사로 LG화학 주주들에게 애증의 관계가 있는 종목입니다.

LG화학에서 물적분할을 통해 100% 자회사로 설립되어 2년만에 증시에 상장하며 10조 원대 공모자금을 받아가 전기차 배터리 분야 투자를 주주들의 돈으로 진행할 예정인데 기존 LG화학 주주들은 LG에너지솔루션의 상장에 수익보다는 LG화학의 주가폭락으로 더 큰 손해만 본 상황

LG화학 주가차트 대신증권 HTS 갈무리

이 만들어져 누굴 위한 물적분할이고 상장이냐는 비아냥이 나오게 되었습니다.

솔직히 LG에너지솔루션의 물적분할을 통한 상장으로 최대주주인 LG화학은 자기 돈 들일 필요없이 주주돈으로 LG에너지솔루션의 전기차 배터리 사업 투자금을 마련한 꼴이라 가장 큰 수혜자라고 해도 과언이 아닌데 LG에너지솔루션 상장초기에 주가마저 신통찮게 움직이면서 대선기간 물적분할에 대한 이슈화가 이뤄지기도 했습니다. 이후 물적분할을 추진하던 재벌대기업들은 기관투자자와 소액주주들의 반발로 분할계획을 철회하게 되는데 CJ ENM의 사례가 대표적일 수 있습니다

LG에너지솔루션이 물적분할을 하지 않고 인적분할을 통해 상장을 추진했다면 기존 LG화학 주주들도 LG에너지솔루션의 상장수혜를 공유할 수 있었겠지만 물적분할이 되는 바람에 LG화학 최대주주만 좋은 일이

LG에너지솔루션 주가차트 대신증권 HTS 갈무리

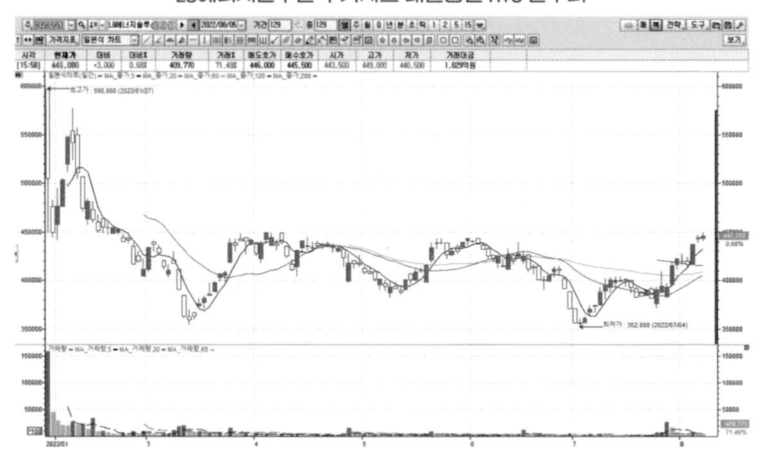

되었습니다. LG화학은 LG에너지솔루션 IPO를 통해 구주매출로 투자금 일부 회수에 성공했고 신주매출을 통해 전기차배터리 투자를 위한 재원 마련에 성공했습니다.

하지만 LG화학과 LG에너지솔루션의 주가흐름을 보면 두 회사다 IPO를 통해 10조 원대 공모자금은 손에 쥐었을지 모르지만 주주들의 신뢰를 잃어 시가총액에서 수십조 원을 날렸다는 사실을 확인할 수 있습니다.

기업공개를 통한 투자는 분명 첫눈이 내린 눈밭을 처음 걷는 기회가 될 수도 있습니다. 나만의 종목을 가질 수 있는 기회라는 사실을 명심하고, IPO 종목 공부를 꾸준히 하시길 바랍니다.

CHAPTER 9

테마주

| '공짜' 점심은 없다 |

증시에는 하루에도 몇 가지씩 테마주가 만들어집니다. 투자자들이 시장을 읽기 쉽게 하나의 카테고리에 종목들을 묶어 주는 것으로, 시장참여자들에게 지금 가장 인기 있는 산업이자 기술 또는 관심사라고 볼 수 있습니다. 실제로 이런 테마주에는 기업의 실적과 관련된 내용도 있지만 정치인 테마주와 같이 막연한 기대감으로 묻지 마 투기를 조장하는 것들도 있는데, 이런 테마주들은 다 이유가 있기 때문에 만들어진다고 볼 수 있습니다. 예전에는 증권사 애널리스트들이 이런 테마주를 양산해서 투자자들의 매매를 이끌어 냈다면 최근에는 유사투자자문사들이 하루 종일 증권방송에 나와서 테마주를 만들어 뿌려댄다고 해도 과언이 아닐 정도로 새로운 테마주들을 쏟아내고 있습니다.

앞에서도 잠깐 설명했지만 유사투자자문사들은 투자 권유 행위만 할 수 있으며 투자행위 자체를 대행할 수 없는 사업형태를 갖고 있습니다. 단순 정보 전달자이기 때문에 자극적인 내용으로 투자 정보를 전달하고 시쳇말로 막 던진다는 느낌이 들 정도로 무책임하게 방송하는 경우도 많이 봐 왔습니다. 증권방송이 실시간 생방송으로 진행되다 보니 흥분해서 말실수를 하는 경우도 있겠지만 그보다는 사전에 특정 종목을 띄우기 위해 계산된 발언으로 테마주를 만든 경우가 더 많다고 느껴지기는 합니다. 산업에 대한 이해와 기술적 특이성 등을 이해하지 못하고 증권사 HTS에 나와 있는 기업 정보 정도를 보고 테마주를 만들어 내다 보니 황당한 결과를 가져오는 경우도 비일비재한 것 같습니다.

이런 테마주들 중에서 실적과 연결될 수 있는 테마주들은 생명력을 오래 갖고 있어 장기간 우상향 차트를 만드는 진짜 좋은 투자 기회를 제공하는 것도 있지만, 대부분은 반짝하는 급등주로 끝나는 경우가 더 많습니다. 테마주라고 증권방송과 언론을 통해 알려졌을 때는 이미 나보다 싸게 산 사람들이 우글거리는 상투에 뛰어드는 것으로 매수자보다는 매도자를 위한 경우가 많은 보도이자 방송이기 때문입니다. 여기다가 테마주가 만들어진 근거가 황당해 도저히 실적과 연결되기 어려운 부분이 많아서 그저 매수자를 끌어들여 상투에 매수하게 만들려는 목적으로 만들어진 테마주들도 있기 때문에 주의해야 합니다. 특히 온라인에서 떠도는 소문이나 글들은 친절하게 종목을 분석해 주고 목표가도 제시해 주지만 "공짜 점심"은 없다고 결국 그 글을 읽고 뒤늦게 뛰어들어 상투에 물려주는 자신이 대가를 지불하는 것임을 알아야 합니다.

대표적으로 전기전자와 자동차, 철강, 조선, 해운주 같은 일반적으로 우리가 아는 산업 분류의 테마주들은 산업에 대한 분석과 수혜주를 합리적으로 분석하여 주가 상승의 근거를 나름대로 갖고 있는 것으로 이런 식의 테마주는 주로 증권사 애널리스트들이 많이 내놓고 있습니다.

그런데 앞에서도 설명했지만 증권사에서 투자자들을 위해 무료로 배포하는 이런 보고서는 목표가도 그렇고 현 주가와 비교해 그리 차이가 나지 않아 먹을 게 별로 없어 보이기도 하고, 황당하게 목표가를 높여 잡을 경우도 주가가 상당히 상승한 후에 매수를 추천하는 보고서라 과연 이 가격에 들어가 먹을 게 있을까 생각되는 경우도 많은 것 같습니다. 이런 보고서들은 대부분 매수자가 아니라 매도자를 위해 만들어진 것이라 생각하면 맞을 겁니다. 현행 공정공시에서 보고서를 다른 기관투자자에게 사전에 제공한 적이 없다고 이력을 소개하고 있지만, 대부분 증권사 법인영업에서 애널리스트들을 데리고 가 펀드매니저들 앞에서 직접 사전 브리핑을 하고 주문을 따내는 경우가 많습니다. 이렇게 매수가 된 지분을 고가에 매도할 때 이를 받아줄 개인투자자들을 불러 모으기 위해 높은 목표가의 보고서를 내놓게 됩니다. 법인영업에서는 펀드매니저의 매도 주문을 받아 개인투자자들이 뛰어드는 높은 주가에 차익실현을 하는 것으로, 결국 보고서를 이용한 대가를 투자자 스스로가 지불하고 있었던 것이라 할 수 있습니다.

증권사 애널리스트들의 보고서는 주니어급 애널리스트의 코스닥 분석보고서가 나름 사업의 내용이나 시장에 대해 성실하게 조사해 투자 자료로는 제일 좋지 않나 생각합니다. 다만 여기에는 목표가가 제시되어 있지 않는 경우가 많아 단순 정보 전달로 가장 좋다는 생각이 듭니다.

| 메타버스 테마주 |

증권사 보고서 중에 최근 유행하는 "메타버스" 같은 테마주를 만드는 보고서는 아직 수익성이 의문시되는 기술을 “메타버스”라는 그럴듯한 이름으로 포장해 투자자들을 현혹하고 있습니다. 메타버스는 가상을 의미하는 메타Meta와 현실 세계를 의미하는 유니버스Universe의 합성어로 증강현실AR과 가상현실VR 기반의 모든 가상세계를 통칭하는 것으로 제페토와 로블록스 등이 대표적입니다.

코로나19 위기에 기업들이 비대면 영업을 진행하면서 기존 오프라인 매장에 지불하던 판매수수료 같은 비용을 줄이고 회사가 직접 소비자에게 판매할 수 있는 판매 채널에 “메타버스” 기술이 활용되고 있습니다. 기업들은 관심이 많지만 아직 소비자의 선택은 MZ세대와 같은 스마트폰에 익숙한 젊은 세대에 제한적으로 이뤄지고 있어 진짜 소비 여력을 갖고 있는 중장년 소비자들에게는 접근이 쉽지 않은 기술이라 불확실성이 큰 상황이라 할 수 있습니다.

메타버스 기술이 그나마 수익성을 갖추고 있는 것은 엔터 분야의 비대면 공연인데, 실제 오프라인 공연을 못 하고 있는 상황에서 대안으로 아이돌 스타의 공연을 즐기기 위한 방법으로 제시된 수준이지, 실제로 오프라인 공연이 이뤄질 경우 메타버스 기술을 통한 온라인 공연은 경쟁력이 떨어질 수밖에 없어 대안적 기술에 불과해 보입니다.

예전 일본 도쿄에 출장을 가서 전자상가인 아키하바라에 갔을 때 유명한 일본 포르노 업체가 직접 운영하는 가상현실 포르노 체험방을 본 적이 있는데 VR기기를 이용해 포르노를 감상하며 실제 여성과 SEX를 하는 가상체험을 할 수 있게 만들어 놓은 것을 보고 역시나 시청각 기술에서는 포르노 산업이 유료화에 앞서 있구나 하는 생각이 들었습니다.

마크 저커버그는 페이스북을 메타버스 기업으로 전환할 것이라고 선언하고는 실제로 기업명마저 '메타META'로 변경했습니다. 그런데 그 이면을 들여다보면, 내부고발자가 언론에 내부 SNS 보고서를 폭로하여 페이스북이 광고 수익을 위해 미국 사회의 혐오와 증오 확산에 방관자적 태도를 취했다는 비난에 직면하자 사명을 "페이스북"에서 "메타META"로 변경한다고 발표한 간판갈이일 수도 있습니다. 그 과정에서 사이트명을 구입하기 위해 한국인 이민 1.5세대에게 수백억 원을 지불하여 아메리칸 드림을 이루게 한 일화도 있었습니다. 어찌되었든 메타는 VR 제품을 개발하는 오큘러스 인수에 20억 달러를 투입하는 등 메타버스 관련 기술에 집중 투자를 하고 있고 또 VR 기술로 이상적인 일터를 만드는 '인피니트 오피스'도 개발 중입니다.

하지만 메타는 2022년 3분기 부진한 실적을 공개하면서 1만여 명의 직

메타플랫폼스 주가차트 대신증권 HTS 갈무리

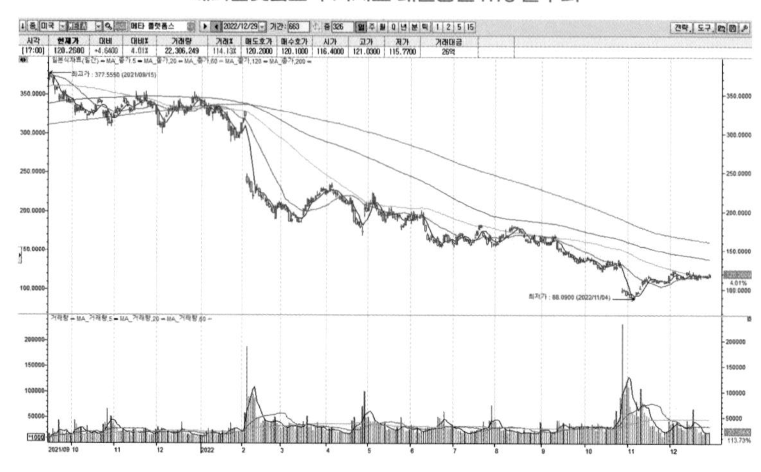

원을 해고했는데 메타버스에 대한 과도한 투자가 수익과 연결되지 않아 발생한 비극으로 주가도 폭락세를 나타냈습니다.

메타버스 기술은 영화와 공연예술 분야에 가장 활발하게 사용되고 있는데, 투자자들은 과연 돈이 되는 기술인지를 먼저 생각하고 테마주의 관련성을 따져본 후에 투자 결정을 내려야 합니다. 2021년은 메타버스 관련주들이 핫하게 시작한 해로 기록될 텐데 맥스트와 자이언트스텝은 "메타버스" 바람을 타고 주가 급등이 나타나 투자자들을 흥분시키기에 충분했습니다.

아래 표에서 신규 종목인 맥스트와 자이언트스텝의 수익률이 상장 초기에 급등하고 이후 주가가 흘러내린 것을 숫자로 확인할 수 있는데 상장 초기에 의무보호예수 기간이 있어 유통주식 수가 적은 품절주와 같은 현상이 나타나기 때문에 벌어진 것으로 메타버스 테마 바람만의 영향은 아니라고 할 수 있습니다.

그럼에도 선익시스템과 위지윅스튜디오에서 확인할 수 있듯이 메타

주요 메타버스 테마주　　※수익률은 8월 2일 종가 기준

기업	메타버스 관련성	연초이후 수익률
네이버	메타버스 플랫폼 '제페토' 운영	47.9%
맥스트	메타버스 플랫폼 사업 추진	58.2%
자이언트스텝	메타버스 핵심인 AR·VR 콘텐츠 제작	176.2%
선익시스템	메타버스 구현 장비 납품	234.8%
하이브	메타버스 확장 가능한 팬덤 플랫폼 '위버스' 운영	86.3%
위지윅스튜디오	사업 목적에 메타버스 추가	162.5%

이코노미스트 2021년 8월 3일자 기사, 강민혜 기자

버스 기술 구현을 위한 하드웨어와 영화, 게임 같은 엔터 분야에 메타버스 기술이 사용되고 있음을 알 수 있습니다.

맥스트의 경우 아직 적자를 기록하고 있는데, 시장에서 자금을 조달하지 못하면 계속 기업가치를 갖지 못하는 회사입니다. 자이언트스텝도 적자를 지속하고 있는 상황은 매한가지로 언제 흑자기업으로 전환될지도

맥스트 자이언트스탭 주가차트 대신증권 HTS 갈무리

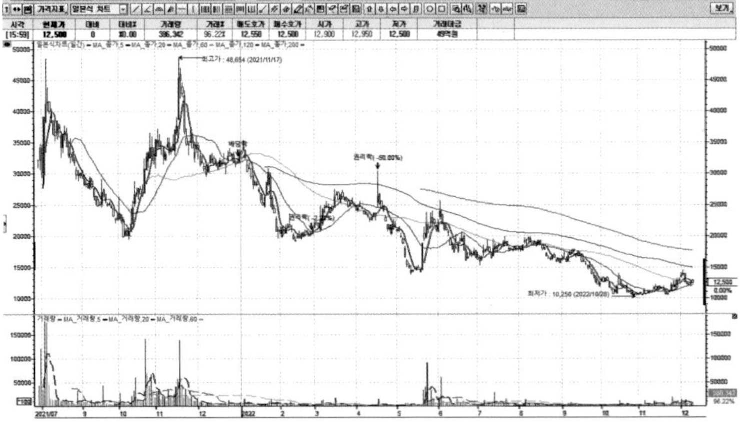

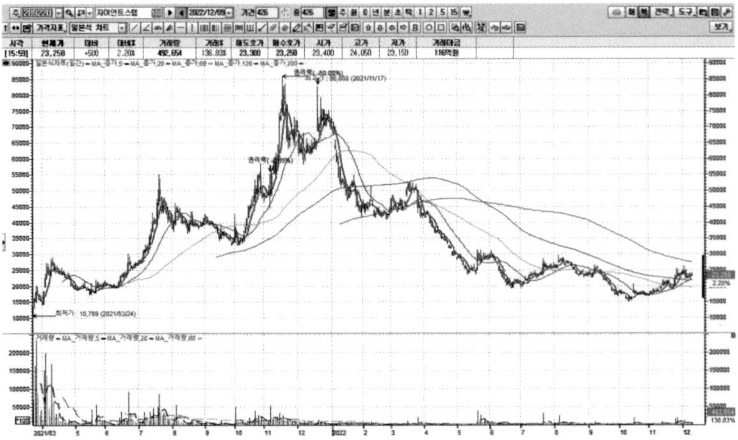

의문인 상황입니다. 우리나라 자본시장의 규모가 커지고 다양한 투자 기회를 투자자들에게 제공할 만큼 여유가 있었기에 상장할 수 있었던 기업들이라는 사실을 기억해야 할 것입니다.

시장참여자인 투자자들은 벤처캐피탈 같은 스타트업과 중소벤처기업 육성을 위해 투자하는 것이 아니라 기업의 성장 과실을 함께하며 기업가치가 증가한 부분을 수익으로 가지기 위해 투자합니다. 수백억 원의 공모자금을 몰아주며 상장을 가능케 한 투자자들에게 이제는 적자가 아니라 흑자의 모습으로 독자생존이 가능한 회사라는 걸 증명해 내야 합니다.

주가가 테마주 바람을 타고 단기에 급등할 수는 있어도 이를 실적으로 뒷받침하지 못하면 그 주가는 반드시 처음 출발한 가격으로 되돌아온다는 것은 자본시장의 오랜 역사 속에서 증명된 사실입니다. 기대감만으로 주식을 사주는 투자자들의 인내심이 점점 더 짧아지고 있다는 사실은 테마주 바람을 타고 급등한 종목들에서 쉽게 확인할 수 있습니다.

테마주의 롤러코스터 주가는, 테마주 바람이 강하게 불 때 그 종목이 뭘 만들어 판매해 수익을 내는 기업인지 묻지도 따지지도 않고 묻지마 매수 주문을 내던 투자자들이 뒤늦게 이성을 되찾고 자신이 적자투성이 기업의 주주가 되었다는 사실에 다시 묻지마 매도를 하기 때문에 나타난 현상입니다.

| 국산 방위산업 테마주 |

국산 방위산업 테마주들도 2022년 연초 문재인 대통령의 중동순방 결과, 내수중심의 산업에서 수출산업으로 성장하는 계기가 되었습니다. 자주

국방을 위해 필요한 국산무기개발이 이제는 미국과 러시아 같은 전통의 무기수출국과 경쟁할 만큼 기술적 완성도를 성숙시키고 있고 아랍에미리트UAE에 천궁IIKM-SAMII 미사일을 40억 달러 규모로 수출해 관련기업들인 LIG넥스원의 실적이 꾸준히 개선되는 모습을 보여주었습니다.

여기다 한국항공우주산업KAI의 국산 전투기들과 현대로템의 K2흑표 전차의 폴란드 수출 성공은 국산무기의 수출산업화 가능성을 확인시켜 주고 있습니다. 동유럽은 러시아의 우크라이나 침공으로 옛 소련 무기들을 우크라이나에 제공하여 전력 공백이 발생한 상황으로 미국산 무기와 서방무기로 대체하고 있어 가격과 성능에서 앞서 있는 우리나라 무기의 주요 수출시장이 되고 있습니다. 국산 무기의 수출증가는 방위산업의 수출산업으로 성장을 보여준 사례이지만 또 다른 한편으로 윤석열 정부의 출범은 미국산 무기수입을 증가시키고 국산무기 개발과 생산에 어두운 그림자를 드리우는 악재가 되고 있습니다. 한국항공우주산업의 사장 교체는 정부가 경영권에 영향력을 행사하는 공기업의 한계를 드러내고 있는 것으로, FA-50 경공격기 수출과 KF-21보라매전투기 개발 성공 등 경영에서 성과를 내고 있는 경영진의 교체는 불확실성을 키우는 요인으로 작용하고 있어 한국항공우주산업 주가 상승의 발목을 잡는 악재가 되고 있습니다.

과거 국민의힘 집권기인 이명박 정부와 박근혜 정부 시절은 미국산 무기를 주로 수입하는 국가 이름에 우리나라가 선두권을 달리던 때로 현재 윤석열 정부에서도 국산무기 개발보다 미국산 무기수입에 국방비를 더 투자할 것으로 예상되고 있는데 벌써 조기 퇴역키로 한 F-4팬텀과 F-5 제공호를 대체할 전력으로 한국항공우주산업의 FA-50 경공격기가 아니라 미국 F-35 스텔스 전투기 20대를 더 들여오겠다고 해서 논란이 나오고 있습니다. 미국산 F-35 스텔스 전투기는 생산 단가와 부품단가가 계속 오르고 있고 생산기간도 계속 늘어지고 있어 조기퇴역하는 F-4와 F-5를 대체하기에 부적하다는 평가를 받고 있습니다. 오히려 FA-50 경공격기를 추가 생산하는 것이 비용과 가격 면에서 더 합리적인데도 윤석열 정부에서 미국산 무기를 고집하고 있어 벌써부터 국산무기를 경시한다는 비판이 나오고 있습니다.

미국산 무기 구입은 미국 군산복합체의 일자리를 늘려주고 귀중한 국방비를 미국으로 송금하는 결과가 되지만 국산 무기 구입은 우리나라 일자리를 늘릴 뿐 아니라 자주국방에도 도움이 되며 사후 유지보수에도 더 경쟁력이 있습니다. 하지만 윤석열 정부는 미국산 무기 구입에 더 적극적인 모습인데, 이에 따라 국산 방위산업주에게는 불확실성이 존재하고 있고 내수시장에 뒷받침이 되지 못하는 방위산업은 이제 걸음마 단계인 수출만으로 계속 기업가치를 갖기 어렵기 때문입니다. 국산 방위산업주들도 매분기 실적변동을 확인하며 투자여부를 결정할 필요가 있습니다.

| 테마주매매도 장기적인 안목으로 |

테마주는 시장참여자들의 매매 편의를 위해 만든 개념으로 일반적인 산업 분류와는 차이를 보이는 것인데 증시에는 매일매일 새로운 테마가 만들어지고 기존에 있던 테마주들이 사라지는 일들이 반복되고 있습니다. 테마라는 것이 투자자들이 기억하기 쉽고 매매의 편리성만을 위한 것이지 실제 수익과는 무관한 것들이 많습니다.

이런 테마주들이 자체적으로 분화하고 발전하고 있다는 것은 같은 테마주 안에서도 종목별 분화가 이뤄지고 차별화를 이루고 있다는 점에서 확인할 수 있습니다. 막연히 어떤 기술을 갖고 있고 어떤 시장에 속해 있다는 이유만으로 인기 있는 테마에 편승하려는 종목들도 많은데 주가를 띄울 필요가 있을 때 이런 현상이 두드러지게 나타납니다.

예전 2000년 닷컴버블 때는 일반 텐트를 만들던 업체도 인터넷사업을 하는 스타트업에 몇 억 투자하고 회사명을 영어로 그럴듯하게 바꿔 닷컴 회사인 양 행세하던 때가 있었습니다. 최근에는 A&D(인수 후 개발)라고 일반 제조업체를 인수해 시장에서 인기 있는 바이오신약 개발 회사로 둔갑시키는 경우도 많은데 이런 황당한 짓도 언론들이 보도자료를 받아 열심히 뿌려주면 어느덧 그런 제조업체가 바이오신약 개발사로 둔갑되는 마술 같은 일을 경험하게 됩니다. 이렇게 M&A가 이뤄지고 신규사업으로 요즘 시장 내 인기 있는 테마로 둔갑하는 회사들은 대부분 머니게임의 일환으로 이뤄지는 경우가 많기 때문에 주가 상승이 나타나더라도 끝은 그리 좋지 않은 경우가 많습니다.

실제로 사업을 하는 것이 아니라, 하는 시늉만 해서 주가를 끌어올린 후 먹튀를 하려는 목적 때문입니다. 이렇게 주가가 올라 큰 시세차익을 거두면 그 돈으로 상장을 유지할 수 있기 때문에 이런 유혹에 상장사들이 넘어가는 경우가 많은데, 주가 올리기에 실패할 경우 짧은 생명력을 마무리하고 상장폐지 실질심사 대상에 이름을 올리게 되는 경우가 다반사입니다.

대표적으로 신약개발이라는 것이 한 우물만 몇십 년을 파도 성공하지 못하고 마지막 임상 3상에서 좌절하는 헬릭스미스나 크리스탈지노믹스 같은 회사들도 있는데, 하루아침에 간판 갈이를 한 회사가 바이오 연구하는 장외기업을 인수하거나 투자해 금세 대단한 신약을 개발할 수 있다는 것은 헛된 기대감이자 망상이라고밖에 생각되지 않습니다.

대학에서 연구에 전념하고 있는 교수나 박사님들과 프로젝트를 같이 하다 보면 이들 스스로가 자신의 연구성과가 갖고 있는 사업적 의미를 잘 알고 있기 때문에 당장 얼마 안 되는 푼돈에 이름도 생소한 코스닥회사 관련 스타트업과 벤처기업에 자신의 연구성과물을 매각할 때는 코스닥회사가 연구를 사업적으로 성공시킨다기보다는 연구개발비를 조달하기 위한 방편일 수 있습니다.

즉 코스닥기업에 인수된 실험실 창업 벤처기업이나 스타트업의 특허는 개발자인 박사나 교수가 개인적으로 갖고 있는 특허일 수 있어 법인은 껍데기에 불과한 경우가 있고, 코스닥기업이 자금력이 떨어져 잘못되어도 관련 특허를 갖고 박사와 교수들은 다른 벤처기업을 새로 만들거나 대학연구소에서 연구를 이어갈 수 있습니다.

이처럼 시장 내 인기 테마에 영합한 사명 변경과 신규사업 진출은 대부분 시장 내 자금 조달이 목적인 경우가 대부분이고 이를 통해 주가를 띄우려는 의도를 갖고 있습니다. 이런 종목은 나중에 기업사냥꾼들의 무자본 M&A였던 경우로 드러나거나, 허위 공시와 가짜뉴스 같은 머니게임의 일환이라는 것이 드러나서야 투자자들이 속았다는 것을 깨닫는 경우가 비일비재합니다.

테마주 매매는 사업의 실체를 따져서 신규사업 성공에 대한 합리적인 근거가 있을 때 접근하는 장기적인 안목의 투자가 되어야 합니다.

75%
100%
0254.32%
6586.35%
3689.09%
1289.54%
TH
ETING
4569.48%
5623.89%

CHAPTER 10

작전주

| 최대주주 지분이 높은 품절주 |

작전주를 정의하는 것은 예전엔 쉬웠지만 요즘은 투자자 보호가 강화되면서 투자자들에게 인위적으로 손해를 입히는 불공정 투자 행위 전반을 작전주로 보는 견해가 우세한 것 같습니다. 작전주가 발생하는 이유는 정보의 비대칭성에 대해 투자자들이 여전히 맹신을 갖고 있기 때문입니다. 공정공시가 없던 오랜 시간 동안 경험에 의해 학습된 투자자들이 막연한 기대감을 가지면서 작전주가 계속 등장하게 되었습니다. 실적과 배당을 보고 투자하는 일반적인 기업들과 달리 주가 급등만을 보고 뛰어드는 성급한 단기투자자들이 결국 작전주의 희생물이 되고 있는데, 이런 투자자들은 자신이 작전주의 희생양이 되었다는 사실조차 깨닫지 못하는 경우가 많습니다.

작전주의 대상이 되는 종목들은 기본적으로 최대주주 지분이 높은 품절주나 아예 최대주주 지분이 10% 미만으로 주인이 누구인지 분간할 수 없는 종목에서 많이 일어납니다. 최대주주 지분이 높은 품절주의 경우 주가조작을 통해 주가가 오른 만큼 최대주주의 주식담보대출 여력이 증가합니다. 즉 최대주주 지분을 유동화하지 않아도 자금 여유가 늘어나고 이런 자금들이 또 주가조작에 동원되는 시드머니가 되는 경우가 있습니다. 품절주는 유통 가능 주식 수가 적기 때문에 적은 자금으로 주가를 날려버리기 쉬워 쉽게 작전의 유혹에 넘어가는 것 같습니다.

이런 종목은 최대주주가 주가가 올랐을 때 주식을 시장에 내다 팔지 않는다면 이론상 주가를 단기간에 몇 배나 끌어올릴 수 있는 것으로, 최대주주가 끼고 작전을 하는 경우에는 금세 스타주가 되곤 합니다. 하지만 최대주주가 끼지 않고 적은 자금으로 이런 장난을 하는 경우 주가가 올랐을 때 최대주주 쪽에서 주식을 매각해 주가 급락이 나타나곤 합니다. 품절주는 철저하게 수급에 의해 움직이기 때문에 실적이나 미래 성장성 등은 감안할 것이 못 된다는 것을 기억해야 합니다. 돈만 있다면 누구나가 품절주를 갖고 주작 조작을 할 수 있는데 이런 경우 작전주인지 밝혀내기 어려운 측면이 있습니다.

품절주의 대표적인 사례인 우선주들은 보통주와 달리 의결권은 없지만 배당에서 우선권을 갖고 있어 대부분 오너 일가들이 보유하고 있는 경우가 많은데, 상장 수식 수가 적기 때문에 하루 거래량도 미미하고 존재 자체가 안 보이는 주식이기도 합니다. 하지만 2020년 들어서 코로나19 위기로 시장 자체가 침체되며 불안감을 보일 때 우선주들은 랠리성 주가 급등을 보여 2020년 6월 10일 거래소 시장에서 총 10개 종목 상한가 중에 8개 종목을 우선주가 차지하는 기현상이 발생하기도 했습니다.

당시 미국 수소 트럭 니콜라 나스닥 상장 여파로 한화우와 한화솔루션우는 그나마 재료라도 있었고 일양약품우와 JW중외제약우는 코로나19

치료제 개발이라는 재료가 있었지만 나머지 종목들은 우선주 랠리 바람을 타고 동반 급등한 것들이라 할 만큼, 이유 없이 상한가를 기록했습니다.

우선주 주가 급등은 작전세력이 유통주식을 거의 다 사들여 주가를 끌어올린 것으로 장대양봉을 보고 뒤늦게 뛰어든 개인투자자들의 추격매수가 상한가 매수잔량으로 쌓이면 여기에 대량매물을 던져 차익실현하는 전략을 사용합니다. 상한가에 매수된 물량은 고스란히 상투물림 되기 때문에 이후 손절매를 치고 싶어도 매수호가에 매수잔량이 없어 큰 손해를 보고 팔 수밖에 없습니다.

앞에서 설명했듯이 상투에 물려버린 투자자들은 손절매를 치고 싶어도 매수 호가에 수량이 많지 않아 계속 아래 호가로 손절매를 칠 수밖에 없어 주가가 흘러내리게 되는데, 결국 처음 출발한 가격보다 더 떨어지는 경우가 대부분입니다. 작전세력은 이전 상한가에 차익실현하고 주가가 충분히 흘러내릴 때까지 기다렸다가 또 야금야금 주식을 사들여 한방에 상한가로 장대양봉을 만들곤 하는데 이런 식으로 계속 개인투자자들을 유인하는 개미지옥을 만들곤 합니다. 그렇기에 우선주 같은 경우 주가가 급등할 때 먹고 빠지겠다는 단순한 생각에 뛰어들지 말아야 합니다. 호가당 거래량도 적어서 매수 수량을 잡은 만큼 차익실현 하기도 어렵기 때문에 개인투자자들의 투자 대상으로는 적절하지 않은 종목입니다.

다만 고배당주의 경우 연말 짧은 시간 보유해 배당을 받고 넘어가는 배당주 투자로는 유효할 수 있는데 최근에는 지주회사가 많아지면서 최대주주들을 위해 고배당을 실시하는 종목들이 많아져 우선주도 잘 선택하면 배당소득에서 꽤 큰 수익을 노릴 수 있습니다.

| 최대주주 지분 10% 미만 종목 |

최대주주 지분이 10% 미만인 종목은 사전에 저가일 때 주식을 사들여 유통 가능 주식 수를 줄여 놓고 주가를 끌어올리는 경우가 다반사입니다. 경영권 양수도가 이뤄지는 경우 이런 작전이 가능한데 미리 유통 가능 주식을 차명계좌로 쓸어 담아 놓고 이후 경영권 양수도를 발표하여 주가를 급등시키고 이를 보고 따라붙은 개인투자자들에게 급등한 주가에서 주식을 매도하여 M&A 잔금 치를 돈을 마련하는 수법입니다. 간혹 시장에서 M&A가 공시된 이후 잔금을 치르지 못해 딜이 깨지는 경우는 대부분 주가가 충분히 올라주지 않아 잔금 마련에 실패했기 때문입니다. 최근 사채업자가 낀 무자본 M&A에 대해 금융당국의 감시가 심해져 이런 방식으로 M&A 자금을 마련하는 경우가 많아진 것 같습니다.

특히 이런 주가 작전에 예전에는 언론사 기자들을 가담시켜 호재성 재료를 시장에 알렸지만 이제는 온라인 증권토론방, SNS나 블로그, 카카오톡 메신저 등을 통해 허위성 가짜 뉴스와 왜곡 보도가 유통되며 개인투자자들을 사지에 몰아넣는 경우가 많아진 것 같습니다.

2017년 11월 10일 한국거래소가 공개한 "17년도 부정거래 종목의 사이버상 주요 특징 등 분석" 보고서에 따르면, 온라인에서 유포되는 가짜 뉴스들로 인해 주가 급등락이 나타나고 있음을 확인할 수 있습니다. 시장감시당국도 모니터링을 하며 시장에 경고하고 있지만 온라인상에서 치고 빠지기 식으로 유포되고 사라지기 때문에 가짜 뉴스들의 실시간 모니

한국거래소 17년도 부정거래 종목의 사이버상 주요 특징 등 분석 1,
2017년 11월 10일 보고서

□ **(사이버상 특징) 사이버 게시물수 · 조회수**는 부정거래 혐의종목의 **주가 급등락 개시 시점**에 **동반 급증**

○ 이는, 허위·과장성 정보 생성·유포를 통한 인위적 주가견인 목적으로 **각종 사이버 매체**(증권게시판, 블로그, SNS, 문자메시지 등)를 **적극 활용**한데 따른 **사이버 투자심리 급변이 主원인**

○ **협의기간 이후 약 1개월간 사이버 투자심리는 유지**되나, 협의기간 **이후 2개월부터 사이버 투자심리 급격히 위축**

【 부정거래혐의 대상기간별 일평균 게시물수 및 조회수 】

구 분	혐의기간前 1개월	혐의기간	혐의기간後 1개월	혐의기간後 2개월	혐의기간後 3개월
게시물수	68건	**374건**	370건	288건	243건
조회수	6,780건	**43,954건**	45,340건	28,660건	9,705건

터링에는 한계가 있습니다.

부정거래는 금전이나 기타 재산상의 이득을 취득할 목적으로 부정한 수단·기교 등의 사용, 중요사항에 대해 허위 표시 또는 누락, 풍문의 유포, 위계의 사용 등 일련의 행위로 정의되어 있는데, 혐의 기간은 180일로 관련 내용이 유포되는 기간을 뜻합니다.

보고서에서 밝히고 있듯이 사이버상에 유포되는 게시글들 속에는 '급등, 상한, 상승, 과열, 매수, 매집' 등과 같은 확인되지 않은 사실이 적시되어 있으며, 투자자로 하여금 주가 작전에 급등하고 있는 종목의 추격매수를 하도록 부추기게 됩니다. 개인투자자들이 따라붙어 줘야 거래량도 늘릴 수 있고 결국엔 주가 고점에서 작전 세력이 주가 차익을 볼 수 있기 때문입니다. 사이버상에 거론되는 종목들 중에 공짜점심은 없다는 사실을

한국거래소 17년도 부정거래 종목의 사이버상 주요 특징 등 분석 2,
2017년 11월 10일 보고서 발췌

○ **부정거래 초기 자주 등장하는 단어는 '급등·상한·상승·과열', '매수·매집'** 이며, 부정거래가 **본격적으로 진행되는 혐의기간 중에는 '세력·주포', 혐의기간 이후에는 '급락·폭락·하한'** 등의 언급량 증가

> * 例) 오늘 같은날 **분할매수** 등 **추가 매집 적기**로 보여지니 여유자금 있으면 **무조건 추매홀딩** 의견 내봅니다. **급등예상**.
> 주주여러분 **초급등** 방향 정해졌지요. 오늘은 **세력들 추가물량 확보** 하네요. **호가창** 확인했습니다.

○ 특징적 단어 포함 게시글의 전반적 논조는 **주가 상승 시기**에는 **긍정적**, **주가 하락 시기**에는 **부정적** 논조 증가

> * 例) **(긍정적)** 무지 **부럽습니다**. 공시고 챠트고 루머고 간에 주식수가 주포가 가지고 놀기 안성맞춤이라 **당분간 계속 고고씽**할 패턴. **대박 축하**드립니다.
> **(부정적)** 딱보면 모르겠냐 호가 보면 초보도 알겠다. **고가에 다팔아먹고 털고** 있는거네. 다음주도 긴 **장대음봉** 하나 더 나올거다.

인지해야 하지만 대부분의 투자자들은 빨간색 주가 급등을 보면 흥분해 이를 간과하고 추격매수에 나섰다가 상투를 잡는 경우가 다반사입니다.

이런 종류의 주가조작은 최근에 유행하는 것으로 증권사 HTS를 통해 혼자 매매하는 투자자들이 늘어나면서 객관성을 상실하고 눈에 보이는 주가 움직임에 현혹되어 묻지마 투기 세력화가 되기 때문입니다. 개인투자자들을 이용한 주가 작전은 애교 수준이라고 할 수 있는데 시장에서 진짜 작전은 대규모 자금이 들어가기 때문에 냉혹하고 살벌해 진검승부처럼 보일 때도 많습니다. 결국은 정보의 비대칭성에 매몰되어 있는 개인투자자들이 희생양이 되는 게임인데, 개인투자자들의 막연한 기대감이 스스로를 사지로 몰아넣는 결과를 가져온 것입니다. 그렇다고 투자자 책임론으로 투자 결정을 내린 투자자의 책임으로만 볼 수는 없는데,

주가조작은 분명 범죄 행위이고 이를 통해 손해를 본 투자자들은 구제의 대상이 되어야 합니다.

| 작전세력의 실체와 사례 |

금융감독당국이 보고 있는 작전주에 대한 관점과 실제 주가조작을 통해 수익을 챙기고 선량한 투자자들에게 피해를 입히는 나쁜 놈들의 세상에서 보는 관점은 조금 다를 수 있습니다.

작전세력은 일반적으로 "설계자, 전주錢主, 바지사장, 기술자" 등으로 분업화돼 있습니다.

작전의 전체 시나리오를 담당하는 "설계자"는 작전의 대상이 되는 부실한 상장사를 선택하고 이 회사 주식을 어떤 가격에 매수하고 얼마에 매도하여 차익을 챙기는지까지 전체적인 시나리오를 수립하게 됩니다. 최근에는 부실기업과 비상장 우량회사와의 인수·합병M&A 호재를 사전에 입수, 인수자·매도자와 결탁해 진행하는 경우가 많은데 "설계자"는 기업은 물론 M&A와 주식 흐름 등을 잘 파악하고 있어야 하는 만큼 금융전문가나 기업 재무담당자, 사채업자 출신이 많은 편입니다.

작전 세력이 주식시장에서 군림하기 위해서는 막대한 자금이 필요한데, 대개 한 번의 작전에 60억~100억 원 정도의 자금이 들어갑니다. "전주"는 말 그대로 작전의 밑천인 자금을 담당하는데, 주로 해당 기업의 대주주 또는 사채업자, 고액 자산가 등이 맡게 됩니다.

전주들은 작전이 실패하는 경우를 포함한 어떤 경우에도 자신이 투자한 돈을 손해 보는 일이 없는데, 작전 전에 자신이 투자한 돈만큼의 담보를 받거나 조폭 등을 동원해 다른 작전 조직원에게서 반드시 돈을 받아내는 무서운 사람들이기 때문입니다.

설계자와 전주는 작전 세력의 물밑 핵심조직으로 "주포"로 불리는 반면 "바지사장"과 "기술자"는 작전의 수면 위에 노출된 사람들이라 작전이 금융감독당국에 노출될 경우 구속까지 되는 경우가 다반사입니다.

바지사장은 설계자의 계획에 따라 개인투자자들을 유인하기 위한 기업 포장 업무를 담당하는데 바로 허위 공시와 호재성 뉴스 등을 시장에 흘려 작전 기업을 그럴싸하게 만드는 역할을 합니다.

기술자(트레이딩리더)는 실제로 작전 기업의 주식을 사고팔면서 시세를 조종하는 업무를 담당하는데, 주로 전현직 증권사 영업사원이 맡게 되는데 금융당국에 작전이 적발될 경우 거래 내역 조회 등을 통해 바지사장과 함께 쇠고랑을 차는 경우가 많습니다.

이렇게 분업화되어 있어 외부로 노출되었을 때 실제 작전을 실행하는 바지사장과 기술자들은 쉽게 잡아넣을 수 있지만 그 뒤에 감춰진 전주와 설계자는 대부분 법의 처벌을 받지 않고 미꾸라지처럼 빠져나가는 경우가 다반사라서 이들이 계속 주식시장에서 주가조작을 일삼으며 작전을 반복하곤 합니다.

전주들이나 설계자를 다른 이름으로 "기업사냥꾼"이라고 부르기도 하는데 몇몇 유명한 기업사냥꾼들은 구속이 된 상태에서도 병보석으로 나와 병원에 누워 주가조작을 일삼아 논란이 되기도 했습니다.

최근에는 유사투자자문사인 증권리딩방을 통한 주가조작이 빈번하게 이뤄지고 있는데 스마트폰 문자를 통해 개인투자자들의 관심을 유도해

증권선물위원회 2021년 2분기 증선위 주요 제재 사례, 2021년 7월 29일

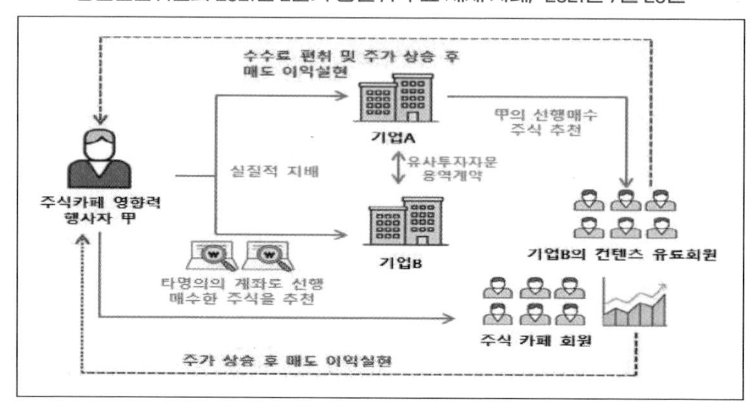

주가조작의 총알받이로 내모는 경우입니다. 예전에는 정보의 비대칭성을 이용해 선행매매를 통해 불공정매매 행위를 벌였다면 최근에는 없는 정보도 가짜 뉴스를 만들어 유포하는 지경에 이르렀습니다. 온라인 언론사라는 신매체가 정보 유통 속도를 빠르게 만든 것인데 유사투자자문이 운영하는 증권리딩방과 증권카페 등을 통해 가짜 뉴스를 유통해 추종매수를 만들어내기까지 하고 있습니다.

증권선물위원회에서 2021년 7월 29일 공개한 주요 불공정거래행위에 대한 사례 중 4번째 항목은 최근 유행하고 있는 유사투자자문을 이용한 주가조작 사건입니다.

| 동진쎄미켐 가짜뉴스를 이용한 주가작전 |

2021년 10월 1일 있었던 "동진쎄미켐"의 주가 급등락 사건은 이와 유사하게 주가가 움직인 배경을 가진 사례로 증권감독 당국의 조사가 필요해

보이는 사건이라 할 수 있습니다.

아래 차트는 동진쎄미켐의 10월 1일 분 단위 주가차트인데 오전 중에 완만히 움직이던 주가가 오전장 말미인 10시 40분경부터 거래량이 유입되면서 우상향하더니 오후장 들어서는 장 종료 한 시간여를 남겨두고 거래량이 폭발하며 주가가 급등해 상한가인 40,850원을 찍고 흘러내려 장 종료 시 32,400원까지 하락하는 롤러코스터 장세를 연출하였습니다.

이런 주가 급등락은 일반적이지 않은데, 삼성전자 이재용 부회장이 동진쎄미켐을 인수하라는 지시를 내렸다는 단신 속보가 시장 내 유포되었기 때문입니다. 가짜 뉴스는 온라인 매체가 사용하는 가짜 뉴스 생성기로 누구나 쉽게 만들 수 있는데, 기존 온라인 매체의 형식과 유사하게 만들어 마치 인터넷 언론사의 진짜 뉴스인 양 시장에 유포되었습니다.

실제 스마트폰에는 뉴스 속보와 단독이라는 제목만 노출되고 클릭해 들어가 보기 전에는 가짜 뉴스라는 사실을 확인하기 어려울 정도로 제목

동진쎄미켐 분 단위 주가차트 대신증권 HTS 갈무리

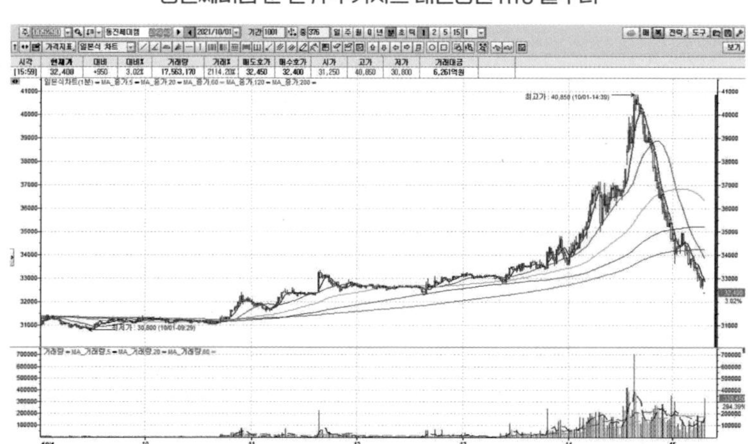

실제 시장에 유포된 가짜 뉴스

Breaking News Korea

모든 기사 > 속보

[단독] 이재용.. 동진쎄미켐 인수지시... 포토레지스터 키운다

[단독] 이재용.. 동진쎄미켐 인수지시... 포토레지스터 키운다
본문 내용이 없는 속보 기사입니다

입력 : 2021-10-01 (14:18:02) | 수정 : 2021-10-01 (14:58:46)
주소 : https://news-navedkr/330813 기사 공유

[Exclusive] Lee Jaeyong.. Order to take over Dongjin Semichem.. He's growing a photo register.
[単独] 李在鎔.. 東進セミケム買収指示... フォトレジスタを育てる
[单独]李在镕. 东进cemi chem的收购指示.. 培养光刻胶器
[Только] Ли Мён Бакён.. Директива о приобретении Dongjin Semichem.. Выращивать фоторезистеры

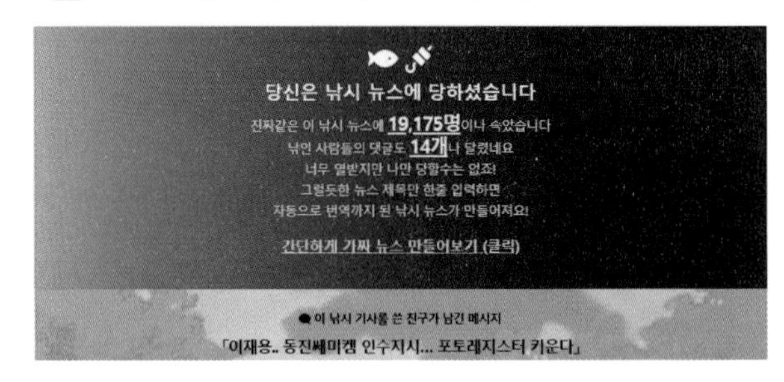

외에 내용이 없는 속보와 유사하게 만들어진 것입니다.

가짜 뉴스를 클릭해 밑에 달린 내용까지 읽은 투자자들은 속지 않았겠지만 내용이 없는 속보 단신이라는 앞글만 읽은 투자자들은 속기 십상입니다. 가짜 뉴스에 속아서 매수세가 유입된 것을 확인하기는 쉽지 않은데 주식거래가 HTS와 MTS와 같은 비대면 거래방식으로 이뤄지기 때문에 직접 주식 주문을 넣은 개인투자자들을 인터뷰해 봐야 알 수 있습니다. 분명한 사실은 상한가 근방에서 70만여 주가 거래된 것으로 이들 중 일부는 상한가에 거래되기도 한 것으로 추정됩니다.

상한가 이후 가짜 뉴스라는 사실이 시장에 다시 유포되면서 주가는 급락하기 시작하는데, 너도나도 먼저 주식을 팔기 위해 투매에 나서고 있었고 뒤늦게 가짜 뉴스를 접한 투자자들은 추격매수에 나서는 등 동진쎄미켐의 주가는 아수라장이 되어 버린 상황이었습니다. 상한가를 기록한 오후 2시 39분 이후 1분당 10만여 주씩 거래된 것은 뒤늦게 추격매수에 나선 투자자들도 많았다는 사실을 보여주고 있습니다.

아래 차트에서 확인할 수 있듯이 상한가를 친 오후 2시 39분 이후 장 종료 시간인 3시 30분까지 채 한 시간도 안 되는 시간 동안 1분당 10만여 주씩 거래되며 주가는 흘러내렸고 매수하자마자 손절매 치는 단타꾼들의 난리 부르스가 연출되었습니다.

저 가짜 뉴스가 오전장 중 증권리딩방을 통해 유포되었는데, 스마트폰 화면 아래 가짜 뉴스라는 사실이 적시되어 있어도 투자자들이 제목만 보고 이를 알아채기 어렵다는 점을 이용해 투자자들을 농락한 것으로 누군

동진쎄미켐 오후장 분 단위 주가차트 대신증권 HTS 갈무리

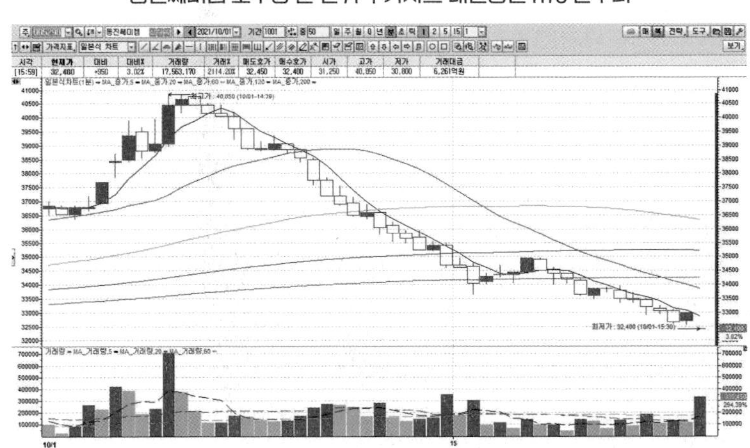

가는 이를 통해 상한가 근방에서 70만여 주를 거래시켜 단기에 큰 시세 차익을 얻은 것으로 추정됩니다.

평소 동진쎄미켐의 일일 거래량이 약 30만 주가 채 되지 않았다는 점에서 10월 1일 거래량인 1,756만여 주의 거래량은 비정상적인 거래로 볼 수 있는데 거래 대금도 6,261억 원대에 달해 주가조작을 했다면 상당한 차익을 챙겼을 것입니다.

가짜 뉴스 하나만으로는 투자자를 움직일 수 없었을 텐데, 추석 전에 거래된 기관투자자와 외국인투자자의 매매 동향을 보면 갑작스러운 기관투자자들의 대량매수가 유입되어 기대감을 갖게 하고 있다는 것을 알 수 있습니다.

추석 연휴를 전후한 시기에 국내 기관투자자와 외국인투자자들의 대량매수는 일반투자자들이 모르는 호재성 재료가 있을 수 있다는 기대감

동진쎄미켐 일별 매매추이, 대신증권 HTS

투자자별(잠정) | 투자자별종합(잠정) | 투자자별(확정) | 일별 매매추이 | 평균가 분석

005290 동진쎄미켐 누적기간 6개월 2021/04/08 ~ 2021/10/01 조회 상세 편집

날짜	종가	대비	대비율	거래량	기관		외국인	
					기간누적	일별순매매	일별순매매	지분율
2021/10/01	32,400 ▲	950	3.02%	17,563,170	-1,602,776	-394,808	-394,704	7.51%
2021/09/30	31,450		0.00%	830,725	-1,207,968	26,471	-79,672	8.47%
2021/09/29	31,450 ▼	-450	-1.41%	1,267,053	-1,234,439	-42,762	142,781	8.63%
2021/09/28	31,900 ▼	-600	-1.85%	1,127,007	-1,191,677	-25,011	77,274	8.36%
2021/09/27	32,500 ▲	1,500	4.84%	2,327,200	-1,166,666	91,609	-162,185	8.27%
2021/09/24	31,000 ▲	50	0.16%	1,397,870	-1,258,275	57,229	113,146	8.59%
2021/09/23	30,950		0.00%	1,502,793	-1,315,504	15,197	132,203	8.37%
2021/09/17	30,950 ▲	1,500	5.09%	4,837,549	-1,330,701	560,930	317,919	8.09%
2021/09/16	29,450 ▲	1,100	3.88%	2,324,131	-1,891,631	383,832	61,013	7.42%
2021/09/15	28,350 ▲	1,900	7.18%	1,714,549	-2,275,463	475,855	-437	7.30%
2021/09/14	26,450 ▲	1,000	3.93%	376,360	-2,751,318	-2,407	77,787	7.30%
2021/09/13	25,450 ▼	-400	-1.55%	318,449	-2,748,911	-45,343	-14,240	7.15%
2021/09/10	25,850 ▼	-150	-0.58%	203,917	-2,703,568	-13,637	7,801	7.16%
2021/09/09	26,000 ▼	-150	-0.57%	269,924	-2,689,931	15,724	-52,312	7.12%
2021/09/08	26,150 ▼	-300	-1.13%	256,961	-2,705,655	-25,114	33,290	7.27%
2021/09/07	26,450 ▼	-350	-1.31%	204,478	-2,680,541	-11,769	-25,443	7.30%
2021/09/06	26,800 ▲	400	1.52%	602,618	-2,668,772	-44,139	-37,141	7.31%
2021/09/03	26,400 ▲	400	1.54%	366,458	-2,624,633	-64,668	96,055	7.40%
2021/09/02	26,000 ▼	-400	-1.52%	303,810	-2,559,965	-80,328	9,308	7.21%
2021/09/01	26,400 ▼	-100	-0.38%	247,543	-2,479,637	-54,480	499	7.22%

으로 이어졌고, 이런 상황에 날아든 이재용 부회장 이름이 들어간 동진쎄미켐 인수 가짜 뉴스는 투자자를 속이기에 충분한 재료가 되었을 겁니다. 증권감독당국은 실시간으로 모니터링을 하는데, 실제 거래가 이뤄진 계좌를 확인하고 금감원을 통한 자금 추적도 할 수 있어서 주가조작 의심 정황이 확인될 경우, 검찰에 수사를 의뢰할 수 있습니다. 이번 사건은 애들 장난 같은 사건으로 보일 수 있지만 개별종목에 대해 가짜 뉴스를 만들어 시장에 유포하고 실제 매매까지 한 불공정매매 행위로 초단기화되어 가는 최근 주가작전의 전형을 보여준 사례라 생각됩니다. 아울러 나중에 알려진 사실이지만 동진쎄미켐의 슈퍼개미는 오스템임플란트에서 약 2,215억 원을 횡령한 횡령범이었단 사실이 밝혀지기도 했습니다.

동진쎄미켐이 인터넷 속보를 이용한 가짜 뉴스였다면 아예 상장사 IPR 위탁사를 빙자한 보도자료를 언론사에 유포해 가짜 뉴스를 언론사들이 내도록 만든 대담한 주가작전도 벌어졌습니다.

| 램테크놀로지 가짜뉴스를 이용한 주가조작 |

"램테크놀로지"의 "초고순도 불화수소" 개발과 특허출원 뉴스는 2021년 11월 22일 전자신문을 통해 실제 보도되고 다른 언론사들이 받아 다시 보도되기도 한 뉴스인데, 다음 날 회사 측과 램테크놀로지 IPR 대행사에서 관련 보도자료를 돌린 바 없다고 부인하는 공시를 내기도 했습니다. 나중에 알려진 사실이지만 램테크놀로지의 관련 특허는 사실이지만 이후 양산을 위한 공장 건설은 허위 사실로 개인이 관련 보도자료를 만들어 전자신문과 개별 언론사에 임의로 배포했고, 언론사들이 사실 확인을 회사 측에 하지도 않고 그냥 속보 형태로 보도한 것입니다.

가짜 보도자료가 배포된 날 램테크놀로지 주가는 52주 신고가를 경신하였고, 거래량도 2,482만여 주로 대량 거래가 이뤄진 것을 알 수 있습니다.

오비이락일지 모르겠지만 가짜 보도자료가 유포되어 주가가 급등하고 거래량이 터졌을 때 램테크놀로지 김홍달 부사장은 22일과 23일에 걸쳐 보유 지분 전량을 팔아 치웠는데, 22일에는 주당 8,890원에 3만 주를 매도하고 23일에는 11,550원 상한가에 7만 1,255주를 판 것으로 알려졌습니다. 이는 총 7억 원이 넘는 규모로 적지 않은 돈인데 최고경영자 중 한 명이 가짜 뉴스인 줄 알면서 주식을 매도한 것은 도덕적으로 비난받을 일이라 생각합니다.

램테크놀로지는 반도체와 디스플레이, 2차 전지 생산공정에 사용되는 각종 화학물질을 개발하고 양산하는 사업을 하고 있는데 주요 고객으로 SK하이닉스와 삼성SDI 등이 있습니다. 주요 생산품으로 식각액, 박리액,

램테크놀로지 주가챠트 대신증권 HTS 갈무리

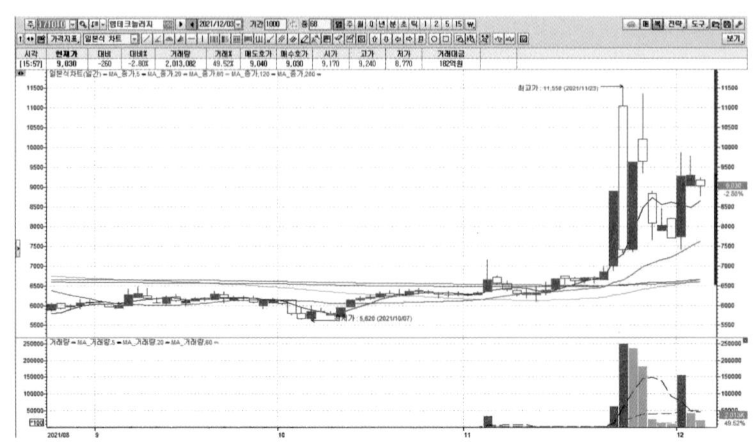

세정액, 용해액, 증착액 등이 있으며 제품별 매출 비중은 식각액 40.7%, 박리액 12.2%, HYCL품 21.5%, 불산계 제품 13.5% 등입니다. 이번에 문제가 된 "고순도 불화수소"는 반도체 회로를 씻거나 깎아내는 데 사용되는데 주로 액체 상태로 유통되고 사용할 때 기화하여 에칭가스로 사용됩니다.

액체 불화수소는 주로 일본업체들이 독점하던 시장으로 램테크놀로지는 2019년부터 SK하이닉스 일부 공정에 액체 불화수소를 공급하며 국산화에 나선 상태입니다. 2019년 7월 일본우익 아베 수상(2022년 사망)의 반도체와 디스플레이 등 핵심소재 일본수출규제가 시작되면서 정부와 기업, 학계가 '소재 국산화'에 나서서 국산화 비율을 높여가는 상황에서 이런 불미스러운 사건이 발생해 투자자들을 실망시키고 있습니다.

이런 가짜 뉴스가 진짜 언론사를 통해 오보를 내게 만드는 상황까지 만들어지고 있어 온라인에서 접하는 뉴스와 정보의 팩트 체크를 따로 진행하여 투자 정보로 활용하는 지혜가 필요한 시대가 된 것 같습니다.

CHAPTER 11

시장에서 살아남기

긴 시간 주식시장의 속살을 들여다본 독자들은 이런 의문을 가지게 될 겁니다. 그렇다면 과연 시장에서 주식투자를 통해 수익을 얻고 장기간 살아남는 방법이 있기나 할까?

시장은 9.11테러가 난 다음 날도 열렸고 서브프라임 모기지론 사태 속에도 열렸으며 IMF구제금융 시기에도 열렸습니다. 이 말은 시장은 항상 투자자들의 참여를 기다리고 있고 문을 열어두고 있다는 점입니다. 당장 주식을 사고 싶어 안달 난 투자자들이 내일 시장이 문을 닫는다는 식으로 마구잡이로 오늘 투자하고 있는 것이 결국 시장에서 수익을 얻지 못하고 투자금을 날리는 지름길로 가게 만든 것임을 알아야 합니다. 즉 투자자 스스로가 자신의 투자에 대해 잘 모르고 있으면서 자신이 제대로 투자하고 있다는 착각 속에서 자신이 열심히 일해서 번 돈을 날리고 있는 것이라 할 수 있습니다.

42.195km를 뛰어야 할 마라토너가 마치 100m 단거리 달리기 선수와 같이 첫 출발점에서부터 스퍼트를 올리며 맹렬히 달려 나가는 경우와 마찬가지인데, 대부분 이런 투자자들은 1년을 넘기지 못하고 초기 투자금

을 다 날리고 시장에서 쓸쓸히 퇴장하고 맙니다. 스스로를 위한 투자라고 여겼지만 사실 정교하게 작성되어 주어진 가짜뉴스와 왜곡보도들을 기반으로 분석 없이 투자 판단을 내린 것이며, 결국 자신의 투자금을 남을 위해 기부한 결과를 가져온 것입니다.

주식투자자들은 늘 장거리 마라토너의 심정을 갖고 시장을 대해야 하며 그런 자세로 투자를 할 경우 쉽게 오판하지 않고 나를 위한 투자 결정을 내릴 수 있습니다. 그렇기 때문에 투자자는 늘 자신을 객관적으로 보도록 노력해야 하고 남들이 몰려가는 곳이 결코 안전한 곳이 아니라는 사실을 인식하고 있어야 합니다. 마라토너가 42.195km를 달리며 경쟁하는 것은 옆에서 같이 뛰고 있는 다른 선수들이 아니라 바로 자기 자신이라는 사실을 직시해야 급변하는 시장에서 살아남을 수 있습니다. 남들을 따라 하는 뇌동매매는 망하는 지름길임을 시장에서 여러 차례 목격할 수 있는데도 투자자들이 깨닫지 못하는 것은 실패한 투자자들 사이에 자신이 함께하고 있다는 어리석은 위안에 빠져 있기 때문입니다.

자기 자신의 투자 철학을 세워 자신의 투자 원칙에 맞는 투자를 일관성 있게 밀고 나가야 시장의 변동에도 휩쓸리지 않고 수익을 챙겨갈 수 있습니다. 아울러 시장은 늘 변화하고 발전하는 속성이 있기 때문에 어제와 다른 오늘의 상황을 제대로 살펴볼 줄 알아야 합니다. 장기투자는 늘 옳았다고 주장하는 사람들이 있지만 기본적 분석을 통해 종목 선정이 제대로 된 경우에나 통하는 말이며, 엄한 곳에 기술적 분석으로 투자해 놓고 오래 기다리면 오르겠지 하는 막연한 기대감은 결국 주가작전 세력들 배만 불려 주는 결과를 가져올 뿐입니다.

앞에서 원칙을 갖고 뚝심 있게 투자하라는 것과 배치되게 투자자는 시장 변화에 적응하며 카멜레온처럼 변화할 줄 알아야 한다는 말도 기억해야 할 것입니다.

투자자에게 카멜레온이 되라고 한 것은 시장이 변화하기 때문인데 변화된 시장에서 자신만의 방식을 고집하면 결국 갈라파고스가 될 수밖에 없습니다. 20세기 세계를 호령하던 일본 전자회사들은 여전히 아날로그 방식을 고집하고 있어서 21세기 디지털 세상으로 나오지 못하고 한물간 왕년의 스타들로 그들만의 갈라파고스에서 겨우 명맥만 유지하고 있는 실정입니다. 시장은 하루하루 변화 발전하는데 투자자들만 옛날 방식을 고집하는 것은 어리석기 짝이 없는 것이라 할 수 있습니다.

세계적인 투자자 워런 버핏 버크셔헤서웨이 회장도 21세기 초반의 닷컴버블에 뛰어들지 못해 시장에서 소외를 겪었지만 최근 애플 주식을 대거 매수하여 글로벌 주식 부자 2위까지 오르기도 했습니다. 그 또한 시장 변화에 적응한 것이고 변화된 시장에 맞춰 투자 포트폴리오를 새로 짜서 대응하고 있는 것입니다.

그럼에도 변화하지 않는 원칙은 있는데 "가치가 없는 것에는 투자하지 않는다"는 증시 격언처럼 최근의 암호화폐 같은 가상자산은 신기술로 만들어졌다고는 하지만 근본적인 가치 측면에서 과연 지속성을 가질지 의문이 들기도 합니다. 각국 중앙은행이 디지털화폐를 만들 경우 기존 가상자산들은 존재가치를 잃고 시장의 뒤로 쓸쓸히 사라질 가능성이 높기 때문입니다. 인간이 창조해 낸 돈이라는 가치를 주식에 부여하여 우리는 매일매일 상장사를 평가하고 가치를 매기고 있는데 이는 투자 판단 결정을 위해 투자자들이 행해야 하는 것입니다.

대부분의 투자자들은 투자 이전에 충분히 기본적 분석을 하지 않고 성급하게 기술적 분석만으로 투자를 결정하고 이후 기본적 분석을 행하는 경우가 많은데 앞에서도 언급했듯이 시장은 늘 열리고 있고 오늘보다 더 싸게 살 기회를 주기 때문에 개별종목에 대한 기본적 분석은 늘 선행되어야 합니다. 종목에 대한 기본적 분석으로 투자 타이밍을 놓쳤다고 불평하는 투자자들에게 그들이 기술적 분석만으로 뛰어든 결과가 어떤지 한번 살펴보라고 말해주고 싶습니다. 기본적 분석이 선행된 투자자들은 시장 변화에 바로 대처할 수 있어 실수를 줄일 수 있지만 그렇지 못한 기술적 분석만으로 투자 판단을 내린 투자자들은 시장의 속임수에 쉽게 속아 넘어가 큰 수익의 기회를 날려버리는 경우가 다반사입니다.

긴 호흡을 가지고 시장을 바라보고 자신이 투자한 종목에 대한 신뢰를 가지기 위해서라도 기본적 분석을 성실히 해 놓아야 합니다. 자기 종목에 대한 신뢰를 가지고 있는 투자자들은 수익과 만날 기회가 많아지겠지만 그렇지 못한 투자자들에게 수익은 저 너머 어른거리는 신기루와 같은 것입니다. 긴 호흡을 가지고 자신이 선택한 종목에 대한 신뢰를 바탕으로 장기투자를 하는 투자자들은 결국 42.195km를 완주한 마라토너와 같은 영예를 수익률로 돌려받게 됩니다. 남이 아닌 자기 자신을 위한 투자를 할 줄 아는 투자자가 진정한 의미에서 "현명한 투자자"라 할 수 있고 이런 현명한 투자자가 되기 위해 자기 자신을 위한 투자에 눈을 떠야 합니다.

항상 강조하는 것이지만 오늘의 주가를 보고 매수하는 것이 아니라 내일의 주가를 생각하며 투자하는 투자자가 결국 시장에서 오랫동안 살아남고 수익을 꾸준히 가져가게 됩니다.

모두가 자신은 오늘의 주가를 보고 투자하는 것이 아니라 미래의 기업가치를 생각해 투자하는 것이라 착각하며 투자하는데 주가가 조금만 흔들려도 바로 손절매를 하고 싶어 안달 난 사람이 된다면 그건 오늘의 주가를 보고 투자한 투자자라는 반증이 됩니다.

내일의 기업가치를 생각하고 오늘 주식을 산 투자자는 당장 마이너스를 기록하고 있다고 하더라도 자신이 기본적 분석을 통해 추정해 낸 미래 주가를 생각하며 묵묵히 기다릴 수 있을 겁니다.

투자에도 봄 여름 가을 겨울 사계절이 있다는 말이 있습니다. 기본적 분석으로 종목을 찾는 봄, 기술적 분석으로 매수하는 여름, 시세분출 단계에 수확의 기쁨이 있는 가을을 지나 벌어들인 수익으로 따뜻한 겨울을 날 수 있을 겁니다.

이런 긴 안목을 가지고 투자하는 투자자는 수익을 볼 기회가 많아지고 결국 수익이 차곡차곡 쌓여 투자를 통해 벌어들이는 수익으로 자신의 노후를 감당할 수 있는 진정한 의미의 경제적 자유를 쟁취할 수 있습니다.

부동산에 투자한 투자자들은 집값이 오를 때까지 몇 년이고 버틴다고 하는데 주식에 투자한 투자자들은 그렇게 오랫동안 종목과 결혼하는 경우가 드뭅니다. 대부분 주식투자를 단기에 큰 수익을 얻는 투자처로 여기기 때문입니다.

하지만 하루 주가 변동 폭을 정해 놓은 것처럼, 100% 수익이 나기 위해 3일 연속 상한가라는 시간이 필요하듯이 주식투자에도 시간이 투자되어야 원하는 수익을 얻을 수 있습니다. 그러기 위해서는 기본적 분석으로 찾아낸 종목에 대한 신뢰가 있어야 하고 그런 신뢰를 바탕으로 장기투자를 할 수 있어야 합니다.

증권방송에 나오는 전문가라는 사람들이 단기간에 큰 수익을 얻을 수 있다고 온갖 감언이설로 투자자들을 현혹하고 있지만 이는 투자의 기본인 시간 가치를 간과하고 있는 것입니다. 단기간에 고수익을 노리다가 결국 장기투자를 해도 수익과는 점점 거리가 멀어져 실패한 투자자가 되는 이치입니다.

투자에 있어 기본은 자신이 선택하고 투자한 종목에 대한 신뢰이며, 그런 신뢰를 바탕으로 장기투자를 할 수 있어야 큰 수익도 가져갈 수 있습니다. 또한 신뢰의 바탕은 막연한 누군가의 카더라 통신에 의존한 것이 아니라 자신이 분석하여 알게 된 기업가치의 성장에 있어야 합니다.

오늘의 주가가 아닌 내일의 주가를 꿈꾸며 투자하는 투자자들이 진정 의미 있는 수익을 가져가는 현명한 투자자가 될 것입니다.

금리 상승기에도
부를 키우는
주식 투자 제1원칙

1판 1쇄 펴낸날 2023년 1월 19일

지은이 김태훈
펴낸이 나성원
펴낸곳 나비의활주로

책임편집 김정웅
디자인 BIG WAVE

주소 서울시 성북구 아리랑로19길 86
전화 070-7643-7272
팩스 02-6499-0595
전자우편 butterflyrun@naver.com
출판등록 제2010-000138호
상표등록 제40-1362154호
ISBN 979-11-90865-85-2 03320